Erfolgreich Reden halten

Jürg Studer

Erfolgreich Reden halten

Mit vielen Musterreden

Der Text dieses Buches entspricht den Regeln der neuen deutschen Rechtschreibung.

Musterreden: Christa Kilian (Hrsg.)
Redaktion: Ralf Labitzky

387320197X4453 6271
02 01 00 99

Inhalt

Überzeugend sprechen kann jeder lernen

Die Kunst der guten Rede ist für die Menschen seit jeher von großer Bedeutung, ob in der Politik oder im privaten Kreis, ob bei einem geschäftlichen Vortrag oder bei einem Jubiläum im Verein – Anlässe gibt es genug, und niemand ist davor gefeit, zu dem einen oder anderen Ereignis die richtigen Worte finden zu müssen. Immer wieder kann man aber feststellen, dass selbst hervorragende Fachleute privat wie beruflich größte Mühe haben, ihre guten Ideen und Vorschläge vor einem größeren Plenum zu vertreten. Dabei ist die Fähigkeit, seine Gedanken vor einem kleinen oder gro- ßen Zuhörerkreis frei von Hemmungen klar zum Ausdruck zu bringen, oft der Schlüssel zum beruflichen und gesellschaftlichen Vorwärtskommen. Er öffnet Ihnen zahlreiche Tore, indem Sie Ihre Zuhörer für sich und Ihre Ideen gewinnen. Und indem Sie die Herzen gewinnen, regen Sie Ihre Mitmenschen an und veranlassen sie zu Taten.

Die Kunst, andere durch die richtigen Worte, den richtigen Aufbau und die richtige Betonung zu begeistern und zu überzeugen, ist lernbar. Was bei guten Rednerinnen und Rednern oftmals angeboren scheint und vermeintlich mit Leichtigkeit von der Hand geht, ist meistens das Ergebnis von jahrelangem Training. Wer an seiner Persönlichkeit arbeitet und ein Repertoire von Techniken besitzt, kann im Redefall ein volles Register ziehen – und überzeugen. Selbstverständlich haben auch hier Talentierte Vorteile, da sie auf einer höheren Trainingsstufe einsteigen können. Aber sich selber verbessern, so dass man müheloser und wirkungsvoller sprechen kann, dies kann jeder – unabhängig von seinem Erfahrungshorizont!

Die Regeln der Rhetorik, die schon von den großen Rednern der Antike aufgestellt und im Verlauf der Geschichte immer wieder ergänzt und erweitert wurden, gelten auch heute noch.

Die Erkenntnisse moderner Wissenschaften wie der Psychologie oder der Sprachwissenschaft komplettieren in unserer Zeit diese Erfahrungen.

Die Psychologie vermittelt uns einerseits Erkenntnisse darüber, wie wir ein Publikum oder einen Gegenüber richtig einschätzen können. Sie bietet uns aber andererseits auch die Möglichkeit, unsere eigene Persönlichkeit besser zu erkennen und daraus Rückschlüsse auf unsere Wirkung als Redner zu ziehen. Das hilft uns auch, unsere Körpersprache – der wir uns in der Regel nicht bewusst sind – in unser Redeverhalten einzubeziehen.

Die Sprachwissenschaft gibt uns Hilfsmittel in die Hand, mit denen wir unseren Wortschatz erweitern können und Fremd- und Fachwörter oder Redefiguren gezielt einzusetzen lernen. Auch das Training von Sprech- und Atemtechniken gehört in diesen Bereich sowie das Studium und Interpretation von Musterreden.

Ein Redner wirkt durch seine Persönlichkeit
Ganz klar muss jedoch festgehalten werden, dass eine gute Rednerin oder ein guter Redner primär durch Persönlichkeit, Ausstrahlung oder Charisma wirken. Die lernbaren Techniken sind wichtige Hilfsmittel, die dazu beitragen, die Botschaft, die durch eine Rede vermittelt werden soll, auf optimale Weise umzusetzen. Mitentscheidend ist außerdem die persönliche Erscheinung, die Sprechweise, Stimmlage und Ges- tik, das Temperament, ja selbst der Augenausdruck des Redners. Das alles zusammen bestimmt über Erfolg oder Misserfolg.

Aber nicht nur für Ihren Erfolg als Rednerin oder Redner ist Selbsterkenntnis wichtig. Ohne regelmäßige Standortbestimmung kann kein geistiges, seelisches oder fachliches Wachstum stattfinden. Eine realistische Betrachtung eigener Stärken und Schwächen ist die Basis für eine befriedigende Entwicklung Ihrer Persönlichkeit und damit auch Ihrer gesellschaftlichen und beruflichen Karriere.

Bedenken Sie allerdings, dass die Selbstbeurteilung Grenzen hat. Ihre Farbtüchtigkeit beim Sehen können Sie auch nur beschränkt selbst testen – von allein kommen Sie nie darauf, dass „Ihr" Rot eben nicht das Rot ist, das andere Menschen wahrnehmen.

Dieses Lehrbuch will Sie dabei unterstützen, wirkungsvoll und erfolgreich zu sprechen. Es ist an der Praxis orientiert und konsequent gegliedert, so dass es später auch als Nachschlagewerk dienen kann. Es handelt sich also nicht um ein reines Lesebuch, sondern es soll zur Auseinandersetzung und zum Üben anregen.

Nicht nur Ihre Rede und Ihre Ausdrucksfähigkeit werden sich steigern; die daraus gewonnene Selbstsicherheit wird Ihnen auch eine offene und positive Grundeinstellung ermöglichen, die Ihnen neue Fenster nach innen zu Ihrer eigenen Persönlichkeit und nach außen zu Ihren Mitmenschen öffnet.

Mit dem Können wächst das Selbstbewusstsein

Auf dieser erlebnisreichen Entdeckungsreise zu sich selbst und auf Ihrem Weg der Selbstentfaltung wünschen wir Ihnen viel Spaß und Erfolg. Denn was gibt es Interessanteres, als Neues über sich selbst zu erfahren und an sich zu arbeiten? Mit diesem Zugewinnen an Erfahrungen und Einsichten in Ihre eigene Persönlichkeit werden Sie leichter als bisher Problemen gegenüber eine positive Haltung einnehmen können, nach dem Motto: „Es wird vielleicht nicht ganz einfach, aber wir werden es schaffen."

Die eigene Ausdrucksfähigkeit gezielt verbessern

Die konkreten Anleitungen zur Einübung guter, gehaltvoller und flüssig vorgetragener Reden, die Sie in diesem Buch finden werden, soll es Ihnen ermöglichen, Ihre eigene Sprach- und Ausdrucksfähigkeit gezielt zu verbessern. Bei vielen Übungen lohnt es sich, das Erreichte auf seine Wirkung hin von einer Partnerin oder von einem Partner überprüfen zu lassen. So lassen sich Schritt für Schritt nachprüfbare Verbesserungen erzielen. Auf eines sei allerdings hingewiesen: Sprechen lernt man zuallererst durch Sprechen und nicht aus Büchern – Schwimmen lernt man auch im Wasser. Das konkrete umsetzbare Wissen dieses Buches kann Sie jedoch gerade zu Beginn entscheidend unterstützen.

Rhetorik im Überblick

Was versteht man unter „Rhetorik"?

Was heißt „Rhetorik"? Dieses Wort wurde im Verlauf der Zeit recht unterschiedlich definiert. Für den antiken Philosophen Plato hieß Rhetorik „das Gewinnen des menschlichen Geistes durch das Wort", für seinen Schüler Aristoteles war die Rhetorik „die Fähigkeit, unterscheiden zu können, mit welchen Methoden man im Ernstfall unter den jeweiligen Umständen Überzeugung hervorrufen kann". Heute wird die Bedeutung von Rhetorik oft auf die kurze und prägnante Formel „die Kunst des Überzeugens" gebracht.

Rhetorik wird aber auch als „die Wissenschaft, die sich mit der Redekunst beschäftigt", definiert oder in der wohl kürzesten Fassung als „Redekunst". Das heißt mit den Begriffen der modernen Sprachwissenschaft, dass sich die Rhetorik mit der Frage befasst, wie ein Sprecher (Sender) seine Botschaft ausdrücken und übertragen muss, damit sie beim Zuhörer (Empfänger) die gewünschte Wirkung erzielt (siehe Kapitel „Grundlegendes zur Kommunikation", ab Seite 45.). Das aus dem Griechischen stammende Wort bedeutet Redekunst, Beredsamkeit, geordnete und schöne sprachliche Formung der Gedanken, verbunden mit gewählten Ausdrücken und künstlerischem Redeschmuck, durchaus auch in der Absicht, die Zuhörer zu „überreden". Früher standen vor allem die kunstmäßig geübte Rede, deren Regeln, Aufbau, Ausdrucksmittel und Stilformen im Vordergrund. Diese Kunst wurde in der Antike in speziellen Rhetorikschulen gelehrt.

Wie muss ein Sprecher seine Botschaft ausdrücken?

Ein Rhetor (griechisch) oder Rhetoriker ist demnach einer, der sich praktisch (als Redner) oder theoretisch (als Lehrer) mit der Kunst des Redens und den dazu nötigen Voraussetzungen befasst.

Ein kurzer geschichtlicher Abriss

Die Rhetorik als Kunst der guten Rede, für die es Regeln gibt und die erlernbar ist, hat ihren Ursprung in der altgriechischen Philosophie. In der Antike unterschied man zwischen der Rede vor Gericht, der politischen Rede und der Festrede auf eine Person. Die Rhetorik war damals ein Bestandteil der Erziehung, während heute die Rhetorik auch in vielen anderen Bereichen wie Wirtschaft und Verwaltung sowie im Privatleben eine wichtige Rolle spielt.

Die Wurzeln der Rhetorik finden sich in der Antike

Schon im Alten Testament sind zahlreiche Textstellen über die Bedeutung des Redens zu finden. So steht zum Beispiel im Buch der Sprüche (18, 21): „Tod und Leben steht in der Gewalt der Zunge; wer sie im Zaum hält, genießt ihre Frucht."

Im 4. Jh. v. Chr. waren es die *Sophisten*, wandernde Lehrer der Wissenschaften und Künste, die sich Verdienste bei der Ausbildung der griechischen Jugend erwarben. Ihre Kunst erstarrte aber bald im Formalismus: Die rhetorischen Gesetze wurden für sie zur bloßen Technik ohne Bezug zum Menschen. Sie lösten die Regeln von der Persönlichkeit und vernachlässigten die Wurzeln der Rhetorik im sittlichen, moralischen und ethischen Bereich.

Aus der Zeit vor Christus sind zahlreiche Redner bekannt, die erfolgreich durch das gesprochene Wort auf Zuhörer (Frauen waren in der Regel bei öffentlichen Reden nicht anwesend) einwirken konnten. Sokrates oder Isokrates wären als beispielhafte Rhetoriker zu nennen. Sokrates sah die Sprache im Dienst der Wahrheitsfindung. Für ihn galt es, im Wechselspiel von Frage und Antwort der Wahrheit näher zu kommen. Aufgabe des Redners sei es, zu überzeugen und nicht zu überreden.

Einer der berühmtesten und erfolgreichsten Athener Rhetoriker war *Isokrates*. Er schrieb zahlreiche politische Reden und Gerichtsplädoyers. Von ihm wird folgende Anekdote erzählt: Den ausladenden und selbstgefälligen Ausführungen eines Jünglings, der in seine Redeschule eintreten wollte, habe er nicht widersprochen, jedoch das doppelte Honorar verlangt. Auf die aufgebrachte Frage des jungen Mannes nach den Gründen dafür soll der Meister geantwortet haben, dass der zukünftige Schüler noch zu lernen habe, den Mund zu halten!

Ein wichtiger Name in der Geschichte der Rhetorik ist der des griechischen Philosophen *Plato*. Er lebte 427–347 v. Chr. In seinen Dialogen – Plato verfasste fast seine gesamten philosophischen Werke in Dialogform – weist er die Notwendigkeit einer sittlichen-ethischen Grundhaltung des Redners nach. Über die Rhetorik hinaus waren Platos Lehren für die westliche Kultur und Ethik, auch für das Christentum, auf dessen frühe Interpreten seine Schriften großen Einfluss hatten, von Bedeutung.

War Plato vor allem als Theoretiker für die Rhetorik bedeutsam, so steht ein anderer Grieche bespielhaft für die rednerische Praxis. Es war Platos berühmter Schüler *Aristoteles* (384–322 v. Chr.).

Demosthenes, 384–322 v. Chr., bildete sich nach einigen rhetorischen Misserfolgen selbst zum Redner aus. Mit äußerst diszipliniertem Training und ungeheurer Willenskraft verbesserte er seine mangelnde Sprechleistung (lispeln, schwache Stimme), verminderte seine Redeangst und kam

Rhetorische Brillanz durch eisernes Training

schließlich zu der Erkenntnis: Der wichtigste Teil der Rede ist erstens der Vortrag, zweitens der Vortrag und drittens der Vortrag. Demosthenes, der viel von den Schauspielern übernahm, trainierte seine Sprechfähigkeit unter anderem damit, dass er mit einem Kieselstein im Mund das Rauschen der Meeresbrandung zu übertönen suchte.

In der Antike wurden auch die fünf wichtigsten Punkte für einen Redner definiert:

1. die Stoffsammlung (*inventio*),
2. die Gliederung (*dispositio*),
3. die sprachliche Formulierung (*elocutio*),
4. die Einprägung der Rede (*memoria*),
5. der Vortrag (*pronuntiatio*).

Insbesondere die Römer lernten von den Griechen und entwickelten ihr rhetorisches Lehrgebäude weiter. *Marcus Porcius Cato* (234–149 v. Chr.) wurde wegen seiner Wortgewalt fast sprichwörtlich. Zwar blieb von seinen rund 150 Reden keine einzige erhalten; aber die Wendung, mit der er jede seiner Reden im Senat beschloss: „Ceterum censeo Carthaginem esse delendam" oder „Übrigens bin ich der Meinung, dass Karthago zerstört werden muss" (… was später auch geschah), wird heute noch zitiert.

Rhetoriker, Philosoph, Politiker: Cicero Eine der schillerndsten Figuren unter den rhetorischen Größen seiner Zeit soll *Marcus Tullius Cicero* (106–43 v. Chr.) gewesen sein. Dem Zeitgenossen und Gegenspieler von Gaius Iulius Caesar gelang der Aufstieg vom Rechtsanwalt zum römischen Konsul. Als Schriftsteller schrieb er mehrere philosophische Bücher. Von ihm stammt die Aussage: „Zwei Dinge vermögen einem Menschen höchstes Ansehen zu verleihen: Feldherrenkunst und Beredsamkeit." Als Mensch und Charakter soll er zwiespältig, als Politiker unklar und opportunistisch gewesen sein. Seine Gegner konnte er mit Hilfe seiner Rhetorik gesellschaftlich diffamieren. Seine Ei-

telkeit entfremdete ihn dem Volk. Nach Caesars Tod wandte er sich gegen Marcus Antonius (82–30 v. Chr.), den Statthalter Roms. Auf dessen Geheiß wurde er dann hingerichtet.
Einer der großen Kirchenväter, *Johannes I. von Konstantinopel* (344–407 n. Chr.), erhielt aufgrund seiner Beredsamkeit den Beinamen *Chrysostomus* – zu Deutsch Goldmund. Er war der Meinung, dass jede Rede der Belagerung der Seele des Hörers gleiche.
Im Mittelalter prägten die Kloster- und Predigtschulen die Rhetorik. Das wirksam gesprochene Wort galt als Kunst und wurde für die Verbreitung des Glaubens genutzt. Daneben fand die Rhetorik praktische Bedeutung und erfreute sich großer Beliebtheit bei Plädoyers vor Gericht.
Der politische Bereich der Rhetorik wurde in Italien durch die rund 10 000 Studierenden der Universität Bologna, der ältesten Hochschule Europas, unterstrichen (um 1200). Die Rhetorik galt neben Grammatik, Dialektik, Arithmetik, Geometrie, Musik und Astronomie als eine der „Sieben Freien Künste".
In der Zeit des Barocks erschienen dann die ersten Rhetorikbücher in deutscher Sprache – vorher waren sie wie fast aller Stoff der Wissenschaft in griechischer oder lateinischer Sprache verfasst. Leider ging seit dem Mittelalter viel des damaligen Wissens verloren.
Die Französische Revolution brachte Redner wie Gabriel de Mirabeau (1749–1791), Maximilien Robespierre (1758–1794), Georges Jacques Danton (1759–1794) und Napoleon I. (1769–1821) hervor.
In Deutschland ist besonders *Otto von Bismarck* (1815–1898) trotz seiner ungünstigen sprechtechnischen Voraussetzungen als guter Redner zu erwähnen. Er glich seine Schwierigkeiten durch persönliche Ausstrahlung und geistige Brillanz aus.

Während der russischen Februar-Revolution und danach peitschten die demagogischen Redner Lenin, Trotzki oder Stalin das Volk auf.

Rhetorik im Dienst des politischen Terrors Die Rhetorik im Nationalsozialismus ist einmal mehr ein Beweis für die Möglichkeiten dieser Kunst, zugleich aber auch das Negativbeispiel schlechthin für die gewissenlose Anwendung eines als nützlich erkannten Instrumentes. Mit seiner Hilfe hetzten Hitler und Göbbels die deutsche Bevölkerung in den Zweiten Weltkrieg mit seinen grauenhaften Folgen. Dieses Erbe belastet die Rhetorik noch immer.

Der Schwerpunkt der heutigen Rhetorik liegt im Bereich der Wirtschaft, wobei es in erster Linie um funktionierende Kommunikation durch gut formulierte Sachargumente geht. Eine leicht verständliche und motivierende Sprache soll zu Gedanken und Taten veranlassen.

Wenn heute im Gegensatz zu früheren Zeiten die Rhetorik in Politik und Militär zugunsten der Wirtschaft und des Privatlebens in den Hintergrund getreten ist, so werden doch die Erkenntnisse und Techniken der klassischen Rhetorik nach wie vor angewendet. Denn weniger als je zuvor kann man in der heutigen, auf Kommunikation ausgerichteten Zeit auf gutes und überzeugendes Reden verzichten.

Sprechsituationen

Wie viele Begriffe gibt es für Situationen, in denen Menschen sprechen? Die nachfolgende Zusammenstellung, die man sicher noch erweitern könnte, soll einen ersten Eindruck von der Vielfältigkeit menschlichen Sprechens vermitteln:

Absprache – Anerkennungsgespräch – Ansprache – Auseinandersetzung – Aussprache – Befragung – Begrüßung – Beratung – Bericht – Besprechung – Bewerbungsgespräch – Brainstorming – Darbietung – Debatte – Dialog – Diskussion – Disput – Eröffnung (i. S. v. Mitteilung) – Erörterung – Erwägung – Flirt – Gedankenaustausch – Geplauder – Gespräch – Hearing – Instruktion – Interview – Kaffeekränzchen – Kaminfeuergespräch – Kanzelrede – Kolloquium – Konferenz – Kontroverse – Konvent – Kreuzfeuerinterview – Kritikgespräch – Lobrede – Meeting – Meinungsaustausch – Mitteilung – Motivationsrede – Parlamentsdebatte – Personal- gespräch – Polemik – Predigt – Pressegespräch – Pro-und Contra-Gespräch – Problemlösungsgespräch – Qualifikationsgespräch – Rapport – Rechenschaftsbericht – Rede – Rede und Gegenrede – Redeschlacht – Referat – Reportage – Rezitation – Rücksprache – Sitzung – Smalltalk – Standort- gespräch – Standpauke – Streit – Streitgespräch – Termin – Therapiegespräch – Toast – Unterhaltung – Unterredung – Überlegung – Verabredung – Verhandlung – Verhör – Verkaufsgespräch – Verlautbarung – Vieraugengespräch – Vorlesung – Vortrag – Wortgefecht – Zusammenkunft – Zwiegespräch.

Situationen, in denen Menschen sprechen können

Je nach Art und Anlass lassen sich die Sprechsituationen einteilen. Zum Beispiel nach der Anzahl der sprechenden Personen, nach dem Redeanlass oder nach dem von dem jeweiligen Sprecher angestrebten Ziel. In diesem Buch werden die Redesituationen nach der Art der Kommunikationssituation gegliedert und ausführlich besprochen.

Voraussetzungen für einen guten Redner

Ein guter Redner kennt den vorzutragenden Stoff gut und ist vorbereitet. Er

- spricht über Gebiete, in denen er sich auskennt,
- hat sich Gegenargumente und Fragen vorher überlegt,

Stoffbeherrschung, Sprachvermögen, Überzeugungskraft zeichnen den guten Redner aus

- ist in seiner Materie sattelfest,
- kennt sein Publikum oder kann es zumindest relativ schnell einschätzen,
- hat sein persönliches Redeziel und den Ablauf vor Augen,
- hat seine Rede optimal gegliedert.

Ein guter Redner kann sich ausdrücken. Er

- verfügt über einen ausreichenden Wortschatz,
- benützt Fremdwörter oder Fachausdrücke, soweit sie verständlich und nötig sind,
- setzt zuhörerangepasste Wörter in Bezug auf die Branche oder das Vorwissen des Publikums ein,
- ist stilsicher,
- gibt Zitate und Sprichwörter richtig und gegebenenfalls mit Quellenangabe wieder.

Ein guter Redner kann überzeugen und wirkt sicher. Er

- ist engagiert bei der Sache und weckt dadurch Interesse,
- motiviert sein Publikum für sein Anliegen.

Ein guter Redner kennt und nützt technische Hilfsmittel, die den Vortrag unterstützen. Diese

- steigern das Erinnerungsvermögen,
- sparen Redezeit, indem sie Sachverhalte verdeutlichen,
- erhöhen die Glaubwürdigkeit,
- lassen den Redner informiert und vorbereitet wirken.

Die folgenden Kapitel werden zeigen, wie man diese Voraussetzungen erwerben kann.

Die Sprache – wichtigstes Element der Rhetorik

Ziel jedes Sprechens ist es, verstanden zu werden. Dieser Satz klingt nach einer Binsenweisheit, die sich von selbst versteht. Aber wie erfüllt man diese scheinbar so einfache Forderung? Wie macht man sich verständlich? Und wie erreicht man, dass die – im Zweifelsfall recht komplizierten – Gedankengänge, die man in einer längeren Rede einem Publikum vortragen will oder muss, nachvollziehbar werden? Dass sie bei den Zuhörern ankommen und darüber hinaus auch noch hängen bleiben?

Optimales Verstehen hängt hauptsächlich von folgenden Kriterien ab:
- einfache und treffende Ausdrucksweise
- klare Gliederung
- flüssiger Stil
- korrekte Aussprache

Die nachfolgenden Abschnitte nehmen diese Punkte auf und erläutern sie.

Einfache und treffende Ausdrucksweise

Es ist eine alte Weisheit, dass ein Redner einfach sprechen muss. Hören Sie einmal einer Radiosprecherin oder einem Fernsehmoderator genau zu, die machen es vor. Die gewählten Wörter sollen eindeutig, geläufig, konkret und allgemein verständlich sein. Fremdwörter und Modewörter sind zu vermeiden und Fachwörter nur dann zu benutzen, wenn sie den Zuhörern bekannt sind.

Wer einfach sprechen will, muss (sprachliche) Bilder verwenden. Das geht unter die Haut. Als Beispiele:

statt:	*besser*:
Ich bin nicht so ganz sicher.	Darauf wette ich keinen roten Heller.
Wir werden alles tun, damit Sie zufrieden sind.	Wir werden Himmel und Hölle für Sie in Bewegung setzen.

Die mündliche Sprache erfordert kurze und einfache Hauptsätze ohne unendlich verschachtelte Nebensätze. Dadurch wird das Hören und damit das Verstehen erleichtert oder überhaupt erst ermöglicht.

Eine einfache Sprache ist auch für komplizierte Themen wichtig

Einfach sprechen heißt aber auch, etwas ohne angehängte Erklärungen, Verdeutlichungen und Erläuterungen zu sagen. Der Politiker Franz Josef Strauß soll einmal gesagt haben: „Man muss einfach reden, aber kompliziert denken – nicht umgekehrt!"

Glauben Sie, Julius Caesar würde heute noch zitiert werden, wenn er gesagt hätte: „Unter Überblickung der Lage war mir nach Beschreitung des Ortes des Geschehens die Erringung eines Sieges möglich?" Die Formel: „Ich kam, sah und siegte!" ist einfacher und einprägsamer!

Genauso wie der Volksmund nicht sagt: „Die morphologischen Dimensionen subterrarer Agrarprodukte variieren reziprok zur mentalen Kapazität ihrer Produzenten", sondern: „Die dümmsten Bauern ernten oft die größten Kartoffeln!"

Sprichwörter sind Beispiele, wie mit wenigen Wörtern etwas treffend gesagt werden kann, was merkbar und weitererzählbar wird und damit die Zeit überdauert.

Übersetzen Sie zu Übungszwecken die folgenden einfachen Sprichwörter in komplizierte Sätze:

- „Wer nicht hören will, muss fühlen."
- „Der Krug geht so lange zum Brunnen, bis er bricht."
- „Auch ein blindes Huhn findet manchmal ein Korn."
- „Kräht der Hahn auf dem Mist, ändert sich das Wetter oder es bleibt, wie es ist."

Sie können diese Übung mit selbst erfundenen Beispielen fortsetzen. Sie zeigt, dass die einfachere, bildhaftere Variante die ausdrucksstärkere ist.

Es lohnt sich, seinen Wortschatz zu pflegen und mit bildhaften Elementen auszubauen. Wer treffend sprechen kann, trifft eben besser! Treffend ist ein Wort nur dann, wenn es dem Thema angemessen ist, vom Zuhörerkreis verstanden wird und zu Ihrer Persönlichkeit passt.

Einfaches Sprechen ist also mit treffendem Sprechen verbunden. Wählen Sie zweckmäßige Wörter aus. Aufgrund der Wortwahl geben Sie sich oft schon als Befürworter oder Gegner einer Sache zu erkennen. So wird in der Schweiz zwischen KKW und AKW unterschieden. Befürworter sprechen von Kernkraftwerk (KKW) – Gegner von Atomkraftwerk (AKW).

Ein anderes Beispiel: Wird der Wein mit Zucker angereichert, oder wird der Rebensaft aufgezuckert?

Es gibt unzählige solcher Begriffspaare. Einige finden Sie nachfolgend aufgelistet:

- wirtschaftliche Stagnation – Nullwachstum
- flexibler Arbeitsmarkt – Aufhebung des Kündigungsschutzes

- mehr Wettbewerb – Lohnsenkung
- Demonstranten – Chaoten
- Preisfreigabe – Abschaffung von Subventionen
- Deregulierung – Abbau von Umweltschutz
- Redimensionierung – (Personal-)Entlassung
- Kündigung – Freisetzung

Schon durch die Worwahl drückt man Meinungen aus

Schon durch die Wortwahl drückt man Meinungen aus Haben Sie nicht auch schon bereits mit Ihrer Wortwahl Ihre Position bekannt gegeben und Ihre Meinung verkündet? Haben Sie eigene Erfahrungen?

Achten Sie einmal auf die Begriffswahl in der Werbung. Gerade hier werden Wörter sehr sorgfältig und überlegt ausgewählt, da mit dem Wort eine bestimmte emotionale Bedeutung verbunden sein muss. „Flanell" ist für ein Waschmittel vom Wortklang her eher geeignet als für eine Bohrmaschine. Oder würden Sie einen neuen Weichkäse „Geruchi" taufen? Automobilfirmen geben für die Kreation eines neuen Autonamens riesige Summen aus. Der Name muss ja in zahlreichen Sprachen aussprechbar sein und soll möglichst ein neutrales Wort sein, damit es später in der Werbung mit allerlei positiven Begriffen gefüllt werden kann. Twingo, Vectra, Calibra oder Xedos sind solche lancierten Kunstwörter. Flops wie das Mitsubishi-Auto Pajero, was auf Spanisch „Selbstbefriedigung" heißt, kann sich eigentlich niemand leisten.

Bedenken Sie daher, welche Emotionen Sie bei Ihren Zuhörern durch Ihre Wortwahl auslösen könnten. Jedes Wort löst Gefühle aus, bei der Zuhörerin oder dem Zuhörer allerdings vielleicht andere als bei Ihnen selbst. Von Ihrem Lebenspartner oder Ihrem Chef kennen Sie wahrscheinlich die meisten Reiz- und Lieblingswörter. Doch welche Wörter verwenden Dritte gern oder ungern?

Indem Sie sich die mögliche emotionale Wirkung Ihrer Worte bewusst machen, können Sie Reizwörter vermeiden und stattdessen schon mit der Wortwahl eine positive Haltung Ihrer Zuhörer hervorrufen.

Aber nicht nur die Wahl der Wörter ist von Bedeutung, sondern auch deren Stellung innerhalb des Satzes. Urteilen Sie selbst. Die nachfolgenden Sätze bestehen nahezu aus den gleichen Wörtern – dennoch ist ihre Aussage jeweils unterschiedlich, wobei es sich manchmal nur um Nuancen, manchmal aber um beträchtliche Unterschiede handelt. Eine entsprechende Betonung, begleitet von Mimik und Gestik, vertieft diesen Eindruck noch.

Durch die Satzstellung verändert sich der Sinn

Nachfolgend die Beispiele:

- Erklären Sie mir bitte, wie diese Stereo- anlage funktioniert.
- Würden Sie mir bitte einmal erklären, wie diese Stereoanlage funktioniert.
- Könnten Sie mir vielleicht einmal erklären, wie diese Maschine funktioniert.
- Wie wäre es, wenn Sie mir mal die Funktion dieser Stereoanlage erklären würden!?
- Vielleicht erklären Sie mir einmal die Funktion dieser Stereoanlage.
- Los, nun sagen Sie mir (endlich), wie diese Stereoanlage funktioniert!
- Soll ich nun raten, wie das Ding funktioniert?

Der Inhalt des Satzes ist klar: Jemand möchte die Funktion eines Gerätes erklärt bekommen. Aber je nach Hinzufügen oder Weglassen beziehungsweise Umstellen einzelner Wörter handelt es sich um eine reguläre Wunschäußerung, um eine zunehmend gereizte Aufforderung oder letztlich um die Unmutsäußerung darüber, dass die gewünschte Erklärung nicht erfolgt.

Betonungen verdeutlichen, was gemeint ist Sprechen Sie den folgenden Satz mehrmals hintereinander, indem Sie jeweils ein anderes Wort stärker betonen, so werden Sie feststellen, wie unterschiedlich die Bedeutung damit für die Zuhörerschaft wird. Der Satz lautet: „Ich muss Ihnen dies kaum erklären!" Wenn beispielsweise das „ich" betont wird, bekommt die Aussage eine andere Bedeutung, als wenn das „kaum" gewichtet wird.

Neben der reinen Wortbedeutung hat eben jede Äußerung noch einen weiteren Aspekt, der sich aus dem Zusammenhang, in dem die Aussage gemacht wird, aus der Betonung der Wörter, der Mimik und der Gestik des Sprechenden ergibt und der den Zuhörern zusammen mit dem faktischen Gehalt vermittelt wird. Unsere Erfahrungen aus anderen Redesituationen helfen uns, das Gehörte richtig zu interpretieren.

Wichtig für gutes Reden ist neben der Berücksichtigung der emotionalen Wirkung von Wörtern vor allem auch der Umfang Ihres Wortschatzes.

Ihr Wortschatz muss mindestens so umfangreich sein, dass Ihnen ein treffender, für Ihre Zuhörer verständlicher Ausdruck zur Verfügung steht. Für viele Wörter gibt es mehr als einen einzigen Ausdruck, so dass Sie den für Ihre Redesituation treffendsten wählen können. Diese sogenannten Synonyme (das heißt sinnverwandte Wörter)kann man in speziellen Wörterbüchern nachschlagen. Die folgenden Beispiele sollen verdeutlichen, wie vielfältig die Ausdrucksformen für einen Sachverhalt sein können:

Wort	Mögliche Synonyme (sinnverwandte Wörter)
Zwischenfall	Episode, Vorfall, Zwischenspiel, Einlage, Ereignis, Abenteuer, Intermezzo, Auftritt, Szene, Situation, Wendung

knapp	1) spärlich, dürftig, karg, dünn, schütter, licht, gelichtet, dünn gesät 2) mager, wenig, ärmlich, dürftig, kümmerlich, eng, notdürftig, kaum, genug, nur eben, beschränkt, eingeengt 3) straff, faltenlos, knappsitzend, eng anliegend, hauteng
gehen	1) einen Fuß vor den anderen setzen, sich fortbewegen, sich begeben, sich wenden, sich verfügen, einen Weg einschlagen, zurücklegen, betreten, begehen 2) schreiten, wandeln, wallen, spazieren, spazieren gehen, lustwandeln, schlendern, bummeln, flanieren, stapfen, stiefeln, trotten, traben, schweifen, trippeln, tänzeln, stelzen, stöckeln, gleiten, seinen Weg ertasten, zotteln, schleichen, trödeln, trampeln, treten, stampfen, trappeln, schlurfen, tapsen, zokkeln, latschen
tapfer	1) mutig, kühn, beherzt, furchtlos, wacker, tüchtig, brav, heldenhaft, wehrhaft, forsch, heroisch, mannhaft, stramm, unerschrokken, unverzagt, couragiert 2) verwegen, unbedenklich, unternehmend, keck, selbstsicher, wagemutig, waghalsig, schneidig, draufgängerisch, tollkühn, vor nichts zurückschreckend, löwenherzig

Notieren Sie zu den folgenden Wörtern möglichst viele Synonyme: Pfarrer, billig, Polizist, sagen, Fernseher, Zeitung, reklamieren, werben, Auto, Haus, verkaufen, Zug.
Der regelmäßige Gebrauch eines Synonymwörterbuches oder häufiges Lesen erweitert Ihren Wortschatz und verhilft Ih- **Wortschatz erweitern**

nen zu einer lebendigen Sprache. Der treffendste Begriff ist immer der beste Begriff.

Präzise Wörter führen zu klaren Stellungnahmen und verhindern schwammiges Gerede. Überprüfen Sie Ihre Aussagen einmal unter diesem Gesichtspunkt.

Wortschatzübungen haben also viel mit Rhetorik zu tun. Denn nur das, wofür man Wörter hat, kann man sprachlich auch ausdrücken. Nur in Wörtern kann gedacht werden, und Gefühle werden im Gespräch in Wörter übersetzt. Daher ist die Verbesserung des sprachlichen Ausdrucksvermögens von zentraler Bedeutung.

Ober- und Unterbegriffe dienen der Präzisierung

Zu prägnanter Sprache und scharfem Denken gehört das Bilden von Ober- und Unterbegriffen. Wir brauchen diese Unterbegriffe, um die Objekte genauer zu definieren. Zum Beispiel den Oberbegriff „Zug" mit seinen möglichen Unterbegriffen „Dampfzug", „elektrischer Zug", „Dieselzug" oder „Magnetbahn". Diese genauere Bestimmung hilft zu strukturieren. Auf ähnliche Weise kann man entgegengesetzte Begriffe verwenden (redselig – schweigsam, abstrakt – konkret).

Klare Begriffsdefinitionen helfen Ihren Zuhörern, den Sinn Ihrer Worte richtig zu erfassen. Missverständnisse, weil zum Beispiel in einer Diskussion die Gesprächsteilnehmer unter einem Begriff Verschiedenes verstehen, können damit vermieden werden. Zudem zwingt uns das Definieren, präzis zu formulieren, statt mit Modewörtern um uns zu schlagen. Wenn Sie Ihre Definitionen vorbereitet haben, kommen Sie im Gespräch auch nie in Verlegenheit, weil Sie plötzlich etwas genau beschreiben müssen.

Vorsicht ist bei emotionsgeladenen Wörtern wie Gerechtigkeit, Liebe, Mitbestimmung oder Freiheit geboten. Oft nehmen wir solche Begriffe sehr leichtfertig in den Mund, haben aber nur unklare Vorstellungen über ihre Bedeutung. Hakt dann jemand nach und verlangt eine genaue Definition, kann es leicht zu einer peinlichen Situation für den Redner kommen.

Eine Definition erklärt den Zuhörern, was der Redner genau mit einem bestimmten Begriff meint. Als Begriffsinhalt wird die Summe aller Merkmale bezeichnet, die dem zu beschreibenden Objekt gemeinsam sind. Definitionen sind zeit- und personenabhängig. So hieß Gesundheit bei den alten Griechen noch Genussfähigkeit, im Mittelalter wurde es mit Glaubensfähigkeit gleich gesetzt, und heute bedeutet es für die meisten Menschen Arbeitsfähigkeit.

Wie definieren wir? Eine Definition ist dann korrekt, wenn wir das Wort kurz und knapp beschreiben. Suchen Sie für einen Begriff, den es zu definieren gilt, den Oberbegriff, und zeigen Sie den spezifischen Unterschied auf. Kompliziert? Nein. So kann Aktie definiert werden als „Wertpapier (Oberbegriff) mit einer variablen Rendite (spezifisches Merkmal, das die Aktien von anderen Wertpapieren wie zum Beispiel dem Pfandbrief unterscheidet)".

Es versteht sich, dass das Wort, das definiert werden soll, nicht in der Erklärung vorkommen darf („Ein Wohnhaus ist ein Haus"). Die Beschreibung darf nur auf das zu definierende Wort zutreffen und hebt den Unterschied zu allen übrigen Wörtern heraus. Wählen Sie positive Formulierungen. Negative Formulierungen („Gesundheit ist die Absenz von Krankheit") oder Beschreibungen des Gegenteils („Weil das Haus größer als eine Hundehütte ist, ist es ein Hochhaus") sind zu vermeiden.

Sie können auch ein Beispiel nennen, um den Begriff zu erklären. Dann kann allerdings nicht mehr von einer Definition, sondern lediglich von einer genaueren Umschreibung gesprochen werden. Diese wird oft genügen. Solche Beispiele sollen der Veranschaulichung dienen.

Beispiele veranschaulichen das Gesagte

Klare Gliederung

Gelegentlich ist es zweckmäßig, Ihre Vortragsstruktur in Ihrer Rede darzulegen. Sie dient damit für die Zuhörerinnen und Zuhörer quasi als Gerippe, das durch die geäußerten Gedanken mit Fleisch und Blut gefüllt wird. Das Beschreiben des Aufbaus Ihrer Rede kann wie folgt eingeleitet werden: Ein logischer Aufbau erleichtert das Verständnis

- „Dazu zwei Anmerkungen. Zu Anmerkung Nummer 1: ..."
- „Ich greife drei Aspekte heraus. Zum ersten: ..."
- „Gehen wir die Probleme zeitlich richtig geordnet durch. Um 8 Uhr war ..., dann um 9 Uhr ... und um 10 Uhr ..."
- „Von Frau Kramer haben Sie eine Einführung ins Thema erhalten. Sehen wir uns nun gemeinsam die beiden Alternativen an. Zuerst wollen wir über ... und anschließend über ... sprechen."
- „Aus der Fülle von Themen greife ich nur drei heraus. Es sind: 1. ..., 2. ... und 3. ... Nun zu Punkt 1."

Ein logischer Aufbau erleichtert das Verständnis

Wenn Sie Ihren Vortrag so gliedern, erleichtern Sie sich die Vorbereitung und den Zuhörerinnen und Zuhörern das Verstehen. Wählen Sie daher einen logischen Aufbau.

Flüssiger Stil

Der Stil ist die Form, das äußere Gewand. Grundsätzlich sollte man folgende Punkte beachten:

1. Vermeiden Sie eine Aneinanderreihung von Substantiven. Gebrauchen Sie stattdessen sooft es geht Verben – diese wirken anschaulicher und lebendiger. „Erwägen" ist besser als „in Erwägung ziehen", und „beweisen" ist besser als „unter Beweis stellen".

2. Formulieren Sie aktiv und positiv; vermeiden Sie Passivkonstruktionen und Verneinungen.
   Besser ist somit „Ich begrüße Sie" als „Ich freue mich, Sie begrüßen zu dürfen". Ebenso ist „Es ist warm" klarer als „Es ist nicht kalt".
3. Sie sollten immer grammatikalisch korrekt sprechen. Wählen Sie lieber einfache, aber richtige Satzkonstruktionen als schwierige, die Sie nicht richtig beherrschen.
4. Sprechen Sie möglichst anschaulich und so, dass sich die Zuhörer in dem Gesagten wiedererkennen.
5. Vermeiden Sie Füllwörter (äh, nicht wahr, und so) oder Abschwächungen.

Abschwächungen sind Formulierungen oder Beiwörter, die den Gehalt einer Aussage mindern oder teilweise zurücknehmen. Oft werden diese Sätze mit dem Konjunktiv, der Möglichkeitsform, eingeleitet. „Ich würde ..." oder „Ich könnte ..." sind typische abschwächende Einleitungen.

Beispiele für Abschwächungen, die man vermeiden sollte:

- „Ich möchte dazu vielleicht noch sagen: Ich glaube nicht, dass wir das realisieren können, oder?"
  Besser: „Das können wir nicht realisieren."
- „Unter Umständen könnte es sein, dass wir uns mit verschiedenen Fragen befassen müssen."
  Besser: „Mit diesen Fragen müssen wir uns befassen."
- „Liebling, wollen wir heute ins Kino gehen? Wir könnten natürlich auch zu Hause bleiben, wenn du Filme nicht magst."
  Besser: „Liebling, wollen wir heute ins Kino gehen?"
- „Ich möchte eventuell noch mit dem Hund einige Zeit nach draußen gehen."
  Besser ist: „Ich gehe mit dem Hund rund 30 Minuten spazieren."

■ „Also, ich möchte vielleicht noch rasch einiges besprechen."

Besser: „Sehen wir uns diese Sachen an."

Kompetenz durch eindeutige Aussagen

Sagen Sie direkt, was Sie beabsichtigen, denken oder tun –
ohne diese Füllwörter. Nur in ganz wenigen Situationen sind
Abschwächungen wirklich am Platz, wie beispielsweise bei
Aussagen über Persönliches oder bei Gefühlsäußerungen.
Wer unnötige Abschwächungen vermeidet, gewinnt an
Kompetenz und Sicherheit.

Angenehme Aussprache dank optimaler Atmung

Die Sprechtechnik

Wer sprechen will, braucht ein gutes Gehör. „Warum?",
werden Sie denken. Wissenschaftliche Forschungen haben
einen engen Zusammenhang zwischen einem guten Gehör
und einer guten Stimme sowie dem Zuhörvermögen ergeben. Man weiß also heute, dass die Qualität phonetischer
Betätigung (sprechen oder singen) von der Qualität des
Hörens abhängt. So können Taube das Sprechen nur mühsam erlernen und bringen es nie zur Perfektion. Der Mensch
spricht und singt auf denjenigen Frequenzen, die er selber
hört. Was bedeutet das? Jeder Sprechton ist ein Mischton,
der aus verschiedenen Frequenzen besteht. Die Stärke eines
Tons wird durch die unteren Frequenzen, die Schönheit und
Harmonie eines Tons jedoch durch die oberen Frequenzen
bestimmt. (Frequenz ist die Anzahl der Schwingungen pro
Sekunde und wird in Hertz gemessen. Die tiefen Töne haben
weniger Schwingungen als die höheren Töne.) Eine schöne

Sprechen und Hören stehen in engem Zusammenhang

Stimme setzt somit voraus, dass der betreffende Redner über ein gutes Gehör verfügt! So konnte man bei dem italienischen Opernsänger Enrico Caruso, einem der begnadetsten Sänger überhaupt, feststellen, dass er mit steigenden Frequenzen immer besser hörte. Lassen Sie daher zuerst Ihr Gehör testen, und schulen Sie das Hörvermögen, wenn Sie Ihre Sprechtechnik verbessern wollen. Vielleicht geht dann auch Ihr Lern- und Sprechvermögen in Fremdsprachen markant nach oben.

Wenn man Profitelefonistinnen am Telefon hat, Radio- oder Fernsehsprecherinnen und -sprechern zuhört, respektive Mitarbeiterinnen und Mitarbeiter für eine Telefonaktion (Marketing, Verkauf, Umfrage) sucht, lernt man die Bedeutung einer „guten" Stimme verstehen. Einer angenehmen Stimme hört man gerne zu – und so haben wissenschaftliche Untersuchungen ergeben, dass die Einschätzung des Sprechers und des Inhalts einer Rede massiv durch die Art und Weise des Sprechens geprägt wird. Man wäre fast versucht zu sagen, es käme nicht darauf an, was gesagt wird, sondern nur, wie es gesagt wird. Es gibt also gute Gründe, an der eigenen Aussprache zu feilen.

Einer angenehmen Stimme hört man gerne zu

Wer nicht als langweilige Sprecherin oder monotoner Sprecher in die Geschichte eingehen will, muss alle Register ziehen, die ihm zur Verfügung stehen. Und eine sprechende Person hat deren viele. In Abstufungen von lautem Poltern bis zu leisem Sprechen, ja fast Flüstern, können Sie je nach Anlass variieren. Sie können bewusst langsam sprechen oder die Wörter schnell – aber bitte immer noch verstehbar – und präzise abfolgen lassen. In einem guten klassischen Musikstück wird auch mit der Lautstärke, dem Tempo, der Tonhöhe und den verschiedenen Instrumenten gearbeitet. Als Sprecherin oder als Sprecher steht Ihnen eine ähnliche Bandbreite zur Verfügung. Nutzen Sie diese.

Die Rede lebt vom Wechsel. Entscheiden Sie sich daher nicht, heute nur schnell zu reden. Schnell wird nur im Kontrast zu weniger schnell oder gar langsam wahrgenommen und wirkt nur dann.

Im Regelfall geht es nicht um eine perfekte Schauspieleraussprache – dies ist ja nicht Ihr Beruf. Es geht jedoch darum, Ihre Stimmbänder möglichst zu schonen und für die Zuhörerinnen und Zuhörer eine angenehme Sprecherin oder ein angenehmer Sprecher zu sein. Dadurch wird man erfolgreicher. In jedem Fall sollen Sie gut artikulieren. Ihre Aussprache sollte deutlich und verständlich sein. Nuscheln, verschluckte (End-)Silben, näseln, stottern oder lispeln erleichtern den Zuhörern die Aufgabe nicht.

Wichtig: eine deutliche Aussprache

Stottern, die Wiederholung von Lauten, Silben oder Wörtern, bedingt durch eine Blockade beim Aussprechen, ist eine altbekannte Sprachstörung. Bereits im Alten Testament ist die Rede davon, dass Moses eine „schwere Zunge" gehabt hätte.

Der berühmte Redner Demosthenes bemühte sich um Selbstheilung; er versuchte am Strand durch Brüllen die Meereswellen zu übertönen und förderte seine Zungenfertigkeit, indem er mit Kieselsteinen im Mund sprach. Heute sind Selbsthilfegruppen oder therapeutische Sitzungen zeitgemäßere Methoden, um bei störenden Sprachproblemen Abhilfe zu finden.

Auch genügend Resonanz (Stimmvolumen) bringt Sicherheit und Überzeugungskraft. Ihr ganzer Körper muss beim Aussprechen mitschwingen und so die Botschaft ausdrücken. Mit der Stimme machen Sie Stimmung.

Eine sympathische Stimme muss einem nicht zwingend in die Wiege gelegt worden sein, sondern lässt sich erlernen. Voraussetzung dafür ist ein gewisses seelisches Gleichgewicht, ein grundsätzlicher Einklang von Körper, Seele und

Geist. Darüber hinaus nützt ein konsequentes Training: Ein Tonband, ein Stimmtherapeut, ein Sprechtrainer oder auch ein Schauspieler hilft weiter.

Gesangsausbildung nützt für das rhetorische Vorwärtskommen allerdings nur wenig. Die regelmäßige Selbsteinstufung auf einem Beurteilungsraster (gegensätzliche Begriffe werden auf einer Punkteskala einander gegenübergestellt) dient schon eher dem rednerischen Weiterkommen. Ein solcher Raster kann auch auf andere Personen, beispielsweise auf einen Radiosprecher, angewendet werden. Auf diese Weise sammelt man Plus- und Minuspunkte am Beispiel einer anderen Person.

Am Beispiel anderer Sprecher kann man viel lernen

Leiden Sie unter Heiserkeit beim Sprechen? Das ist oft ein Zeichen falscher Sprechtechnik. Regen Sie Ihre Speichelbildung mit saftreichen Früchten oder Fruchtsäften an, und meiden Sie ölige oder süße Speisen, da beide die Rachenhöhle austrocknen.

Ihre eigene Aussprache können Sie durch einen Freund oder eine Freundin oder selbst aufgrund einer Tonbandaufzeichnung überprüfen. Im Folgenden werden die wichtigsten Beurteilungskriterien vorgestellt:

Tempo

Das Tempo ist eines der Hauptgestaltungsmittel eines Sprechers. Das gewählte Grundtempo hängt vom Thema, von der Situation und den Zuhörern ab. Insbesondere am Anfang und am Ende einer Rede muss langsam und ausgesprochen deutlich gesprochen werden. Zu Beginn muss die Aufmerksamkeit gewonnen werden, am Schluss wird die Handlungsaufforderung mitgegeben. Bei größeren Veranstaltungen muss langsamer gesprochen werden als im kleinen Kreis.

Sehr schnelles Sprechen, oftmals verbunden mit undeutlicher Aussprache und leiser Stimme, deutet auf Unruhe,

Schnelles
Sprechen vor
einem großen
Publikum ist ein
häufiger
Fehler Rastlosigkeit und Unsicherheit des Referenten hin. Das Tempo ist ebenfalls ein Gestaltungsmittel; es muss aber der momentanen Aufnahmekapazität der Teilnehmer und dem Informationsgehalt entsprechen, das heißt der jeweiligen Sprechsituation angepasst werden. Folgende Tempovariationen sind möglich und sollten in Ihr Beurteilungsraster Aufnahme finden: stockend, langsam, mittel, schnell, hastig, dynamisch, flüssig, rhythmisch/abgehackt, pausenlos, lange Pausen, Wortdehnungen.

Lautstärke (Phon)

Ihr grundsätzliches Ziel ist es, dass Sie von jedermann mühelos verstanden werden. Die Lautstärke dient neben dem Tempo zum Hervorheben von Aussagen durch Veränderung. Ungeeignet ist eine konstante Lautstärke (sowohl laut wie leise). Sie wirkt ermüdend und beraubt den Sprecher der Möglichkeit, durch Veränderung etwas hervorzuheben (lautes oder bewusst sehr leises Sprechen!). Nicht immer muss das Wichtige lauter gesprochen werden; auch wenn die Stimme bewusst gesenkt wird, fördert das die Aufmerksamkeit der Zuhörer.

Mögliche Lautstärkevariationen sind: flüstern, leise, normal, laut, brüllen.

Betonung/Modulation

Bedeutungsvolles wird speziell betont und dadurch unterstrichen.

Nehmen Sie Abstand von übermäßiger Betonung der Anfangs- oder Endsilben der Wörter beziehungsweise des Satzanfanges oder des Satzendes. Ein solches übermäßiges Betonen der Schlusssilben sollte nur zu Übungszwecken geschehen, wenn die Sprecherin oder der Sprecher die Tendenz hat, die Schlusssilben zu verschlucken.

Betont werden vor allem tragende Aussagen oder bedeutende Wörter, die die Gliederung des Vortrags verdeutlichen
(erstens, zweitens, drittens; einerseits, andererseits). Starke
Wortdehnungen wirken meist gekünstelt und sollten daher
vermieden werden.

Das Auf und Ab der Stimme ist zu modulieren, da die Stimme
sonst monoton (wie bei gleichmäßiger Lautstärke) erlebt
wird. Der Tonfall umfasst das wechselnde Tempo, die Lautstärke, Tonhöhe und Pausen. Stresssituationen führen häufig zu einer Verringerung der Modulation.

Betonungskriterien sind: nur Abschlusswort oder Satzbeginn
betont, Anfangs- und Schlusssilben der Wörter betont, übertrieben einzelne Wörter beziehungsweise Sätze betont, dy-
namisches, gleichmäßiges oder monotones Sprechen, leiern,
nuscheln.

Stimmlage

Tiefere Stimmen, meist mit einem größeren Resonanzkörper **Tiefe oder hohe**
einhergehend, sprechen die meisten Menschen mehr an als **Stimmen –**
hohe; sie wirken sonorer und glaubwürdiger. Allerdings sind **beide**
hohe Stimmen bei gleicher Lautstärke besser verständlich als **haben ihre**
tiefe (daher ist es in einem großen Saal wichtiger, dass man **Berechtigung**
höher als dass man lauter spricht).

Ein wirksames Mittel, um die Aufmerksamkeit des Publikums
zu fesseln, ist die kontinuierliche Steigerung der Tonhöhe
und des Sprechtempos bis zum Doppelpunkt vor dem entscheidenden Satz – nach einer kurzen Wirkungspause
kommt dann die Kernaussage. Ansonsten ist die Stimme am
Satzende zu senken.

Ein wechselnder Tonfall (Modulation) ist sinnvoll und nötig.
Lampenfieber oder Stress führt meist zu einem kleineren Auf
und Ab der Stimme, dem man bewusst entgegenwirken
sollte.

Mögliche Ausprägungen sind: hoch – mittel – tief, schrill, angepasst – unangepasst sowie Absenken der Stimme am Satzende.

Artikulation/Verständlichkeit

Ihre Aussagen sollen klar gesprochen und damit akustisch gut verständlich sein.

Wertungskriterien sind: deutlich, überdeutlich, nuschelnd, Verschlucken einzelner (End-)Silben, näselnd, stotternd, lispelnd, Hochsprache, Dialektfärbung, Dialekt.

Timbre

Darunter verstehen wir die Klangfarbe der Stimme, die Gefälligkeit.

Mögliche Ausprägungen der Stimme sind: schrill, hell, mittel, dunkel, spröde, kippend, melodisch, schreiend, rauchig, vulgär, donnernd, dünn, besondere Eigenart.

Emotionaler Bezug (Enthusiasmus)

„Glaubt" der Redner, was er sagt? Ist er begeistert, und strahlt er dies auch aus? Ist die Stimme daher überzeugend, Vertrauen erweckend und glaubwürdig? Dieser emotionale Aspekt sollte periodisch überprüft werden, da er in hohem Maße den Eindruck, den ein Redner auf sein Publikum macht, bestimmt und damit zum Erfolg oder Misserfolg einer Rede beiträgt.

Mögliche Beurteilungskriterien sind hier: gewinnend, überzeugend, aggressiv, zynisch, teilnahmslos, besondere Eigenarten des Redens.

Die Atmung

Die Atmung – in einem Buch über Redetechnik? Bestimmt. Sprechen ist tönendes Ausatmen. Je besser nun Ihre Atemtechnik ist, desto besser ist auch die Sprechtechnik. Zudem besteht zwischen richtigem Atmen und körperlichem Wohlbefinden ein enger Zusammenhang.

Das Beherrschen einer sinnvollen Atemtechnik, das man in Kursen erlernen kann, verringert auch das Lampenfieber. Denn Angst verspannt; umgekehrt mildert gezielte Entspannung vorhandene Angstzustände.

Bestimmt haben auch Sie schon Rednerinnen und Redner erlebt, die oft und geräuschvoll nach Luft schnappen und – einmal in Fahrt gekommen – zu ersticken drohen. Oder Sie kennen Personen, deren hohe und kreischende Stimme längeres Zuhören zur Strapaze werden lässt. Solche Menschen haben keine sinnvolle Atemtechnik erlernt, sie atmen – und reden – falsch.

Wie atmen wir am zweckmäßigsten? Wer durch die Nase statt durch den Mund einatmet, filtert die Luft, wärmt sie vor und befeuchtet sie gleichzeitig. Das schont auch die Stimmbänder, die dafür dankbar sind. Gut ist es auch, wenn sich beim Ein- und Ausatmen nicht nur der Brustkorb bewegt, sondern zusätzlich auch die Bauchdecke. Die Bauchdecke wölbt sich nach außen, wenn das Zwerchfell nach unten gedrückt und dadurch der Lunge mehr Platz verschafft wird.

Ihre Sprechatmung ist ideal, wenn Sie laut sprechen können und dabei lediglich vier- bis sechsmal pro Minute Luft holen. Die Zeitspanne zwischen zwei Atemzügen hängt entscheidend von der Menge der eingeatmeten Luft ab. Atmen Sie nur in den oberen Brustkasten ein, nehmen Sie etwa zwei Liter Luft auf. Ergiebiger und gesünder ist die Voll- oder auch Tiefatmung. Damit können Sie, indem Sie bis „in den Bauch einatmen" und die untersten Rippen aufdehnen, die doppelte Luftmenge aufnehmen.

Dieses bewusste und tiefe Atmen kann geübt werden. Anfänglich erfordert richtige Atmung ständige Aufmerksamkeit und wird die alte, falsche Form der Atmung nur gelegentlich überlagern, mit der Zeit jedoch geschieht das richtige Atmen so automatisch wie vorher das falsche. Diese Umstellung auf ein tiefes Ein- und Ausatmen, auf das Geschehenlassen der Atmung, hilft weiter. „Es atmet mich", wäre man versucht zu sagen, statt: „Ich atme". Als weitere Übung können Sie mehrmals ganz langsam einatmen und dann schnell ausatmen oder umgekehrt. Beim Gehen lässt sich diese Übung gut durchführen, indem Sie die Schritte als Rhythmus nehmen. Keinesfalls sollte Ihnen dabei schwindlig werden – sonst unterbrechen Sie die Übung und machen damit zu einem späteren Zeitpunkt weiter.

Links:
Der Weg der
Atemluft durch
die Luftröhre in
die Lunge.
Rechts:
Die Lunge beim
Ein- bzw. Aus-
atmen. Als
Vergleich
unten ein
Blasebalg

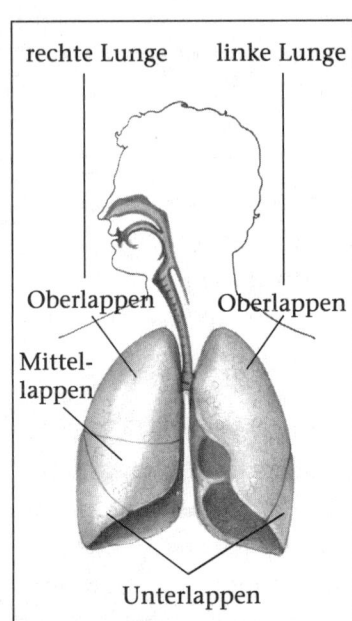

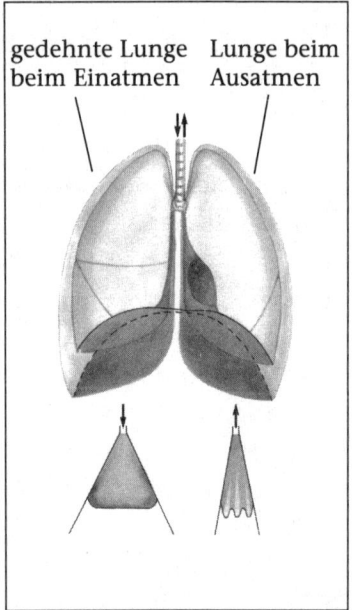

Die eingeatmete Luftmenge ist jedoch nicht nur für die bessere Sauerstoffzufuhr und ein gesteigertes körperliches Wohlbefinden wichtig, sondern gibt der Rednerin oder dem Redner mehr Ausatmungsluft für das Sprechen. Daher ist das dosierte und kontrollierte Ausatmen noch viel wichtiger als das Einatmen. Beim Ausatmen entscheidet sich Lautstärke, Tempo und Stimmhöhe.

Das Ausatmen ist für das Sprechen entscheidend

Immer wieder fragen sich Redner, ob eine Redepause eher vor dem Aus- oder vor dem Einatmen einzulegen ist. Auch hier geht Probieren über Studieren: Versuchen Sie doch, an welcher Stelle es für Sie am angenehmsten ist. Dieser Test wird wahrscheinlich zur Folge haben, dass Sie ganz von allein dort pausieren, wo es auch sinnvoll ist: nämlich nach dem Ausatmen.

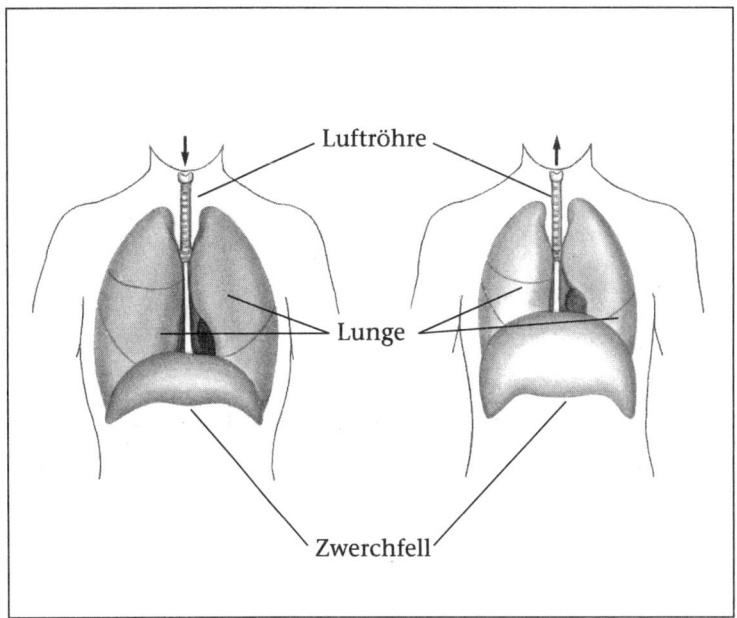

Luftröhre

Lunge

Zwerchfell

Links: Das Zwerchfell wird beim Ein- atmen nach unten gedrückt. Rechts: Das Zwerchfell beim Ausatmen

Sprechtechniktraining

Nach so viel Theorie zu Sprech- und Atemtechnik stellt sich die Frage: Welche konkreten Trainingshinweise für die Verbesserung der Sprechtechnik gibt es? Mit den folgenden praktischen Übungen – von denen sich einige beispielsweise auch beim Autofahren durchführen lassen – können Sie Ihre Sprechtechnik verbessern:

- Sammeln Sie Zungenbrecher wie die folgenden, und trainieren Sie deren korrekte Aussprache:

  „Fischers Fritze fischt frische Fische."

  „Zwischen zwei Zwetschgenzweigen sitzen zwei zwitschernde Schwalben."

  „Der Metzger wetzt das Metzgermesser."

  „Grasgrüne Räuber rollen rote und rosa Räder den Rain rauf und runter."

  „Wir Wiener Waschweiber würden weiße Wäsche waschen, wenn wir wüssten, wo warmes Wasser wäre."

- Üben Sie die korrekte Aussprache von Vokalen, indem Sie die Tonfolge maa, mee, mii, moo, muu, mää, möö, müü, mei, meu, mau (nicht gesprochen als m-a-a, m-e-e usw.) bilden.

- Erzählen Sie Geschichten oder Witze, indem Sie verschiedene Personen mit unterschiedlichen Stimmlagen sprechen lassen.

- Sprechen Sie einen Text von rund zehn Minuten auf ein Tonband. Unterstreichen Sie daraufhin im schriftlichen Text die wichtigsten Wörter und Aussagen, und kontrollieren Sie anhand der mitgeschnittenen Tonbandaufzeichnung, ob diese entsprechend zum Ausdruck kommen. Wiederholen Sie darauf die Übung nochmals mit dem gleichen Text.

- Sprechen Sie einen rund zehnminütigen Text – am besten ebenfalls mit Tonbandkontrolle – flüsternd vor. Das zwingt zu besonders deutlicher Aussprache.

- Sprechen Sie einen Zeitungsartikel, den Sie ein- oder zweimal gelesen haben, möglichst wörtlich frei nach.
- Analysieren Sie die Aussprache von Rezitationen, Vorträgen oder Fernsehreden.

Für Versprecher sollten Sie sich nicht entschuldigen und sie nur dann korrigieren, wenn Grund zur Annahme besteht, dass Sie falsch oder überhaupt nicht verstanden wurden. Ansonsten sind Versprecher zu übergehen.

Der wirkungsvolle Einsatz von Pausen

Die gekonnte Rednerin oder der gewiefte Redner zeichnen sich dadurch aus, dass sie Pausen wirkungsvoll einzusetzen wissen. Pausen setzen heißt, das Lampenfieber überwunden zu haben und eine sinnvolle Atemtechnik zu beherrschen. Viele Personen, die Lampenfieber haben, sprechen pausenlos, da sie die Stille nicht ertragen.

Pausen einlegen oder schweigen können zeigt Stärke – und nicht Schwäche, wie wir gemeinhin annehmen. Es beweist, dass Sie sich dem Erwartungsdruck Ihrer Zuhörer nicht zu unterwerfen brauchen. Nur ein ängstlicher Redner spricht unentwegt oder überbrückt eine Denkpause beispielsweise mit Füllwörtern wie „äh" oder „ähm".

Pausen sind ein nicht zu unterschätzendes Gestaltungsmittel

Pausen bringen für die sprechende Person sowie für Zuhörerinnen und Zuhörer Vorteile. Sie bieten der Rednerin oder dem Redner Gelegenheit, Luft zu holen und gegebenenfalls einen Blick auf Manuskript oder Stichwortkarten zu werfen. Dem Publikum geben die Pausen Gelegenheit, das Gesagte zu überdenken. Die Pause erzeugt zusätzliche Spannung, wenn sie vor der zentralen Aussage eingeschaltet wird. Eine Wirkungspause nach der zentralen Aussage lässt deren Gewichtigkeit für einen Augenblick im Raum stehen. So prägt sie sich ein, „hallt" in den Ohren der Zuhörer „nach". Darüber hinaus dienen Pausen zur Trennung von Abschnitten oder Aufzählungspunkten, was den Referenten auch Zeit zum Atemholen bietet.

Überprüfung von Pausen mit dem Tonbandgerät

Überprüfen Sie Ihre Pausentechnik anhand einer Tonbandaufzeichnung. Welches ist Ihre längste Pause? Wie lange dauerte sie? Wo wurden Pausen sinnvoll eingesetzt? Wo wären noch Pausen angebracht gewesen?

Dass Schweigen eine Stärke sein kann, wurde bereits gesagt. In einem harten Gespräch oder einer Auseinandersetzung „verliert" oft derjenige, der als erster nach einer Pause wieder zu reden beginnt. Denn Schweigen kann auch eine Antwort sein. Heinrich Böll sagte: „Schweigen ist ein Argument, das kaum zu widerlegen ist."

Die nachfolgenden Zitate und Situationsbeschreibungen sollen die eindringliche Wirkung der Pause – der Stille – bewusst machen:

- „Es herrschte eine so eindringliche Stille, dass sie wie die Niagarafälle in meinen Ohren dröhnte."
  (Von Henry Miller in „Wendekreis des Krebses".)

- Eine typische Szene aus dem Westernfilm: tumulthaftes Durcheinander in einem Saloon. Plötzlich verstummt der Lärm mit einem Schlag, weil er, der einsame Held, die Tür auftritt und in die Bar kommt.

- Auf einer Party: Plötzlich ist ein (peinliches) Schweigen eingetreten. Keiner traut sich, diesen Bann zu brechen, indem er etwas sagt oder sich auch nur rührt.

- Sie betreten das Büro des Chefs. Er schweigt und schaut Sie fordernd an.

- Auf die Frage des Kunden nach dem Abschluss des Vertrages, ob ihm da noch ein Rabatt eingeräumt werden könne, schweigt der Verkäufer und schaut ihn lediglich fragend an ob einer solch deplatzierten Frage.

Grundlagen des Sprechens

Grundlegendes zur Kommunikation

Wir sprechen heute oft von Kommunikation, ob in der Informatik (der Wissenschaft von Computern), in der Werbung oder im Privatleben. Im weitesten Sinne versteht man darunter Informationsübertragung von einem Sender zu einem Empfänger über eine Leitung sowie dessen Rückmeldung (Feedback). Im engeren – sprachwissenschaftlichen – Sinn meint man mit dem Sender die Sprecherin oder den Sprecher, mit Empfänger die Zuhörerin oder den Zuhörer (und oft auch gleichzeitig Zuschauerin oder Zuschauer). Was kompliziert klingt, ist eigentlich ganz einfach: Eine Sprecherin (zum Beispiel Anna; Senderin) sagt etwas („Hast du noch Durst?"; Information) über einen bestimmten Weg (Luft, mündlich; Leitung) zu einem Zuhörer (Peter; Empfänger), und dieser reagiert (mit „Ja" und Kopfnicken; Feedback). Als Skizze dargestellt sieht das so aus:

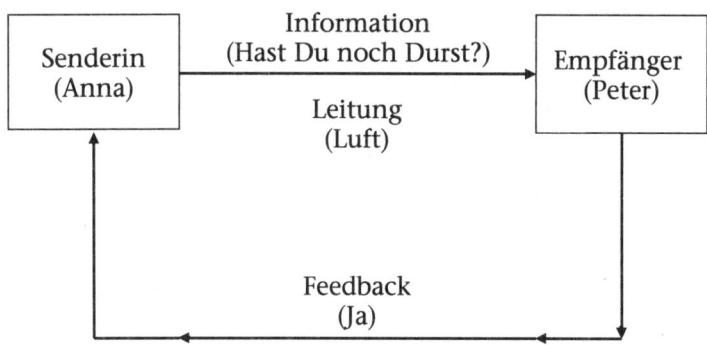

Informationen werden immer über eine Leitung übertragen, sei dies die Luft in einem persönlichen Gespräch, das Telefon oder ein Brief beziehungsweise in der Datenverarbeitung der Datenaustausch über ein Kabel. Wir wollen uns hier, da es uns um die Rede geht, vorrangig mit dem Informationsaustausch in einer unmittelbaren Sprechsituation beschäftigen, das heißt, Redner und Zuhörer (Sender und Empfänger) befinden sich im gleichen Raum.

Die Information ist in diesem Fall das direkt gesprochene Wort (verbal); zusätzliche Informationen werden dem Zuhörer durch Haltung, Gestik und Mimik übermittelt (nonverbal). Der verbalen Information sind wir uns meist bewusst – aber der nonverbalen? Der Sender codiert seine Informationen so, dass sie beim Empfänger möglichst die gewünschte Wirkung erzielen. Das ist nicht immer leicht, vor allem wenn er den oder die Empfänger nicht oder nur vage kennt.

Durch den Empfänger wird die gehörte und gesehene Information entschlüsselt und umgesetzt. Er ordnet ihr aufgrund seiner Erfahrung und seines Wissens Bedeutung zu. Er interpretiert die Information. Gewisse Punkte überhört er vielleicht, andere glaubt er gehört zu haben, weil er sie an dieser Stelle erwartet. Verständlich, dass Sender und Empfänger nicht immer das Gleiche unter einem bestimmten Wort oder einem bestimmten Satz verstehen. Missverständnisse sind unter solchen Umständen leicht möglich. Mit der Frage „Wie meinte er wohl diese Aussage?" ist dem Rätselraten Tür und Tor geöffnet. Welcher Aspekt stand im Vordergrund? Ging es dem Sender primär um die Sache, oder war sein Anliegen eher reine Selbstdarstellung? Was sagte er über unsere Beziehung aus? Was forderte er?

Sprechen und verstanden werden sind nicht immer dasselbe

Die Reaktion des Empfängers auf die Information wird Feedback genannt. Das Feedback des Empfängers kann verbal oder nonverbal oder beides sein. Es zeigt dem Sender, dass die gesendete Information angekommen ist. An der Art des Feedbacks kann der Sender oft bereits erkennen, wie seine Rede verstanden wurde, und gegebenenfalls Missverständnisse korrigieren. Zusammengefasst bedeutet das also:

Sender steht für Sprecher, Referent, Präsentator, Redner.

Empfänger steht für Zuhörer, Teilnehmer, Partner – oder unfreiwillige Zuhörer.

Die wichtigsten Begriffe aus der Kommunikations theorie

Leitung steht für den Kanal, den Weg, das Mittel, über das die Information übertragen wird.

Information steht für Botschaft, Tatsache, Aussage, Meldung, Appell, Mitteilung in Sprache, Schrift, Bild, Zeichen; sie kann verbal (Wörter, Sätze, Laute) und/oder nonverbal (Haltung, Mimik, Gestik) sein.

Feedback steht für Rückkoppelung, Rückmeldung, Reaktion, Antwort (verbal oder nonverbal).

Menschen kommunizieren permanent auf irgendeine Art und Weise miteinander. Einer Kommunikation kann man sich nicht verweigern, und wer nichts – auch mit dem Körper – sagen will, sagt eben genau dadurch auch etwas aus, nämlich dass er keine aktive Kommunikationsaufnahme will und in Ruhe gelassen werden möchte. Denken Sie an eine Situation in einem Fahrstuhl, in der jedermann an die Decke oder auf den Boden starrt. Selbst wenn Sie im Lift „nicht sprechen", sprechen sie eben gerade auch dadurch. Paul Watzlawick, ein berühmter Kommunikationswissenschaftler, sagte einmal: „Man kann nicht nicht kommunizieren!"

Inwieweit die Kommunikation absichtlich oder unabsichtlich zustande kommt, spielt für uns hier keine Rolle. Unterschieden werden kann:

nonverbal/zufällig:	Blickkontakt, Lächeln beim Spazierengehen, im Zug oder Wartezimmer
nonverbal/absichtlich:	Gogo-Girl, promenierender Playboy, Umarmung, vielsagender Blick, „den Vogel zeigen"
verbal/zufällig:	Gespräch in Zug, Tram oder Bus, am Skilift, mit einem Anhalter
verbal/absichtlich:	Verkaufs- oder Mitarbeitergespräch, Sitzung, Vortrag

Der Kommunikationskreislauf ist nicht immer offensichtlich – aber vorhanden

Kommunikation ist immer ein Kreislauf. Eine wirkliche Einwegkommunikation ohne irgendwelche Reaktionen des Empfängers gibt es nicht. Selbst vermeintliche Einwegkommunikationen entsprechen der Definition bei näherer Betrachtung nicht. So erhält eine Firma Bestellungen aufgrund eines Inserates, der Radiosender Höreranrufe als Reaktion auf eine Sendung oder der Marketingleiter Zahlen der Publikumsbefragung. Monologsituationen gibt es streng genommen nur im Selbstgespräch.

Kommunikation bedeutet in vielen Fällen – über eine reine Weitergabe von Informationen hinaus – eine Einflussnahme auf den Gesprächspartner. Denn in den meisten Redesituationen will man ja etwas erreichen, eine Idee vermitteln, eine Handlung veranlassen, den Partner von einer Sache überzeugen.

Daher ist einer der zentralen Punkte im Rahmen der Kommunikation das Wertesystem. Das Wertesystem ist Ihr Rucksack an Erfahrungen, Ansichten und Beurteilungen, den Sie durch das Leben tragen. Der Rucksack anderer Personen ist – verständlicherweise – anders zusammengestellt, allerdings wird es bei zwei Personen, die aus dem gleichen Kulturkreis – etwa Westeuropa – stammen, in der Regel zumindest teilweise Übereinstimmung geben. Nur in diesem Bereich, in dem Ihr Wertesystem mit demjenigen Ihres Partners übereinstimmt, ist eine Verständigung möglich. Dass diese auch erreicht wird, dafür ist in erster Linie die jeweilige Sprecherin oder der Sprecher verantwortlich.

So kann die Aussage

je nach Übereinstimmungsgrad zwischen Sprecher und Zuhörer wie folgt verstanden werden:

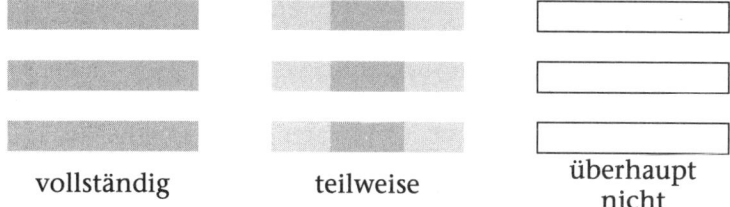

vollständig   teilweise   überhaupt nicht

Entsprechend dürften sich Konflikte und Missverständnisse in wachsendem Maße einstellen.

Informationsübermittlung – Informationsverlust

Wer spricht, muss sich darüber im Klaren sein, dass ein Teil des Gesagten nicht beim Zuhörer ankommt. Das erleben wir alle tagtäglich. Sicher kennen Sie das Kinderspiel „Stille Post" oder „Telefonspiel". Mehrere Personen sitzen in einem Kreis. Einer flüstert dem Nachbarn einen Satz oder eine kurze Geschichte ins Ohr. Dieser erzählt sie dem Nächstsitzenden leise weiter. Die letzte Person in der Kette erzählt die gehörte Geschichte nun laut. Von dem anfänglich Gesagten ist nicht mehr viel übrig. Wesentliches fehlt, dafür ist Neues hinzugekommen.

„Stille Post" – ein Beispiel für Informationsverlust

Das ist auch im Kommunikationsfluss einer größeren Firma so. Der Generaldirektor verkündet seinen Direktoren etwas. Über zahlreiche Hierarchiestufen geht die Botschaft bis zu jedem einzelnen Mitarbeiter und jeder einzelnen Mitarbeiterin. Aber hier kommt oftmals ein ganz anderer Sinn an, als in der ursprünglichen Aussage lag.

Die Darstellung auf der folgenden Seite veranschaulicht diese Verminderung des Informationsgehaltes.

Was bleibt da also noch hängen? Von der ganzen großen Menge des Gedachten bleibt beim Hörer für die konkrete Umsetzung recht wenig übrig. Denn gesagt heißt nicht gehört, gehört heißt nicht verstanden, und verstanden heißt nicht ausgeführt!

Ergebnisse aus der Lernpsychologie haben ergeben, dass der Mensch mit seinem Kurzzeitgedächtnis höchstens in der Lage ist, Informationen 20 Sekunden lang zu speichern. Kein Satz sollte länger als 20 Sekunden dauern!

Die vier Sprachebenen

Ein und dieselbe Aussage findet, in Anlehnung an Schulz von Thun, grundsätzlich immer auf vier verschiedenen Ebenen statt, die allerdings unterschiedlich gewichtet sein können.

Das hängt von der Hauptaussage des Redners ab. Diese vier Ebenen werden sowohl sprachlich als auch nonverbal übermittelt.

Der Sprecher dachte.

Der Sprecher formulierte (Filter hielt zurück).

Der Sprecher meinte zu sagen (Code schränkte ein).

Beim Hörer kam an (objektiv).

Der Hörer meinte (subjektiv decodiert).

Der Hörer interpretierte (filterte).

Der Hörer konnte behalten.

Der Hörer gab weiter.

Der Hörer setzte um.

Vom Gedanken bis zur Umsetzung ist ein verlustreicher Weg zurückzulegen

Die folgende Aufstellung zeigt, worum es sich handelt:

Information	Thema, Fakten, Sachebene
Appell	Wunsch, Bitte, Hilfs-angebot, Befehl, Aufforderung, Anweisung
Selbstoffenbarung	Wie sehe ich mich? Wie fühle ich mich? Meine Ansichten und Werte, Urteile, Meinungen (Ich-Botschaft)
Kontaktvergewisserung	Wie stehen wir zueinander? Beziehungsebene, Vertrauen, Rang, soziale Stellung, Über-/ Unterlegenheit

Was ist alles in einem einzigen Satz enthalten?

Was hier vielleicht sehr theoretisch klingt, sei an einem Beispiel erläutert. Stellen Sie sich vor, ein Paar sitzt abends vor dem Fernseher, und die Frau sagt zu ihm: „Liebling, siehst du noch lange fern?" In dieser Frage stecken zahlreiche Aspekte. Die reine Wissensfrage im grammatikalischen Sinn erfordert eine Antwort wie: „Eine halbe Stunde, eine oder zwei Stunden". Das ist der Aspekt der Information. Vielleicht steckt indirekt aber in der Frage auch die Aufforderung: „Hör endlich auf damit! Es ist doch dumm von dir, so lange in die Glotze zu starren." Hier zeigt der Tonfall, ob ein versteckter Appell in der Frage enthalten war. Aber auch der Aspekt „Ich langweile mich. Unterhalte mich! Ich wüsste meine Zeit besser zu nutzen" könnte mitschwingen. Was die Frau über sich selber preisgibt, ist die Selbstoffenbarung. Als Letztes könnte auch der Aspekt eine Rolle spielen: „Hast du mich nicht mehr gern, da du in die Röhre guckst, statt dich mit mir zu beschäftigen?" Das wäre die Kontaktvergewisserung. Verbale Sprache wie Körpersprache, vor allem aber der Tonfall und die Betonung zeigen dem Empfänger – mehr oder weniger deutlich –, welcher Aspekt im Vordergrund steht, das heißt für den Sprecher oder die Sprecherin am wichtigsten ist.

Zwei weitere Beispiele:

Der Geschäftsfreund sagt zum Werkstattleiter: „Seit wann ist eigentlich eure Fräsmaschine im Einsatz?"

Denkbare Aspekte dieser Frage sind:

Information:	Ab welchem Jahr, 1991, 1992 …?
Appell:	Wirf die alte Anlage endlich weg, und kaufe eine neue.
Selbstoffenbarung:	Ich wüsste schon, was für dich gut ist.
Kontakt-vergewisserung:	Bestimmt vertraust du mir. Wir sprechen zusammen, weil wir uns als kompetente Partner akzeptieren.

Sprachebenen in der Geschäftswelt

Der Firmeninhaber fragt eine jüngere Bewerberin im Vorstellungsgespräch: „Ist es denkbar, dass Sie einmal mit einem reduzierten Pensum arbeiten möchten?"

Denkbare Aspekte dieser Frage sind:

Information:	Ja oder nein?
Appell:	Stimmen Sie zu. Das ist Bedingung für die Anstellung.
Selbstoffenbarung:	Es wäre denkbar, dass Sie nächstens schwanger werden. Ich erlaube mir daher diese indirekte persönliche Frage.
Kontakt-vergewisserung:	Ich denke, so etwas wissen Sie bereits heute.

Sie denken, dass dies nur bei Fragen gilt? Dem ist nicht so. Bei Fragen sind die verschiedenen Aspekte in der Regel deutlicher erkennbar. Sie gelten jedoch für alle Aussagen. Suchen Sie einmal für die folgenden drei Sätze die denkbaren Aspekte:

1. „Ich habe keine Zeit. Das kann ich unmöglich erledigen!"
2. „Hervorragend, Frau Sommer, wie Sie das gelöst haben."
3. „Nein, davon bin ich bestimmt nicht müde."

Wenn Sie nachfolgend Ansätze zur „Lösung" finden, ist damit nicht gemeint, dass dies die einzige richtige Lösung ist. Wie gesagt, Stimmlage und Körpersprache sagen der angesprochenen Person, wie die Aussage genau gemeint ist.
Zu Nummer 1: „Ich habe keine Zeit. Das kann ich unmöglich erledigen!"
Information: Die mir zur Verfügung stehende Zeit reicht dazu nicht aus.
Appell: Hilf mir, ich komme nicht dazu, meine gesamte Arbeit zu erledigen; bitte gib mir nicht noch weitere Arbeit.
Selbstoffenbarung: Ich gebe zu, ich bin überfordert.
Kontaktvergewisserung: Könnten wir dies gemeinsam erledigen?

Zu Nummer 2: „Hervorragend, Frau Sommer, wie Sie das gelöst haben."
Information: Die Arbeit ist gut erledigt worden.
Appell: Machen Sie weiter so!
Selbstoffenbarung: Nach meinem Wertesystem ist dieses Resultat hervorragend. Ich kann das beurteilen.
Kontaktvergewisserung: Dieses Lob fördert das Vertrauen und die Sicherheit in unserer Beziehung.

Zu Nummer 3: „Nein, davon bin ich bestimmt nicht müde."
Information: Ich bin noch fit.
Appell: Gib mir noch mehr Arbeit.
Selbstoffenbarung: Ich ertrage noch mehr Arbeit.
Kontaktvergewisserung: Diese Frage können wir untereinander offen diskutieren. Ich antworte dir ehrlich.

Für den Zuhörer kann es sehr wichtig sein, alle Aspekte einer Botschaft wahrzunehmen. Denken Sie an das Beispiel der jüngeren Bewerberin. Häufig ist das aber in der kurzen Reaktionszeit, die uns normalerweise zur Verfügung steht, recht schwierig.

Alle Aspekte wahrzunehmen erfordert viel Übung

Feedback wahrnehmen – Feedback geben

Es wurde bereits davon gesprochen, wie wichtig das Feedback für die menschliche Kommunikation ist. Aufgrund der Reaktion, die ein Sprecher auf seine Worte erhält, kann er feststellen, ob er verstanden wurde, und gegebenenfalls Missverständnisse berichtigen. Aber Feedback hat noch eine andere Funktion: es zeigt uns, wie wir auf unsere Gesprächspartner wirken, und wir können daraus Rückschlüsse auf uns selbst, auf unsere Persönlichkeit, ziehen. Vergessen Sie nicht, dass das Bild, welches Sie von sich selbst haben, nicht zwingend mit dem übereinstimmt, das sich andere Personen von Ihnen machen. Anhand des von zwei amerikanischen Psychologen entwickelten „Johari-Fensters" kann dies verdeutlicht werden:

Wie sehen wir uns selbst – wie sehen uns die anderen?

	mir selbst bekannt	mir selbst unbekannt
anderen bekannt	1	3
anderen unbekannt	2	4

Es werden hier vier Teile Ihrer Persönlichkeit gezeigt. Davon ist ein Teil sowohl Ihnen als auch Ihren Mitmenschen bekannt, ein Teil nur Ihnen selbst (den Sie vielleicht auch nicht offenbaren wollen), ein Teil nur Ihren Mitmenschen und ein Teil weder Ihnen noch Ihren Mitmenschen. Somit zeigt Feld 1 denjenigen Teil, der Ihnen und anderen bekannt ist, die sogenannte Arena. Feld 4 denjenigen Teil, der weder Ihnen noch anderen bekannt ist, den sogenannten „blinden Fleck". Feld 2 ist Ihnen, jedoch nicht Dritten, Feld 3 ist Dritten, jedoch nicht Ihnen bekannt.

Ein Beispiel soll diese Theorie veranschaulichen. Jedermann weiß, und Sie würden das auch jedermann mitteilen, dass Sie braune Haare haben, 1,85 m groß sind und von Beruf Kaufmann (Feld 1). Nur Sie selbst wissen vielleicht, dass Sie oft Störungen der Sehschärfe haben oder sich zum gleichen Geschlecht hingezogen fühlen. Anderen möchten Sie dies tunlichst verbergen (Feld 2). Ihre Mitmenschen erleben Sie als arrogant und unbelehrbar, während Sie selbst diese schlechten Eigenschaften gar nicht wahrnehmen (Feld 3). Weder Ihnen noch Dritten ist aber Ihre ganz leichte Sprachstörung oder Ihr Herzfehler bewusst (Feld 4). Jeder Aspekt Ihrer Persönlichkeit lässt sich somit einem dieser vier Felder zuteilen.

Durch ein Feedback von Dritten haben Sie die Chance, etwas über sich zu erfahren, was Ihnen vielleicht bisher verborgen blieb, also in das Feld 3 des Johari-Fensters fällt. Feedback kann somit ein Spiegel sein, der zeigt, wie man von den anderen gesehen wird. So wie der Spiegel Ihnen keine Vorschriften über die Frisur macht, so gibt Ihnen auch der Feedbackgeber keine Anweisungen oder gar Befehle. Er zeigt lediglich Ihr Bild, das Sie bedenken sollen. Er hilft zu erkennen, wo man eventuell nicht so erlebt wird, wie man sich selbst sieht oder zu wirken glaubt. So bin ich im Zweifel gar nicht der lustige Unterhalter, für den ich mich immer gehalten habe. Eine Anpassung oder Verhaltensänderung, die sich aus dem neuen Aspekt der eigenen Persönlichkeit ergibt, kann – muss aber nicht – erfolgen. Auf keinen Fall sollte man gleich die gesamte Persönlichkeit umkrempeln wollen, was in der Regel sowieso nicht von Erfolg gekrönt ist.

Wichtig ist aber das Feedback auf die Wirkung einer Persönlichkeit immer dann, wenn daraus Rückschlüsse auf die
Wirkung des eigenen Redeverhaltens gezogen werden können. Hier sollte jeder, der beruflich oder privat viel mit
Menschen reden muss, auf jeden Fall besonders aufmerksam
sein, um entsprechend erfolgreich kommunizieren zu können.

Was hört der Mensch neben dem eigenen Namen am liebsten? Eine positive Reaktion, ein Lob, ein Dankeschön oder
ein Kompliment. Wir alle streben nach Beachtung und Anerkennung. Das Anerkennungsbedürfnis ist ein menschliches Grundbedürfnis. Jeder möchte sich wertvoll fühlen. So
wie wir uns selber über ein positives Feedback freuen, so
sollten wir anderen solche positiven Rückmeldungen geben.

Positives Feedback ist von großer Wichtigkeit

Ein Lob motiviert, gibt neue Kraft, muntert auf, tröstet und
stärkt damit das Selbstvertrauen. Nichts ist dabei herzlicher,
als sich mitzufreuen. Ihre Reaktion zeigt dem Partner, wie er
erlebt wird. (Wann könnten Sie die nächste Gelegenheit
nutzen?)

Über die Zufriedenheit in einem Betrieb entscheidet häufig
nicht Lohn und Position, sondern Anerkennung für die
Leistung der Mitarbeiter durch Vorgesetzte und Arbeitskol-
leginnen und -kollegen.

Kritik, im Gegensatz zum Feedback, das oft spontan, ja
unbewusst erfolgt, ist die bewusste und überlegte positive
oder negative Beurteilung einer Person oder ihrer Leistungen. Kritik ist kein bloßer Spiegel, sondern erhebt Anspruch
auf Verhaltensveränderung beim Empfänger der Kritik. Aber
selbst eine schmerzhafte negative Kritik wie Tadel oder Ge-
ringschätzung ist oft besser als überhaupt keine Reaktion.
Kinder demonstrieren uns das, indem Sie sich so lange
unmöglich benehmen, bis sie endlich die Aufmerksamkeit
der Eltern auf sich gezogen haben.

Kritik tut weh – Nichtbeachtung aber auch!

Ein Gesprächspartner wäre im Fall einer ausbleibenden verbalen Reaktion rein auf die Interpretation von Mimik und Gestik angewiesen, was häufig zu Fehlinterpretationen führt und den Sprechenden verunsichert.

Tipps für das Geben von Feedback oder Kritik:

- Beschreiben Sie, was sie beobachtet haben und wie es auf Sie gewirkt hat.
- Seien Sie offen und ehrlich, aber nicht verletzend.
- Ihre Reaktion muss der Situation und dem Verhalten des Gesprächspartners angepasst sein.
- Reagieren Sie rasch mit Feedback.

In einem Gespräch oder einer Diskussionsrunde mit mehreren Teilnehmern spielt die direkte Bezugnahme auf eine Frage oder Aussage eine wichtige Rolle. Sie soll dem Vorredner zeigen, dass das von ihm Gesagte verstanden und geschätzt wird, und gleichzeitig die Überleitung zum eigenen Redebeitrag bilden. Das heißt, sie übernimmt eine Brückenfunktion zwischen den Aussagen verschiedener Redner, die zugleich eventuellen weiteren Gesprächsteilnehmern oder Zuhörern das Verständnis erleichtert.

Dieses Aufgreifen des vorher Gesagten sollte oft – vor allem bei komplizierten Sachverhalten –, aber nicht ständig stattfinden, besonders wenn es mit einem Dank an den Vorredner verbunden ist, der sonst leicht schematisch wirkt. Wir wollen diese Reaktion auf den Vorredner „Quittung" nennen.

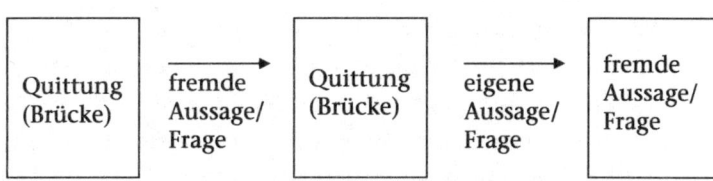

Folgendes kann eine solche Quittung enthalten:

1. Ein Dank an den Vorredner befriedigt sein Anerkennungsbedürfnis. Gleichzeitig ist es eine Aufmunterung, sich
anschließend wieder ins Gespräch einzuschalten.

2. Durch die Wiederholung der Frage oder Aussage mit eigenen Worten stellen Sie sicher, dass Sie das Gesagte richtig
verstanden haben. Zudem wird es für die gesamte übrige
Zuhörerschaft verständlicher (besonders in einem großen
Saal oder wenn der Vorredner seinen Beitrag mit Fachwör-
tern gespickt hat), und die Wiederholung gibt Ihnen Zeit,
sich die Antwort zu überlegen. Nutzen Sie diese Denkpause.

Die Wiederholung des vorher Gesagten erleichtert das Verständnis

Die Quittung sollte aber kein Eigenleben haben. Man soll das
dahinter stehende System nicht bemerken. Es ist lediglich
der Anknüpfungspunkt zu Ihrer eigenen Aussage.

Beispiele für mögliche Quittungen:

- „Danke für den Hinweis. Es ist richtig, dass …"
- „Darum werde ich oft gebeten. Leider kann auch ich Ihnen
keine fertige Lösung präsentieren. Ich meine, das müsste
jedoch in folgende Richtung gehen: …"
- „Dis ist für mich ebenfalls der entscheidende Faktor."
- „Herr Keller, Sie sprechen wohl den wichtigsten Punkt an!"

Feedback, das sollten die vorangegangenen Erläuterungen
gezeigt haben, ist ein unverzichtbarer Bestandteil verschie-
denster Redesituationen, der – bewusst und richtig eingesetzt
– das Funktionieren menschlicher Kommunikation fördert
und erleichtert.

Zustimmung erhalten – aber wie?

Wenn, wie bereits gesagt wurde, reden mit überzeugen wollen zu tun hat, wenn man die Rhetorik sogar die „Kunst des Überzeugens" nennt, kann darunter nicht einfach das Überstülpen der neuen Ansicht über das Bisherige verstanden werden. Dem Redenden sollten verschiedene Möglichkeiten bekannt sein, mit denen man eine Änderung des Denkens oder Verhaltens erreichen kann. Es sind drei Punkte, die Zustimmung bringen können, wobei es von der Situation und dem Verhältnis der Gesprächspartner zueinander abhängt, welche zur Anwendung kommen. Es handelt sich um Unterwerfung, Identifikation und Internalisierung. Mit der Unterwerfung beugt sich der Gesprächspartner einem äußeren Druck aus Angst vor Sanktionen (Bestrafung) oder in der Hoffnung auf eine Belohnung. Dieser Fall wird nur dann Anwendung finden, wenn das Verhältnis der Gesprächspartnern nicht gleichberechtigt ist. Die Identifikation ist eine Überzeugung, die von innen kommt. Der Partner stimmt mit dem Redenden überein, weil er seine Wertestruktur übernommen hat oder bereits besitzt. Die dritte Art ist die Internalisierung, wobei der Zuhörer der Ansicht des Sprechers nicht nur zustimmt, sondern sie zu seiner eigenen macht.

Verschiedene Wege, Zustimmung zu erhalten

Jemand dazu zu bringen, eine zusätzliche Arbeit zu tun, könnte somit auf verschiedenen Wegen erreicht werden. Urteilen Sie selbst, welches die beste Form ist:

- „Entweder Sie erledigen diese Arbeit noch heute, oder ich werde Ihnen die Beförderung verweigern."

- „Wenn Sie diese Arbeit noch heute erledigen können, schlage ich Sie zur Beförderung vor."

- „Diese Arbeit ist äußerst wichtig. Wenn Sie das noch heute erledigen könnten, kann Herr Schulz bis morgen Mittag die Offerte ausarbeiten. Damit haben wir eine sehr große Chance, den Auftrag zu bekommen."

Wovon hängt der Erfolg eines Redners ab, der sein Gegenüber mit Argumenten überzeugen will?

- Davon, wie weit das Neue mit den bisherigen Ansichten des Gesprächspartners oder des Publikums übereinstimmt.
- Von der Sachkompetenz des Redners.
- Von seiner Beliebtheit, Glaubwürdigkeit, Unabhängigkeit.
- Von seiner sozialen Stellung, seinem Prestige, seiner persönlichen Attraktivität und Autorität.
- Wie weit Gefühle angesprochen werden.
- Von der Vortrags- und Sprechart.
- Von Kontaktfreudigkeit und Wärme des Sprechers.
- Von Selbstsicherheit und Selbstwertgefühl des Referenten und der Zuhörer.
- Von der Bedeutung des Themas für die Zuhörer.
- Wie weit etwas anerkannten/bewährten Werten entspricht.
- Von Preis oder Mühe eventueller Konsequenzen.
- Davon, inwieweit sich die Zuhörer Vorteile versprechen.

Es gibt viele Möglichkeiten, die Zustimmung eines Publikums zu erhalten. So bekommt Zustimmung, wer dem Publikum nach dem Mund spricht oder ihm seine Bedürfnisse oder Interessen aufzeigt beziehungsweise die Fehler anderer (Gegner) vor Augen führt. Auch wer im Namen des Publikums Forderungen stellt oder Ansprüche anmeldet („Steht uns Hauseigentümern nicht endlich eine steuerliche Entlastung zu?"), kann mit aktiver Zustimmung rechnen. Auch Gefühle schüren („Wer sichert Ihre Renten im Alter? Müssten wir dazu nicht ...?") führt oftmals zum Ziel. Wer sich auf sozial hoch stehende Personen oder Institutionen beruft („Hat nicht gerade auch unser Bundespräsident vorgeschlagen, dass ...?"), kann ebenfalls mit Beifall rechnen. Nicht zuletzt kann man Zustimmung gewinnen, indem man die Vorurteile der Zuhörerinnen und Zuhörer verstärkt, sie in

So erhält man leicht Zustimmung – aber auch mit den richtigen Mitteln?

ihrer Ansicht bestärkt und sie verbal gegen wirkliche oder auch nur angebliche Angriffe in Schutz nimmt. Allerdings sind aus diesem Strauß der Möglichkeiten nicht alle zur fairen Kommunikation zu zählen, mit manchen begibt man sich in den Bereich der Demagogie.

Wer Zustimmung erhalten will, muss begeistern und motivieren, weil er selbst begeistert und motiviert ist.

Aktiv zuhören

Wer gut reden will, muss auch zuhören können. Wer aktiv zuhören kann, erfährt viel Wesentliches und ist ein begehrter Gesprächspartner. Das klingt selbstverständlich, aber auch zuhören will gelernt sein.

Dass gutes Zuhören sehr viel mit Sprechen zu tun hat, hat der griechisch-römische Philosoph Epiktet (55–135) vielleicht gemeint mit seiner Aussage: „Der Mensch hat zwei Ohren und nur eine Zunge, damit er doppelt so viel hören kann, wie er spricht." Nicht jede Rednerin oder jeder Redner wird Sie gleichermaßen fesseln können. Hängt der Grad des Zuhörens jedoch nur von den Fähigkeiten des Sprechenden ab? Können Sie als Zuhörerin oder Zuhörer nichts dazu beitragen?

Bis zum Ende zuhören zu können ist eine Kunst

Zahlreiche Erkenntnisse über das Zuhören, wie die, dass wir Menschen zu vorschnellem Urteilen neigen, weil wir nicht richtig oder nicht zu Ende zuhören, gehen auf den amerikanischen Psychotherapeuten Carl R. Rogers zurück. Ihm verdanken wir das weiter unten dargestellte Modell und zahlreiche Techniken, die „Unart des schlechten Zuhörens" zu vermeiden. Nachvollziehendes Zuhören, ohne gleich zu werten, ist das Portal für Verständnis. Das heißt, eine Aussage einmal aus der Sicht des Sprechers anzusehen und sich zu

überlegen, wie er die Aussage wohl gemeint hat. In welchem
Rahmen steht sie? Wie kommt er zu dieser Aussage? Empa-
thie nennt man die Fähigkeit, sich in andere hineinzuverset-
zen. Das klingt einfach. Wollen Sie ein Experiment wagen?
Beim nächsten angeregten Gespräch am Stammtisch, im
Geschäft oder unter Freunden schlagen Sie vor, dass künftig
keiner seine Meinung äußert, bevor er nicht die Aussage des
Vorredners wiederholt hat. Sie werden merken, dass Sie sich
und ihren Gesprächspartnern eine der schwierigsten Aufgaben aufgebürdet haben. Für zahlreiche Menschen scheint es
sogar unmöglich zu sein, sich an diese Vorgabe im Gespräch
zu halten. Aber das Funktionieren dieses kleinen Experimen-
tes würde belegen, dass echte Kommunikation und menschliche Anteilnahme möglich wäre. Anteilnahme heißt dabei
nicht, dass Sie mit der Meinung des Sprechers übereinstimmen müssen. Es heißt nur, dass Sie seine Ansicht genau
verstanden haben und seinen Standpunkt daher wiederge-
ben können. Aber damit wären wir der Lösungsfindung
oftmals einen entscheidenden Schritt näher.

Der Grad Ihrer Zuhörbereitschaft hängt von zahlreichen **Viele Faktoren**
Faktoren ab. Wenn Sie sich dem Referenten verpflichtet **tragen dazu**
fühlen, beispielsweise weil es Ihr Bruder oder Ihr Chef ist, **bei, ob Sie**
werden Sie bestimmt aktiver zuhören als bei fremden Perso- **zuhören oder**
nen. Je mehr Interesse Sie der Sprecherin oder dem Sprecher **nicht**
als Person entgegenbringen, desto interessierter dürften Sie
wohl ebenfalls sein. Auch wenn Sie dem Veranstalter gegenüber verpflichtet sind, beeinflusst dies die Zuhörbereitschaft
positiv, genauso wenn Sie am Thema interessiert sind und
neue Erkenntnisse gewinnen möchten. Erinnern Sie sich nur
an Ihre Schulzeit zurück. Die spannenden Themen haben Sie
im Flug gelernt – langweilige Themen wollten und wollten
Ihnen nicht in den Kopf, weil Sie dafür kein Interesse hatten.
Sie waren nicht motiviert. Motivation, die einen Nutzen in

Aussicht stellt, ist immer ein besseres Mittel, um Aufmerksamkeit zu erhalten, als die Drohung mit Nachteilen.

Zusätzlich beeinflusst es Ihr Zuhörverhalten, wenn Sie am Schluss einen aktiven Diskussionsbeitrag leisten wollen oder selbst zu der Thematik Stellung beziehen müssen.

Der ganze Vorgang des Zuhörens wickelt sich in vier aufeinander folgenden Schritten ab. Es sind die folgenden Phasen:

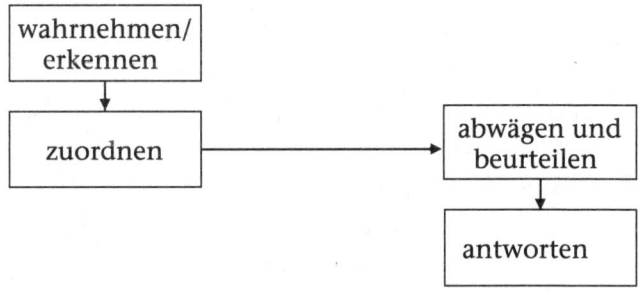

Zu den einzelnen Phasen des Zuhörens im Detail:

Wahrnehmen/erkennen

Akustisches Aufnehmen ist die Grundlage für das Verstehen

Zuerst muss das Gesagte akustisch verstanden werden. Störquellen wie Lärm, nuschelnde Aussprache des Sprechers oder die eigene Müdigkeit muss der Zuhörer überwinden, damit er die Aussagen des Sprechers aufnehmen kann.

Das bedeutet: Fragen Sie nach, wenn Sie etwas (akustisch) nicht verstanden haben. Konzentrieren Sie sich auf die Sprecherin oder den Sprecher und deren Aussagen, unterbrechen Sie nicht unnötig, und ermutigen Sie die sprechende Person durch Signale Ihrer Aufmerksamkeit wie Blickkontakt und Körperhaltung zum Weitersprechen.

Zuordnen

In dieser Phase sollten Sie sich fragen, wie wohl die Aussage gemeint ist. Stellen Sie das Gesagte, wenn möglich, in einen

Zusammenhang mit anderen Aussagen des Redners und mit dem, was Sie über sein Wertesystem wissen. Indem Sie das tun, bemühen Sie sich um den Sinn der Aussage, nicht, wie er sich Ihnen darstellt, sondern wie ihn der Sprecher verstanden hat und verstanden wissen wollte. Sie versuchen, frei von Ihren Werten die Aussage zuzuordnen.

Abwägen und beurteilen
Als nächster Schritt wird die zunächst wertfrei aufgenommene und zugeordnete Nachricht abgewogen, bewertet und beurteilt. Sie überlegen sich Ihre Stellungnahme. Wie möchten Sie reagieren?

Antworten
Jetzt können Sie reagieren, das heißt, Sie geben eine Antwort. Sie äußern Ihre Ansicht – Ihre Zustimmung oder Ablehnung.

„Geduldiges Zuhören" meint, Respekt vor der anderen Person zu zeigen. Gerade in der heute teilweise unerträglichen Hektik können wir ein effizientes Gespräch nur führen, wenn wir Gesprächspartner ausreden lassen und uns um echtes Verständnis bemühen: Wiederholungen und Missverständnisse können so vermieden werden.

Geduldiges Zuhören

Übung: Aktives Zuhören (Pingpong)
Mit dieser Übung, trainiert in der Familie, bei Freunden oder in einer speziellen Lerngruppe, können Sie ein wertfreies Zuhören schulen. Zudem vergrößert sie den Wortschatz und Ihr Formulierungsvermögen. Und sie hilft, voreiliges Reagieren in den Griff zu bekommen, indem man vor der eigenen Reaktion dem Partner gut zuhört und das Gehörte sorgfältig abwägt.

Thema:	Frei wählbar (möglichst kontrovers mit gegensätzlicher Rollenverteilung)
Vorgehen:	1) Jemand beginnt mit einer kurzen Aussage zum gewählten Thema.
	2) Der Partner hört zu, fängt mit einer Quittung an (siehe Seite 58 f.) und wiederholt die Aussage sinngemäß. Dazu sind möglichst eigene Wörter zu wählen.
	3) Der erste Sprecher bestätigt mit „korrekt", wenn die wiederholte Aussage stimmt, oder verlangt eine Wiederholung, wenn sie unpräzis oder gar falsch ist.
	4) Gegebenenfalls muss die Wiederholung ergänzt werden, bis der erste Sprecher einverstanden ist.
	5) Jetzt werden die Rollen vertauscht, und der ehemalige Zuhörer setzt als Sprecher seine eigene Aussage entgegen. Anschließend geht es bei Punkt 2 weiter.
Hinweis:	Besonders wertvoll ist diese Übung, wenn Sie sie mit einem Tonband festhalten können, um nachher den Gesprächsverlauf zu überprüfen.

Übung: Zuhören und reagieren

Mit der folgenden Übung können Sie das aktive Zuhören schulen und verbessern:

Vier bis acht Personen sitzen in einem Kreis. Jemand beginnt eine Geschichte zu erzählen und stoppt nach rund einer Minute plötzlich. Der Partner rechts muss die begonnene

Geschichte nahtlos weiterführen. Dann stoppt er ebenfalls und sein Nachbar erzählt weiter. Die Geschichte kann so über mehrere Runden weiterentwickelt werden.

Goldene Regeln der erfolgreichen Rede

Nachdem wir uns im vorangegangenen Kapitel mit den Grundlagen des Sprechens beschäftigt haben, sollen jetzt die Voraussetzungen für erfolgreiche Reden im Zentrum stehen.

Beschränken auf Wesentliches

„Lieber über wenig viel als über viel wenig berichten." Diese Regel heißt, dass wir uns auf das Nötige konzentrieren und alles Unnötige daher unbarmherzig weglassen. Martin Luther meinte einst: „Tritt frisch auf, mach's Maul auf, hör bald auf!" Sprechen auch Sie nur so lange, wie Sie etwas zu sagen haben. Konzentrieren Sie sich auf Wesentliches. Brillanz können Sie durch die Folgerichtigkeit der Gedankengänge und durch treffende Argumente beweisen, nicht aber durch Zurschaustellung Ihres gesamten Wissens. Damit wäre auch Ihr Publikum überfordert, denn es braucht Zeit, neuen Gedankengängen zu folgen und sie zu verdauen.

Kein Publikum dankt Ihnen zeitliche oder inhaltliche Überforderung

Wer glaubt, kurze Reden seien schnell vorbereitet, irrt. Gerade in der Beschränkung auf das Wesentliche liegt ein großer Aufwand. Winston Churchill sagte: „Wenn ich nur zehn Minuten sprechen darf, so brauche ich eine Woche zur Vorbereitung. Steht mir eine Stunde zur Verfügung, so brauche ich zwei Tage. Habe ich aber unbegrenzt Redezeit, so kann ich sofort mit Sprechen beginnen."

Ungenügend vorbereitet kann eine Rede schnell entgleisen

Eine Rede ohne Vorbereitung endet oft fatal. Da kommt Ihnen plötzlich während des Sprechens ein weiterer Gedanke in den Sinn – und noch ein Nebengedanke und noch einer. So dauert die Rede nicht nur sehr lange, sondern sie ist oft substanzlos. Das Wichtige geht im Nebensächlichen unter, eine Gliederung ist nicht erkennbar, der Redner manövriert sich mit immer neuen spontanen Einfällen, die zum Thema passen oder nicht, immer mehr in eine Sackgasse. Solche Sackgassen werden oft eingeleitet mit:

- „Das ist ja wie …"
- „Da fällt mir gerade noch ein …"
- „Wir hatten auch einmal/ich war auch einmal …"
- „Da kommt mir noch in den Sinn …"
- „Es gibt noch andere Beispiele. Ich erinnere mich …"

Manchmal merkt ein Redner selbst, dass er sich zu verzetteln beginnt. Eine Rückkehr aus der Sackgasse ist dann beispielsweise mit folgenden Aussagen möglich:

- „Aber weitere Beispiele sind wohl nicht nötig …"
- „Ich glaube, diese Beispiele haben deutlich gezeigt, dass …"
- „Aber ich brauche nicht weiter in Details zu gehen …"

Eine Rede ist keine Schreibe

Die geschriebene Sprache neigt zu komplizierten Satzkonstruktionen, zu unzähligen Nebensätzen und zu ausführlichen Erläuterungen. Daher kommt der an sich trivialen Weisheit, dass eine Rede keine Schreibe sein sollte, noch immer große Bedeutung zu. Wer sein mühsam notiertes und ausformuliertes Manuskript zum Rednerpult schleppt und vorträgt, darf sich nicht wundern, wenn die Zuhörerinnen und Zuhörer nicht folgen können. Die gesprochene Sprache ist eine andere als die geschriebene Sprache. Und wirklich nur ganz wenige Menschen können die mündliche Sprache

optimal aufschreiben. Wörtlich ausformulierte Vorträge
sind somit nicht nur in der Vorbereitung sehr aufwendig,
sondern ermüden die Zuhörerinnen und Zuhörer beim Halten ungemein. Ein emotionales Feuer springt bei auswendig
gelernten oder abgelesenen Vorträgen selten über.

**Abgelesene
Reden ermüden
schnell das
Publikum**

„Man muss die Gesichter der Zuhörer beobachtet haben,
wenn ein vermeintlicher Redner das Podium besteigt und
zunächst ein schweres Manuskript auf das Pult legt. Man darf
sicher sein, dass die Mehrheit der Zuhörer nicht auf die Rede
hört, sondern betrübt verfolgt, wie langsam sich das Verhältnis der vorgelesenen zu den noch nicht vorgelesenen Manu-
skriptblättern wandelt." (Emil Dovifat, Begr. d. Publizistik)
Arbeiten Sie statt mit fertig ausformulierten Manuskripten,
lieber mit Stichwortkarten. Auf diese Weise wird nicht jede
Formulierung gleich gelungen sein, aber Ihre Redeweise
wirkt lebendig und verständlich. Lediglich Anfang und
Schluss einer Rede sowie Zitate können auf Stichwortkarten
wörtlich ausformuliert sein. Mit jeder Übung wird Ihnen
dann das lebendige Formulieren leichter und leichter fallen,
und Sie werden merken, wie die anfängliche Distanz zwischen den Zuhörern und Ihnen immer kleiner wird.
Nur in äußerst seltenen Fällen ist ein wörtliches Manuskript
nötig. Denkbare Beispiele: Antrittsrede eines Staatspräsiden-
ten, Pressekommuniqué einer Firma oder Partei, Verteidi-
gungsrede vor Gericht.

Humor und Schlagfertigkeit

Humor entspannt kritische Situationen und lässt hinter der
Sache, um die es geht, den Menschen spürbar werden. Nahezu jede Rede verträgt Humor und wird dadurch lebendiger. Außerdem bietet das kurze Lachen dem Publikum einen
Augenblick der Entspannung, bevor es wieder konzentriert
der Ansprache folgen muss.

Eine positive Lebenseinstellung ist neben Schlagfertigkeit und Kontrastsinn Basis für eine humorvolle Sprache. Ein Mensch, der Humor hat, wird auch über sich selbst herzlich lachen und damit viele Sympathien wecken. Bei seinem Publikum wird ein humorvoller Redner besser ankommen als ein tiefernster. Man wird sich bei Ihnen wohlfühlen.

Eine Rede mit Humor zu würzen heißt allerdings eines nicht, nämlich Witze zu erzählen! Überlassen Sie das der Stammtischrunde! Rednerinnen und Redner gewinnen damit kein Profil.

Schlagfertigkeit ist trainierbar. Der große Staatsmann Winston Churchill soll einmal von dem Dramatiker Georges Bernard Shaw zwei Karten für die Uraufführung eines seiner Stücke erhalten haben mit einer Notiz, in der stand: „Die eine ist für Sie, die andere für einen Freund – sofern Sie einen haben." Churchill war verhindert und bat Shaw um Karten für die nächste Vorstellung – „sofern es eine gibt". Wer so den Gegner mit den eigenen Waffen schlagen kann, ist an Schlagfertigkeit kaum zu überbieten.

Menschliche Wärme

„Der Verstand ist der Diener des Gefühls." Wir Menschen handeln oft nach unserem Gefühl, „aus dem Bauch heraus". Gefühle machen menschlich, und wer menschlich wirkt, wirkt auch als Persönlichkeit. Wer Gefühle zeigen und ausleben kann, bereichert sein Leben. Eine solche Persönlichkeit wird auch als Redner überzeugen. Denn häufig ist es entscheidender, wie Sie etwas sagen, als was genau Sie sagen. Zeigen Sie daher je nach Redeanlass in angemessener Form Begeisterung, Ärger oder Hoffnung.

Ein Redner ist kein Automat, er hat Gefühle und darf sie zeigen

Zeigen Sie den Leuten, wie Sie emotional zu einer Sache stehen. Denn auch das will ein Zuhörer wissen und nicht nur die Fakten. Legen Sie – wo es hinpasst – Gefühl in Ihre

Aussagen. Ein Liebesgedicht wird anders gesprochen als eine militärische Befehlsausgabe. Zur Übung können Sie verschiedene Textarten, wie beispielsweise ein Liebesgedicht, die Antrittsrede des neuen Bürgermeisters oder einen Informationsvortrag, mit einem Tonbandgerät aufnehmen. Hören Sie die Texte kritisch ab. Wird aufgrund der Stimmung ersichtlich, was Sie als Sprecherinnen oder Sprecher sagen wollten? Oder wirkt der ganze Text langweilig und monoton?

Nutzen stiften

In den westlichen Industriegesellschaften ist der Nützlichkeitsgedanke stark ausgebildet. Wir sind alle Egoisten – oder Individualisten, höflicher ausgedrückt. Wir bewegen uns nur, wenn es uns etwas nützt. Wir kaufen einen Gegenstand, wenn er uns Nutzen verspricht. Wir handeln, wenn es unsere Bedürfnisse befriedigt.

Der Zuhörer will von einer Rede profitieren

Diese Nutzenüberlegungen sollten in der Argumentation einer Rede nicht fehlen. Selbstverständlich ist zum Beispiel in einem Verkaufsgespräch – aber nicht nur da – der Nutzen des Partners gemeint. Welche Informationen gewinnt er aus meinen Aussagen? Wofür kann er die Informationen brauchen? Es muss sich für die Zuhörer lohnen, Ihnen zuzuhören. Die Zeit soll für sie gut investierte Zeit sein. Und sei es auch nur deshalb, weil Sie ein guter Unterhalter sind.

Bei allen Ausführungen sollte sich der Redner daher über die Interessenlage und Erwartungshaltung seiner Zuhörerinnen und Zuhörer im Klaren sein. Er muss sie kennen, um sie mit seiner Rede zu treffen oder – auch diese Möglichkeit gibt es – um die Erwartungen seines Publikums bewusst zu enttäuschen.

Zielbewusstes Reden

Denken Sie immer an Ihr Redeziel. Ihm wird alles andere untergeordnet. Verfolgen Sie es beharrlich, aber nicht stur. Das bedingt eine geschmeidige Anpassung, und es fordert viel Flexibilität sowie Überblick. Ihr Ziel muss, damit es erreichbar ist, realistisch gesetzt sein. Soweit möglich, sollte es auch überprüfbar sein.

Wer sein Ziel aus den Augen verliert, braucht sich nicht zu wundern, wenn er es nicht mehr erreicht – selbst wenn er seine Anstrengungen verdoppelt!

Aus dem Ziel ergibt sich die Handlungsaufforderung gegen Ende des Vortrages. Hier stellen Sie nochmals eindeutig und unmissverständlich fest, was das Resultat Ihrer Ansprache ist, was nun zu tun oder zu unterlassen sei. Sie möchten doch nicht zu jenen Rednern gehören, bei denen man selbst nach einer Stunde noch nicht weiß, worauf sie hinauswollen.

Angemessene Sprache

Nicht immer verstehen Sender und Empfänger dasselbe unter den gebrauchten Wörtern. Die gemeinsame Sprache ist manchmal schwierig zu finden. Doch nur in diesem Bereich des Gemeinsamen ist echtes Verstehen möglich (siehe auch Kapitel „Grundlegendes zur Kommunikation", Seite 45 ff.). Gesagtes, das nicht in diesem Bereich liegt, geht am Zuhörer vorbei.

Es gibt viele Arten von Zuhörern – der Redner sollte die seinen kennen

Der Redner ist dafür verantwortlich, dass er für das Publikum die richtige Sprache wählt. Vor einer Bauernversammlung eine Rede zu halten verlangt eine andere Sprache als vor dem Verwaltungsratsgremium einer Handelsbank. Und vor dem örtlichen Frauenverein sprechen Sie ebenfalls anders als im Tennisclub. Vergewissern Sie sich daher, welche Sprachebene Sie wählen müssen und ob Sie ihrer überhaupt mächtig sind.

Wählen Sie Fach- und Fremdwörter sehr sorgfältig aus und setzen Sie diese nur dort ein, wo sie nötig und verständlich sind.

Die WIR-Form

Treten Sie nicht belehrend und moralisierend auf, das will heute niemand mehr hören, sondern schließen Sie sich in die Aussagen ein. Insbesondere wenn Sie unangenehme Wahrheiten zu verkünden haben, sollten Sie sich nicht ausschließen.

Sie erreichen damit, dass sich die Zuhörerinnen und Zuhörer als zusammengehörend empfinden und leichter mit dem Gesagten identifizieren. Man spricht auch vom WIR-Gefühl, das aufkommt, einer Art kollektiver Identität, einer Gemeinschaft. Besonders in Konfliktsituationen entschärft die WIR-Formulierung, im Gegensatz zur dominanten und belehrend wirkenden ICH-Formulierung, die Situation gewaltig. Durch die rhetorische Frage kann die Wirkung nochmals gesteigert werden. Die rhetorische Frage ist ja formal in einen Fragesatz gekleidet, erwartet aber keine spezielle Beantwortung.

Der Redner steht nicht außerhalb – deshalb das WIR

Die folgenden Beispiele verdeutlichen dies:

- „Wir müssen den Gürtel enger schnallen."
- „Wir produzieren zu viel Abfall."
- „Wir essen wohl alle über die Festtage zu viel."

Statt der Formulierung „Sie alle machen Fehler", bei der der Sprecher sich ausschließt, ist „Wir alle machen Fehler", bei der sich der Sprecher einschließt, vorzuziehen. Am besten wäre die Formulierung: „Machen wir nicht alle Fehler?" Der Sprecher ist in dieser rhetorischen Frage ebenfalls eingeschlossen.

Lebendige und anschauliche Sprache

Verwenden Sie eine lebendige, anschauliche Sprache, die mit Verben statt Substantiven auskommt. Aktive Formulierungen sind besser als passive Satzkonstruktionen (vergleiche hierzu das Kapitel „Flüssiger Stil", Seite 30 ff.). Abstrakte Gedankenmodelle müssen konkretisiert an Beispielen erläutert werden. Einzelheiten und Einzelschicksale bewegen und laden zur Identifikation ein. Solcherart ausgeschmückte Bilder gehen unter die Haut und bilden Meinungen. Lesen Sie eine Boulevardzeitung, und Sie sehen, wie eine lebendige und anschauliche Sprache publikumswirksam umgesetzt wird.

Erzählen Sie – statt einfach Fakten aufzulisten. „Frierend harrten wir 5 Stunden im Dunkeln aus" ist besser als „Wir warteten". Auch „Im Gehege trottete ein mächtiger, alter Elefantenbulle …" klingt spannender als „Dort ging ein Elefant …". Die Schlagzeile „Ganz Luzern weint um die älteste Holzbrücke Europas" bringt mehr Beachtung als die emotionslose Formulierung „Eine Holzbrücke brannte ab".

Redefiguren – pfiffige Darstellungsmittel

Jeder Mensch benutzt Redefiguren – aber nicht jeder weiß es

Hervorragende Gestaltungsmittel jeder Ansprache sind die sogenannten Redefiguren. Sie helfen, den Inhalt anschaulicher zu machen, da sie verdeutlichen und Spannung erzeugen. Früher wurden diese Formen vor allem aus ästhetischen Gründen kultiviert und bis zur Perfektion gebracht. Man verstand sie als Schmuckelemente einer Rede. Wer diese Redefiguren kennt und anwendet, kann auch heute noch seine Wirkung stark verbessern. Wir alle beherrschen solche Stilmittel – auch wenn uns das bisher gar nicht bewusst war und wir ihre Namen nicht gekannt haben. Achten Sie künftig einmal bei anderen Sprechern oder auch bei sich selbst auf den Gebrauch von Redefiguren. Wir verwenden diese Formen tatsächlich häufig in der Umgangssprache, wie die nachfolgenden Beispiele zeigen. In Klammern steht immer der deutsche und oft auch der lateinische Name der jeweiligen Redefigur.

„Tja, Südengland. Während meiner Ferien habe ich doch hier immer ...“
(Abschweifung/Exkurs)

Redefiguren sind Teil der Alltagssprache

„Unserem Fußballclub geht es wie mir, er ist sehr schnell mit dem Geldzählen fertig.“
(Andeutung, Anspielung)

„Da war doch mal ein Bauer, der meinte, seine Kuh fresse aus lauter Gewohnheit. Diese Gewohnheit wollte er ihr abgewöhnen. Er setzte sie daher jeden Tag auf eine kleinere Fressration – und gerade als er bei Null angelangt war, verstarb sie.“
(Anekdote)

„Die Ersten werden die Letzten sein.“
(Antithese, Paradoxon)

„Sie kennen meine Frau. Da wissen Sie selber, wie sie darüber denkt ...“
(Auslassung, Ellipse)
Redefiguren sind Teil der Alltagssprache

„Das sind ja Wucherzinsen!“
(Ausruf, Exclamatio)

„Sehen Sie, das ist genauso wie bei den Tieren. Jedes Säuge-
tier sucht Artgenossen."
(Ähnlichkeit, Analogie)

„Lassen Sie mich das konkretisieren. Wenn ..."
(Beispiel)

„Herr Grendelmeier ist ein schlauer Fuchs."
(Bild, Metapher)

„Dazu kommt mir die folgende Geschichte in den Sinn. Da
war doch unlängst ..."
(Erzählung, Narration)

„In Tschernobyl hat sich ein Vorfall ereignet." Diese Formulierung schwächt ab gegenüber „Katastrophe" oder „Unfall".
(Euphemismus, Schönrednerei, Verharmlosung)

„Es stimmt, dass dieses Gerät teurer ist. Aber ich empfehle es
Ihnen, weil es die dreifache Lebensdauer eines der anderen
Apparate hat."
(Gegensatz, Antithese)

„Kennen Sie die lustige Begebenheit vom Kirchturm? Da hat
einmal ..."
(Humor)

„Geld, nein, das würde ich nicht aufheben, wenn ich es auf
der Straße finden würde."
(Ironie, Verdrehung)

„Probleme mit dem Rücken kommen oft von schlechtem
Sitzen. Schlechtes Sitzen ist oft auf die falschen Sitzmöbel

zurückzuführen. Die führen zu einer Deformierung der Rückenwirbel, und eine kaputte Wirbelsäule verursacht dann Schmerzen."
(Kette)

„Die Bäume ächzten und barsten krachend im Sturm."
(Lautmalerei, Onomatopöie)

„Norwegen hat beim Langlauf Gold gewonnen" (statt: „Die norwegische Nationalmannschaft der Herren hat die Goldmedaille im Langlauf gewonnen.")
(Mitverstehen, Synekdoche)

„Ich kam, sah und siegte!", sagte Julius Caesar.
(Raffung, Asyndeton)

„Wer kann sich das heute noch leisten?"
(Rhetorische Frage)

„Als Lehrer habe ich Ihnen das Buch nicht gegeben, damit Sie es unter das Kopfkissen legen. Ich habe es Ihnen gegeben, damit Sie es lesen und studieren."
(Richtigstellung)

„Beim Autofahren gilt: Wer langsam fährt, kommt schnell ans Ziel."
(Scheinwiderspruch, Paradoxon)

Durch geschickte Wendungen weckt man das Interesse

„Wir haben unsere Preispolitik dynamisch gestaltet" (statt ... „die Preise erhöht".
(Schönfärbung, Euphemismus)

„Sie wissen nicht, wo das Krankenhaus Bürgerheim ist? Sie sind mir ein Taxifahrer."
(Spott, Sarkasmus)

„Der Krug geht so lange zum Brunnen, bis er bricht."
(Sprichwort)

„Unsere Pralinen sind nicht einfach aus irgendeiner Schokolade gemacht, nur die allerbesten Zutaten wurden dafür verwendet."
(Steigerung, Klimax)

„Der Nord-Süd-Dialog könnte besser sein."
(Umschreibung, Periphrase)

„Wir fanden es auf der Bergspitze nicht so kalt. Es waren ja auch lediglich –2 Grad Celsius und ein ganz angenehmer Wind."
(Untertreibung)

„Ein feineres Essen werden Sie im Leben nicht mehr bekommen."
(Übertreibung, Hyperbel)

Die Sprache wird abwechslungsreicher und lebendiger

„Sehen Sie, das ist beim Staat genauso wie bei Privatleuten; man kann einfach nicht mehr Geld ausgeben, als man im Portemonnaie hat."
(Vergleich)

„Loben Sie doch Ihren Computer auch einmal, wenn er gut gearbeitet hat!"
(Vermenschlichung, Anthropomorphismus, Personifizierung)

„Sie werden sich fragen, warum ich bisher dieses Thema noch nie angeschnitten habe. Ich will es Ihnen erzählen. Doch zuvor sage ich Ihnen, wie es dazu kam."
(Verzögerung)

„Meine Gegner behaupten immer wieder, dass so etwas in dieser Zeit nicht möglich wäre. Hat aber nicht gerade das Projekt Spidi gezeigt, dass man solch eine Aufgabe innerhalb von 3 Monaten durchziehen kann?"
(Vorwegnahme von Einwänden, Prokatalepse)

„Ich habe Hunger und werde wohl hungrig bleiben müssen, wenn Sie mir nicht bald etwas gegen das nagende Hungergefühl servieren."
(Wiederholung, Repetition)

„Er war ein typischer Pfarrer, seriös, gradlinig, ethisch denkend und sozial."
(Worterläuterung, Diäresis)

„Lieber Konsens statt Nonsens!"
(Wortspiel)

„Unser Chef sagte anlässlich des Weihnachtsessens: „ ... "
(Wörtliche Rede)

„Dumme Gedanken hat jeder, aber der Weise verschweigt sie."
(Wilhelm Busch, deutscher Zeichner und Dichter; Zitat)

Körpersprache

Nachdem wir uns bislang weitgehend auf die sprachlichen Aspekte der Kommunikation konzentriert haben, ist das folgende Kapitel einem anderen – aber nicht weniger wichtigen – Gebiet gewidmet, der Sprache unseres Körpers.Eine Rednerin oder ein Redner wirken neben der gesprochenen Sprache durch eine Vielzahl weiterer Faktoren. Zusammengenommen ergibt dies folgende Darstellung:

Sprache (verbal)	Wörter
Stimmausdruck (paraverbal)	Laute
Körpersprache (nonverbal)	Blickkontakt
	Mimik
	Gestik
	Haltung
	Habitus
	Kleider

Es ist immer der ganze Mensch am Kommunikationsprozess beteiligt. Neben der Sprache vermittelt der Körper eine Vielzahl von Signalen durch Kleider, Habitus, Haltung, Gestik, Mimik oder Blickkontakt.

Die Körpersprache, bedeutend älter als die gesprochene Sprache und die älteste Ausdrucksform der Menschheit, ist uns heute fast zu einer Fremdsprache geworden, deren Signale wir nicht mehr verstehen.

Dennoch sprechen wir permanent mit dem Körper und sind dabei sehr wirkungsvoll. Wissenschaftler der Kinesik (Körpersprache) sind der Ansicht, dass in einem Gespräch rund die Hälfte oder noch mehr der Informationen über Körpersignale aufgenommen werden. Denken Sie nur an ein Pantomimenstück, einen Stummfilm oder an Ihre erste große Liebe. Wären Wörter damals nicht störend gewesen? Für uns ergibt sich daraus die Erkenntnis, dass ein Redner nicht nur Zuhörer hat, sondern in hohem Maß auch Zuschauer. Sowohl die nichtsprachliche wie auch die sprachliche Kommunikation verlaufen auf vier Ebenen (siehe das Kapitel „Die vier Sprachebenen", Seite 51 ff.).

Wissenschaftliche Untersuchungen, vor allem aus dem Bereich der Pädagogik, lassen die Vermutung zu, dass die Art der jeweiligen Gesten oder Bewegungen vielleicht gar nicht so wichtig ist, sondern dass es darauf ankommt, dass überhaupt angemessene, glaubwürdige Bewegungen das Reden begleiten. Die Gestik trägt wahrscheinlich dazu bei, dass der Sprecher lebendiger und intensiver wahrgenommen wird. Positive Impulse auf den Lernerfolg von Schülern aufgrund von Gesten und Bewegungen des Lehrenden konnten mehrfach nachgewiesen werden.

Gestik und Mimik begleiten das Sprechen und werden registriert

Es gibt also genügend Gründe, sich intensiver mit der nonverbalen Sprache zu befassen, mit ihren Bestandteilen und damit, wie wir sie erkennen, verbessern und durch sie wirken können. Dabei scheint es weniger wichtig zu sein, genaue Klassierungen vorzunehmen und Einzelmerkmale zu analysieren, sondern eher den Gesamteindruck wirken zu lassen, der mehr als die Summe der Einzelfaktoren ist.

Wer schon in Ländern mit einer anderen kulturellen Tradition gereist ist, weiß, dass bestimmte Gesten in diesen Kulturen andere Bedeutungen haben als bei uns. So gilt es im Osten als außerordentlich unhöflich, mit dem Finger auf eine andere Person zu zeigen. Auch zum Heranwinken eines Kellners im Restaurant wird in diesen Regionen besser nicht ein oder mehrere Finger genommen, sondern die ganze Hand. An anderen Orten, beispielsweise in Honduras oder den Philippinen, gibt man einen gut hörbaren Zischlaut von sich, wenn man die Bedienung in einer Gaststätte wünscht. In Brasilien macht man mit dem Hochziehen der Augenbrauen oder einem leichten Zupfen am Ärmel des Kellners auf sich aufmerksam.

Zeichensprache ist nicht eindeutig Die Zeichensprache ist weltweit nicht eindeutig. Wir schütteln den Kopf, wenn wir etwas verneinen – in Indien wird damit bejaht. Die Zahl Zwei würden wir durch Aufklappen von Daumen und Zeigefinger der einen Hand darstellen. Die Japaner drücken sich durch Herunterklappen der Finger aus – beginnend beim kleinen Finger. Somit wird die Zahl Zwei in Japan durch den heruntergeklappten kleinen Finger und den Ringfinger ausgedrückt, Mittelfinger, Zeigefinger und Daumen bleiben aufgerichtet.

Körpersprachliches hat auch in die Wortsprache Eingang gefunden. „Einen dicken Hals bekommen" oder „rot werden" sind Beispiele dafür. Dass zwischen „Hand" und „handeln" ein Zusammenhang besteht, „liegt auf der Hand". Auch bei „begreifen" muss man kaum lange studieren, und einen „Standpunkt verlassen" kann sehr klar auch körpersprachlich gesehen werden. Das Englische hat mit „somebody" und „nobody" zwei schöne körpersprachliche Begriffe (some = irgendein, no = (hier) kein; body = Körper).

Wir strahlen mit unserem Körper dauernd – bewusst und unbewusst – Signale aus. Darauf erhalten wir Antworten, Reaktionen auf Fragen, von denen wir vielleicht nicht wussten, dass wir sie überhaupt gestellt haben. Denn unsere Mitmenschen reagieren auf uns – so wie wir auf sie wirken und wie sie uns – bewusst oder unbewusst – verstehen.

Situationslosgelöste, ständig wiederkehrende Gesten bezeichnet man als Marotten. Sie werden unbewusst ausgeführt und werden vom Handelnden selbst nicht mehr wahrgenommen. Dieses permanente Zurechtrücken der Brille, das Reiben der Nase oder des Ohrs, das Räuspern oder das Lecken der Lippen kann dem Zuschauer mit der Zeit ganz gehörig auf die Nerven gehen. Solche Marotten irritieren und lenken ab.

Unbewusste, aber ständig wiederholte Gesten entnerven die Zuschauer

Daher sollte man sie sich abgewöhnen – gegebenenfalls mit Unterstützung durch einen Dritten, der immer wieder darauf hinweist.

Gegenstände, die zum Spielen verleiten, sind möglichst aus dem Griffbereich des Redners zu verbannen. Damit wird beispielsweise das ewige Drücken des Kugelschreibers unmöglich gemacht.

Durch Videokontrolle können Sie sich selbst solche körpersprachlichen Marotten abgewöhnen.

Der Körper lügt nicht

Auch in der Psychologie kommt der Auswertung der Körpersprache Bedeutung zu. Die alte Weisheit, wonach der Körper nicht lügt, scheint neu entdeckt zu werden. So geht zum Beispiel ein von Leopold Szondi entwickelter Bildertest davon aus, dass bestimmte Krankheiten im Gesicht eines Menschen (unbewusst) erkennbar seien und dass die Versuchsperson, die die Fotos nach Sympathie und Antipathie zu wählen hat, sich davon beeinflussen lässt. Sprache kann eher verstellt werden als die Handschrift, diese besser als die Haltung und die Haltung eher als die Schädelform. Daher erzielte die Wissenschaft der Körperausdruckskunde (Psychophysiognomie) bedeutende Erfolge.

Kinesik, die durch den Anthropologen R. L. Birdswhistell begründete Disziplin, versucht die Körpersprache zu erkennen und zu deuten.

Wer sich mit dieser Thematik intensiv beschäftigen will, findet Einführungen in der entsprechenden Fachliteratur. Aber auch bereits das Fernsehen bietet Anschauungsunterricht, wenn man den Ton weglässt. Häufig bringt eine Selbstanalyse bereits mit geringem Aufwand gute Resultate.

Den Einsatz von Gesten kann man bewusst steuern

Einerseits wird die Zahl der Gesten erhöht, andererseits deren Ausführung bewusster erlebt und damit zielgerichteter eingesetzt. Man sollte allerdings nicht allein vor dem Spiegel üben. Das führt zu mechanischen Gesten.

Gerade Emotionen werden durch das Nonverbale übertragen, und die emotionale Anteilnahme des Publikums, sein „Mitgehen" mit dem Gesagten, ist ja häufig das Ziel des Sprechens.

Wer sein körpersprachliches Verhalten kontrolliert oder eine Selbstkontrolle anhand einer Videoaufzeichnung vornimmt, kann folgenden Bewertungsraster verwenden: „häufig", „gelegentlich", „selten" (quantitative Auswertung) beziehungsweise „stark störend", „störend", „angemessen", „überflüssig" (qualitative Auswertung).

Generell gilt für Auftreten, Haltung, Mimik und Gestik das Gleiche. Sie sollten

- natürlich,
- der Persönlichkeit entsprechend,
- nicht übertrieben,
- nicht einstudiert (etwas vorspielen) wirken.

Auch bei der Bewerberauswahl ist Körpersprache wichtig

Personalleiter beispielsweise nutzen die Erkenntnisse der Körpersprache und schauen sich Bewerberinnen und Bewerber daraufhin an. Ein Buchhalter, der mit riesigen Schritten der Personalchefin entgegenkommt und so gleichsam die

Details überspringt, qualifiziert sich damit nicht gerade für die akribische Arbeit in der Finanzbuchhaltung.

Pantomimenstücke oder Stummfilme beweisen, dass auch ohne Wörter eine Handlung, ja sogar Stimmungen, klar zum Ausdruck kommen. Trotzdem erweist sich das Deuten der Körpersprache als schwierig. Die Mehrzahl der Informationen wird unbewusst gedeutet. Beim bewussten Interpretieren sollten Sie sich immer die Vielschichtigkeit der Bedeutungen vor Augen halten.

Je nach Kulturkreis und sozialer Schicht ist die Interpretation unterschiedlich. In diesem Zusammenhang sei vor allem vor bestimmten „Fachleuten" gewarnt, die für jede Geste eine Liste von festgelegten Bedeutungen anbieten. So einfach ist es nämlich in der Regel nicht.

Wer sich selbst treu bleibt, bei dem bilden das gesprochene Wort und die Körpersignale eine Einheit: Sie bringen die gleiche Botschaft zum Ausdruck. Wenn Körpersprache und gesprochene Sprache widersprüchlich sind, verunsichert dies die Zuhörer und Zuschauer. Sie können die Botschaft nicht richtig verstehen und glauben im Zweifelsfall der Körpersprache. **Einheit von Wort und Körpersignal**

Der Referent, der seine Zuhörerinnen und Zuhörer mit den Worten „Ich freue mich, Sie heute bei uns zu begrüßen" anspricht, dabei aber auf den Boden oder zum Fenster herausschaut und gleichzeitig einen Schritt zurückmacht, darf sich nicht wundern, wenn man ihm die Freude nicht recht glaubt. Der Redner hat nicht nur Zuhörerinnen und Zuhörer, sondern auch Zuschauerinnen und Zuschauer. Ihr Körper und die Worte, die Sie aussprechen, bilden zusammen erst die Botschaft, die Sie vermitteln wollen – und zwar möglichst glaubwürdig!

Widersprüchliche Botschaften kommen zustande, wenn der Redner sich selbst nicht treu bleibt, gegen seine Überzeugung spricht, kurzum unaufrichtig ist. Nur Wörter können lügen – der Körper nie. Daher sind Regieanweisungen im Manuskript wie: „Hier Blickkontakt halten", oder „Energisch mit dem Fuß stampfen", so unecht und fehl am Platz. Glaubwürdigkeit erreicht nur, wer ganz er selbst ist.

Wie weit ist Körpersprache erlernbar? Sie ist es in einem bedeutenden Maße. Voraussetzung ist aber, sich hier, wie in der gesprochenen Sprache, nichts abzuverlangen, was der Persönlichkeit nicht entspricht. Die folgenden Abschnitte greifen einige besonders wichtige Aspekte auf.

Haltung – Signal der Sicherheit

Unter der Haltung versteht man die Körperstellung. Wann ist nun diese Haltung optimal? Wann strahlt man mit ihr Sicherheit aus und überzeugt andere? Die Haltung sollte aufrecht und locker sein; das Gewicht ist beim Stehen gleichmäßig auf beide Beine verteilt (kein Standbein-Spielbein, kein Fuß in Fluchtrichtung gestellt). Straff durchgedrückte Knie wirken nicht nur steif und unnatürlich, sondern tragen zu großer und rascher Ermüdung bei. Die Füße sind so nebeneinander zu stellen, dass ein sicherer Stand gewährleistet ist und die Fußspitzen in einem Winkel von rund 45 Grad zueinander stehen. Die Schultern werden locker hängen gelassen (das heißt weder eingefallen noch hochgezogen).

So steht man
als Redner vor
seinem
Publikum

Der Körper steht frei, ohne Anlehnung. Bei Mikrofonen etwa ist zur Sicherstellung der Übertragungsqualität ein gleichbleibender Abstand erforderlich. Das bringt eine elastisch gespannte (nicht verspannte!) Haltung. Es sollte für das Publikum möglichst der ganze Körper sichtbar sein. Das ist die Grundhaltung, aus der die Bewegungen und die Gesten erfolgen.

Offene Haltung, Signal
der Sicherheit

Blick nach unten, Fest-
klammern am Pult – Unsi-
cherheit

Offener, freundlicher
Gesichtsausdruck

Verschlossen-abweisender
Gesichtsausdruck

Offene Sitzhaltung

Verschlossen-abweisende
Sitzhaltung

Blickkontakt, Zuwen-
dung, Partnerschaft

Abweisende Körperhal-
tung

Wohin gehören Arme und Hände? Die Arme können locker neben dem Rumpf hängen (also nicht einfach baumeln lassen). Das bildet die Ausgangslage für Gesten, die im Bereich zwischen Gürtelhöhe und Schultern stattfinden sollen. Die Hand ist geöffnet. Die Hände sollten die meiste Zeit sichtbar sein, also weder hinter dem Rücken noch in der Hosen- oder Jackentasche oder unter dem Tisch versteckt werden. Verschränken oder Falten der Hände, sei es auf Brusthöhe oder auf Höhe der Geschlechtsteile, ist grundsätzlich zu unterlassen. Diese Stellungen deuten nämlich meist auf den Wunsch nach Abschirmung und Vergrößerung der Distanz.

Beim Sitzen ist der Körper zum Partner beziehungsweise – wenn vorhanden – zur Kamera hingewendet, die Arme sollten nicht verschränkt sein, das deutet auf Abwehrhaltung. Man sollte aber dem Partner nicht frontal zugedreht, sondern nur leicht zugeneigt sein. Beachten Sie auch beim Sitzen Ihre Beinstellung. Weit ausgestreckte Beine deuten häufig auf Missfallen, Desinteresse oder Überheblichkeit.

Wichtig ist, ganz besonders natürlich bei bildfüllenden Fernsehaufnahmen, die Haltung des Kopfes. Es kann angezeigt sein, den Kopf leicht zu neigen, jedenfalls aber sollte man ihn nicht in den Nacken werfen oder den Blick nach oben beziehungsweise nach unten richten.

„Umhertigern", wie ein Lehrer hinter der Klasse bei einer Klassenarbeit, ist ebenso zu vermeiden wie ein Auf-der-Stelle-Treten. Versuchen Sie, ruhig zu stehen. Kontrollieren Sie sich am besten selbst mit einer Videofilmanlage, oder lassen Sie sich durch einen Dritten beobachten. Wippen, Zappeligkeit oder Fuchteln sind unnötig und gelten als Unsicherheitsmerkmale. Wenn wir uns bewegen, und das dürfen wir natürlich, sollten wir beachten, dass wir langsam gehen, die Richtung gelegentlich ändern, von Zeit zu Zeit an einem Punkt verweilen (meist am Wendepunkt) und häufig den Blickkontakt suchen. Zudem müssen wir für die Zuschauer permanent sichtbar bleiben. Bei fest montierten Mikrofonen ist die Bewegungsfreiheit natürlich eingeschränkt.

Ständiges Auf- und Ablaufen macht die Zuschauer nervös

Wer zu viel „läuft", kann zu Übungszwecken einen Vortrag auf einem Stuhl stehend halten. Das zwingt ihn, immer am gleichen Ort zu stehen.

Tiefe Verbeugungen, wie sie im asiatischen Raum üblich sind, gelten bei uns bei regulären Begrüßungen als übertriebene Unterwürfigkeit, die man unterlassen sollte. Eine leichte Neigung des Oberkörpers reicht völlig aus.

Gestik –
Ausdruck der Persönlichkeit

Zur Gestik werden alle Bewegungen der Arme und Hände gezählt. Mit Gesten betonen, unterstreichen, erläutern und zeigen Sie, was Sie mit Wörtern allein nicht ausdrücken könnten. Sie unterstreichen und verdeutlichen das Gesagte oder weisen auf Bedeutungsvolles hin.

Gesten sollen aus Ihrem Wesen, Ihrem Temperament herauskommen. Nur „was Sie sind", wirkt glaubwürdig und überzeugend. Bewegungen, denen man das letzte Verkaufsseminar anmerkt, wirken künstlich und aufgesetzt. Spielen Sie nicht den Clown.

Ihre Gestik muss Ihrem Wesen entsprechen

Notieren Sie sich im Skript keine Regieanweisungen für Gesten. Sie würden schauspielerhaft erscheinen, und Ihre Gesten würden meist zu spät kommen. Das erinnert dann an einen schlecht synchronisierten Film, in dem Sprache, Mundbewegungen und Gestik nicht übereinstimmen. Eine Geste muss nämlich unmittelbar vor der zentralen Aussage beginnen. Meist ist sie auch beendet, bevor die ganze mündliche Aussage abgeschlossen ist. Beispiele:

Geste/nonverbal	Wort
Mit dem Finger Richtung Tür zeigen.	Brüllendes „Hinaus!"
Auf den Tisch schlagen.	„Gottfried Stutz, jetzt reicht's mir aber!"
Die Hand über die Augen legen.	„Sehe ich recht?"
Winken mit der Hand.	„Komm doch mal her."

Vereinzelte Gesten haben, abhängig vom Kulturkreis, eine bestimmte, stillschweigend vereinbarte Bedeutung. Sie dürfen nur für diese Bedeutung verwendet werden. So wird im deutschen Kulturraum mit dem Aneinanderreiben von Zeigefinger und Daumen „Geld" ausgedrückt. Der nach oben oder unten gerichtete Daumen zeigt Erfolg beziehungsweise Niederlage an.

Zahlreiche Gesten könnte man als Gesten der „Unsicherheit" oder „Verlegenheit" bezeichnen. Die Hand vor dem
Mund, unkontrolliertes Spielen mit dem Schreibzeug, mangelnder Blickkontakt, unruhiges Hin- und Herrutschen auf
dem Stuhl oder das Verschränken der Arme können solche
Signale sein.

Vorsicht bei der Interpretation: Gefährlich ist die Interpretation einer Einzelgeste. Diese muss immer im Zusammenhang
gedeutet werden.

Zu vermeiden sind beständig von der Sprecherin oder dem
Sprecher gleich ausgeführte Gesten. Solche Marotten wirken
rasch störend. Wir kennen Sie alle: Haarsträhnen ordnen,
Brille nach oben schieben, zur Nase greifen, sich den Bart
streichen, spielen mit Kugelschreiber oder Zeigestab sind
solche Marotten. In der Bewegung sollte man weniger Gesten machen als beim ruhigen Stand.

Wie sollen sich die Hände bei der Gestik zeigen? Offen oder
geschlossen, mit dem Handrücken nach oben oder nach
unten? Probieren Sie einmal aus, was die verschiedenen
Stellungen bei Ihnen auslösen.

Stellen Sie sich vor, Sie zeigen einem Hund, dass er vor Ihnen
„Platz machen" soll. Offerieren Sie als Nächstes einer Dame
am Tisch einen Platz. Dem Hund werden Sie mit nach unten
gerichteter Handfläche, die Dominanz und ein Kommando
ausdrückt, seinen Platz angewiesen haben. Der Dame dagegen werden Sie mit nach oben gerichteter Handfläche einen
Platz offeriert haben, die eben Wahlmöglichkeit und Diskussion zulässt. Stimmt's?

Als offene Gesten werden solche bezeichnet, die eben auch
Offenheit ausstrahlen. So signalisieren die nach oben gerich-
teten, offenen Handflächen vor allem: etwas Anbieten, keine
Waffe in der Hand haben, nichts verstecken, etwas geben,
darlegen oder empfangen, Freundschaft und anheben. Ähn-

liches, aber noch in der Bedeutung gesteigert, gilt für die geöffneten Arme.

Als geschlossene Gesten bezeichnet man alle, die auf Verschlossenheit deuten. Das kann, im Gegensatz zur offenen Geste, die nach unten gerichtete Handfläche ausdrücken: jemanden bezwingen, unterdrücken, im Griff haben, aber auch behüten, beschützen, bewahren und zusammenhalten. Typische geschlossene Gesten sind auch das Verschränken der Arme vor dem Körper oder das Falten der Hände. Solche Gesten schirmen ab, der Sprecher konzentriert sich auf sich selbst.

Generell gilt für die Gestik dasselbe wie für den Humor: Lieber zu wenig als zu viele Gesten.

Ort der Geste
Im Bereich des Oberkörpers, das heißt zwischen dem Gürtel und den Schultern, wirken Gesten am natürlichsten. Der Griff mit den Händen nach den Wolken (auf oder gar über Kopfhöhe) wirkt pastoral oder gar pathetisch, vor allem wenn er mit beiden Händen ausgeführt wird. Unterhalb der Gürtellinie Gesten auszuführen, sollte man vermeiden, da Gestikulieren in diesem Bereich oft als negativ, abwertend oder gar obszön gedeutet wird. Gesten mit einer Hand sind in der Regel solchen mit beiden Händen (Doppelgesten) vorzuziehen.

Tempo
Auch die Gestik eines Redners ist situationsabhängig

Gesten können langsam oder schnell ausgeführt werden, je nach Situation. Besonders bei Medienübertragungen oder in einem großen Saal müssen die Bewegungen langsam und bedächtig sein.

Wie es Sprechpausen gibt, gibt es auch Gestenpausen. Und vergessen Sie nicht: Die Ausdehnung der Gesten (sehr eng am Rumpf oder weiter davon entfernt) muss dem Referenten, dem Thema und dem Publikum angemessen sein. Übermäßig große Gesten könnten als Ersatz für einen nicht erbrachten Redegehalt verstanden werden. In großen Sälen, d. h., wenn Sie relativ weit vom Zuschauer entfernt sind, können ihre Armbewegungen ruhig ausladend und weit sein. Insbesondere bei Fernsehübertragungen sollten Redner mit Gestik geizen. Sehr schnell sieht es sonst übertrieben und unruhig aus.

Wiederholung

Wird sinnvoll abgewechselt? Oder wiederholen sich einzelne Gesten so häufig, dass sie die Teilnehmer reizen, „Strichlisten" zu führen? Auch darauf muss man bei der Gestik achten. Gesten sollten auch eventuellen Veränderungen der Stimmung angepasst werden (Unruhe, Müdigkeit, Höhepunkt, Schwierigkeitsgrad).

Abwechslung ist bei der Gestik geboten

Beispiele von Gesten, deren Bedeutung festliegt

Geste	Bedeutung
Daumen und Zeigefinger bilden einen Kreis	Geld; „gut" beziehungsweise in Nordamerika: „Okay"; in Nordfrankreich: „Très bien"; in Südfrankreich: „Du bist eine Null", in Griechenland und der Türkei: „sexuelle Aufforderung" und in Italien oder spanischsprachigen Ländern „eine starke Beleidigung mit analer Bedeutung"
Daumen drücken sich an die Stirn	Glück wünschen
tippen	Idiot

Gewisse Gesten, wie der erhobene Zeigefinger, sind nur wenigen Referenten in bestimmten Situationen erlaubt. Denn so etwas wirkt rasch schulmeisterlich – als Ermahnung, Warnung oder gar als Drohung.

Rechts und links

Wer für die Zuschauer rechts oder links, den Uhrzeigersinn oder andere Richtungsangaben zeigen will, hat sich an der Blickrichtung der Zuschauer zu orientieren. Für die Rednerin oder den Redner ist es also seitenverkehrt. Was rechts von Ihnen ist, wird also als „links" bezeichnet; hingewiesen wird mit dem ausgestreckten rechten Arm des Sprechers. Wem dies unmöglich vorkommt, sollte seine Ausführungen mit „Zu Ihrer Rechten ist ..." oder „Links von Ihnen geht es zum ..." einleiten.

Mimik und Blickkontakt

Was für die Gesten gilt, trifft auch auf die Mimik zu. Unter Mimik versteht man die Ausdrucksbewegungen der Gesichtsmuskulatur. Diese sind insbesondere Blickkontakt, Augen, Augenbrauen sowie der Mund und das gesamte Mienenspiel, weiterhin die Blickrichtung, die unterschiedlichen Neigungswinkel des Kopfes oder die Veränderung der Hautfarbe. Teilweise können die Muskeln willentlich gesteuert werden. Vieles – insbesondere der Augenausdruck – geschieht aber unwillkürlich. Und gerade diese Wirkungsmittel müssen spontan kommen und dürfen nicht einstudiert wirken.

Das Gesicht ist oft ein Spiegel Ihrer Empfindungen Bestimmt können Sie zahlreiche Stimmungen mit Ihrem Gesicht ausdrücken oder an fremden Gesichtern erkennen. Erstaunen beziehungsweise der Wunsch nach mehr Informationen ist an den gehobenen Augenbrauen erkennbar, während die zusammengezogenen Brauen Aufmerksamkeit und Konzentration signalisieren. Die gerümpfte Nase zeugt von Missfallen und Abwehr. Senkrechte Stirnfalten deuten auf Konzentration, waagerechte auf Aufmerksamkeit. Hängende Mundwinkel passen in unserem Kulturkreis genauso wenig zu einem fröhlichen Menschen, wie ein Kopfschütteln niemals ein Ja ausdrückt. Könnten Sie mit zusammengebissenen Zähnen „Ich liebe dich!" ausdrücken? Nein, unmöglich, damit verbindet man immer den Eindruck von „Aggression". Die Mimik ist sehr stark von Ihrer Gefühlslage abhängig oder von dem, was Sie gerade tun. Können Sie konzentriert nachdenken mit schlaff nach unten hängendem Unterkiefer? Nein, das geht nicht. Wer sich also mit schlaff nach unten hängendem Unterkiefer präsentiert, denkt wohl kaum nach. Wir nehmen dauernd die Körpersignale von unseren Gesprächspartnern auf, auch die kleinsten und feinsten. Gefühlsmäßig und überwiegend unbewusst deuten wir sie – zumeist auch richtig. Warum versuchen wir also nicht ganz bewusst, durch unsere Mimik ein positives Umfeld zu schaffen? Ein Lächeln, ein leicht seitlich geneigter Kopf genügen oft schon, um eine Situation zu entspannen und Vertrauen zu schaffen. Anstatt uns über die „böse" Umwelt zu beklagen, sollten wird daran denken, dass wir Teil der Umwelt der anderen sind. Unser eigenes griesgrämiges, verbittertes Gesicht begünstigt weitere griesgrämige, verbitterte Gesichter. Mit unserem Lächeln stecken wir auch die andern an.

Ganz gleich, ob Sie zu einem einzigen Menschen sprechen oder zu einer großen Gruppe – halten Sie Blickkontakt. Das verschafft Ihnen Sympathie und Vertrauen, zeigt zugleich Ihr Interesse und strahlt – zusammen mit einem Lächeln – Freundlichkeit und Sicherheit aus. In einem größeren Plenum können Sie nicht direkt zu jeder einzelnen Person Blickkontakt halten, sondern sehen die Leute gruppenweise

Blickkontakt zeigt Sicherheit und Interesse am Gegenüber

an. Halten Sie dabei für eine gewisse Zeit den Augenkontakt, bevor Sie eine weitere Gruppe ansehen. Suchen Sie vor allem am Anfang bei bekannten und freundlichen Gesichtern Halt. Berücksichtigen Sie alle Gruppen – insbesondere auch Personen, die ganz links oder rechts von Ihnen sitzen und zu denen Sie den Kopf wenden müssen. Personen „im toten Winkel" werden nämlich gerne vergessen. Vermeiden Sie „Hierarchiefixierung", indem Sie zum Beispiel immer den Chef anstarren.

Unsicher oder desinteressiert erscheint, wer permanent ins Leere, zum Fenster, zur Decke oder auf den Boden respektive das Manuskript starrt. Fehlender oder mangelnder Blickkontakt kann Ihnen auch als Arroganz, Antipathie, Peinlichkeits-, Schuld- oder Unterlegenheitsgefühl ausgelegt werden. Der abgewendete Blick erschwert Ihnen auf jeden Fall den Kontakt zu Ihrem Gesprächspartner oder Publikum.

Kleider machen Leute

Die richtige Kleidung zum jeweiligen Anlass hat nach wie vor Bedeutung

Wenn Sie eine Ferienreise unternehmen, werden Sie überlegen, ob eher der Winterpullover oder die leichte Bluse angebracht ist und ob eine Jacke für kühle Abende nötig ist. Wohl viele westliche Touristen wissen in der Zwischenzeit auch, dass die Urlaubskleidung nach dem Motto „luftig und lässig", die aus Shorts, T-Shirt, Turnschuhen und Sonnentop besteht, nicht überall ankommt. Damit ist man vielerorts nicht nur unangemessen gekleidet, sondern macht sich außerordentlich unbeliebt. Im gepflegten Restaurant, in dem die übrigen Gäste mit Anzug und Krawatte erscheinen, stört man sich am Anblick des informell bis nachlässig angezogenen Touristen. In den ärmeren Regionen Indiens werden zum Beispiel die Flickjeans als Bestätigung des Bildes vom dekadenten Mitteleuropäer verstanden, das die Hippie-Bewegung der 60er Jahre geprägt hat.

Insbesondere in Regionen, die einem anderen Glauben anhängen, wird einem bewusst, dass die Kleidung neben den klimatischen Faktoren auch durch kulturbedingte Vorstellungen geprägt wird. Kein Moslem dieser Welt käme auf die Idee, mit Schuhen in die Moschee einzutreten. Auch in den Tempeln Indiens und Thailands bleiben die Schuhe draußen auf der Schwelle. Sie waren mit dem Schmutz der Straße in Kontakt gekommen und gelten daher als unrein.

Wie sieht es am Strand aus? Hat sich bei uns bereits vielerorts – teilweise nur in bestimmten Zonen des Strandes – „textilfrei" oder „oben ohne" durchgesetzt, gehen einheimische Frauen in Indien und Sri Lanka in ihren Saris baden.

„Kleider machen Leute", das wissen wir nicht erst seit Gottfried Keller. Doch wie ist diese Erkenntnis für den Redner praktisch umsetzbar? Wie soll man sich kleiden? Als Hinweise mögen gelten:

Wie soll sich ein Redner kleiden?

- Sauber und gepflegt.
- Eher zurückhaltend als extravagant (für das Fernsehen gelten spezielle Regeln).
- Dem Anlass, Thema und Ihrer Stellung entsprechend (Krawatte beim Popkonzert beziehungsweise das T-Shirt beim Neujahrsempfang des Bundespräsidenten?).
- Kopfhaare, Bart und Schuhe sollten selbstverständlich ebenfalls gepflegt sein.
- Allzu steif ist vorbei. Auch der dunkle Nadelstreifenanzug ist nicht so häufig nötig, wie oft geglaubt wird. Insbesondere nicht für Fernsehauftritte.

Zum Stichwort Kleider gehört auch die Frage nach Frisur, Schmuckstücken und Make-up. Es gelten grundsätzlich analoge Regeln wie bei der Frage nach den Kleidern.

Dezent und maßvoll ist auch mit Düften umzugehen – die ja quasi auch ein Kleid darstellen. Erschlagende penetrante Duftwolken wirken aufdringlich und schrecken ab.

Im weiteren Sinne strahlen wir – beispielsweise in einem Büro – mit der Einrichtung Signale aus. Die Höhe der Stuhllehne, die Armlehne am Stuhl, die Bilder oder die Höhe des Teppichflors geben dem Betrachter Informationen über Sie.

Lampenfieber

Es gibt wohl kaum Referenten, die nie Lampenfieber spürten.
Selbst hervorragende Rednerinnen und Redner bekennen immer
wieder, dieses oftmals beklemmende Gefühl zu kennen – nur
haben sie gelernt, damit umzugehen und es zu überwinden.
Was aber ist Lampenfieber, und woher kommt es?

Was ist Lampenfieber?

Lampenfieber ist die Angst, vor Menschen zu sprechen.
Wissenschaftliche Untersuchungsergebnisse legen nahe zu
vermuten, dass dies sogar eine der größten Ängste der Menschen ist. Lampenfieber verändert den Kreislauf und die
Stoffwechselvorgänge und kann zu starken körperlichen und
psychischen Symptomen führen. Herzklopfen, roter Kopf,
Schweißausbrüche, zugeschnürte Kehle, Muskelverspannun-
gen, trockener Mund, flatternde oder versagende Stimme
können die Folgen sein. Die wohl schlimmste Art des Lam-
penfiebers ist die totale Gedächtnisblockade (Black- out).
„Das Podium ist eine unbarmherzige Sache, da steht der
Mensch nackter als im Sonnenbad." So beschrieb Kurt Tu-
cholsky das Lampenfieber. Mark Twain meinte: „Das
menschliche Gehirn ist eine großartige Sache. Es funktioniert vom Augenblick der Geburt bis zu dem Zeitpunkt, wo
du aufstehst, um eine Rede zu halten."
Lampenfieber hindert uns in der Selbstentfaltung und führt
gerade erst zu den schlechten Resultaten, vor denen der

Redner Angst – und deshalb Lampenfieber – hat. Das Auftreten kann zur Qual, das Überzeugen unmöglich werden. Je mehr negative Erfahrungen in Redesituationen gemacht wurden, desto stärker kann sich Lampenfieber in künftigen Situationen auswirken.

Lampenfieber ist nicht nur ein negatives Körpersignal

Trotzdem ist ein gewisses Maß an Lampenfieber normal und wird von sehr vielen Leuten verspürt. Diese natürliche Alarmfunktion des Körpers kann überwunden werden und belegt, dass Sie die Situation ernst nehmen und ihr nicht gleichgültig gegenüberstehen. Hemmungen heißen ja auch, dass Sie sich im Zaum halten können. Oder möchten Sie völlig enthemmt sein?

Doch wovor fürchten wir uns? Wir fürchten uns vor dem Versagen, den eigenen oder fremden Ansprüchen nicht genügen zu können oder schlecht zu sein. Das heißt, wir befürchten konkret: angegriffen zu werden; beim Publikum auf Ablehnung zu stoßen; keinen Ton herauszubringen; unbekannten oder unangenehmen Personen gegenübertreten zu müssen; uns unpassend oder falsch auszudrücken; uns zu blamieren; mangelhaftes Fachwissen zu haben; die Folgen von Aussagen (wie anlässlich einer Stellenbewerbung oder in einer Gerichtsverhandlung) nicht abschätzen zu können; dasselbe zu erleben wie schon einmal (in der Schulzeit oder bei früher gehaltenen Reden); den richtigen Ton und den treffenden Ausdruck in der Redesituation nicht zu finden.

Lampenfieber ist somit nicht etwas, das zeigt, dass wir „nicht normal" sind? Im Gegenteil, Lampenfieber ist absolut normal. Viele Menschen kennen es, sogar bekannte TV-Sprecher. Warum denn gleich in Panik geraten, wenn man sich selbst spürt?

Einer meiner Seminarteilnehmer, ein engagierter Hobbytaucher, hat mir einmal Folgendes gesagt: Sobald er bei einem Tauchgang diese Klammer im Brustkasten zu Beginn nicht mehr spüren würde, würde er mit Tauchen aufhören. Warum? Braucht er dieses etwas beklemmende Gefühl zu Beginn? Ja. Es zeigt ihm, dass er die Gefahren, die zweifelsohne beim Tauchen bestehen, noch ernst nimmt, dass er weder arrogant noch übermütig wird und die Situation damit immer real einzuschätzen weiß. Wenn dies nicht mehr der Fall wäre, würde er leichtsinnig und sich damit unter Umständen in große Gefahr bringen. Ist es für einen Sprecher nicht ähnlich? Kann ein gewisses Lampenfieber nicht motivierend und damit leistungssteigernd wirken? Verhilft es nicht zu besserer Vorbereitung und Konzentration? Lampenfieber sollte daher nur bekämpft werden, wenn es hemmend und lähmend wirkt – ansonsten ist es absolut normal und kann sogar hilfreich sein.

Wie vermindert man jedoch übermäßiges Lampenfieber?

Vorbereitung, Übung, Routine – sie helfen gegen Lampenfieber

Thema kennen. Vorbereitet sein
Je sicherer Sie Ihr Thema kennen, desto mehr Halt haben Sie. Optimale Vorbereitung stärkt Sie.

Publikum kennen oder bestmöglich einschätzen
Dadurch werden Sie nicht überrascht, sondern sind vorbereitet. Niveau und Inhalt Ihrer Aussagen treffen die Erwartungshaltung des Publikums.

Training
Übung und Routine machen Sie gelassener. Nutzen Sie daher jede sich bietende Übungsgelegenheit.

Ziel vor Augen
Ihr Ziel weist den roten Faden und bewahrt Sie vor dem vielleicht plötzlich auftauchenden Gefühl, alles auf einmal sagen zu müssen.

Einstieg und Schluss beherrschen
Dies verleiht Ihnen Sicherheit für den Beginn (hier ist Halt vor allem nötig) und für den Abschluss.

Richtige Hilfsmittel
Bereitgestellte und funktionierende technische Hilfsmittel geben eine optimale Unterstützung.

Passende Kleidung
Ihre Kleider sind dem Anlass und dem Publikum angemessen und sitzen. In der Jacke sind auch Ihre Stichwortkarten.

Ruhiger Beginn
Gehen Sie ruhig und gefasst zum Redeort, und installieren Sie sich bewusst, bevor Sie beginnen.

Ein Blackout – was nun?

Aus dem, was wir bisher zum Thema „Lampenfieber" sagten, geht hervor, dass auch ein guter Redner nie ganz davor gefeit ist, stecken zu bleiben. Nicht immer muss dabei das Lampenfieber die Ursache sein. Wer schlicht und einfach zu wenig weiß, wer sich nicht konzentrieren kann, übermüdet ist oder beispielsweise durch Zwischenrufe irritiert wird, bringt auch ohne Lampenfieber keine guten Vortragsresultate.

Gegen das Steckenbleiben ist niemand völlig gefeit

Auch ein geübter und gut vorbereiteter Redner kann in der Rede stecken bleiben. Das ist aber weiter nicht schlimm, denn nicht jede Pause wird von der Zuhörerschaft auch als peinliche Pause wahrgenommen. Das Publikum weiß ja nicht, was der Redner ausführen wollte. Zudem sind die Hörer in der Regel kleinen Pausen gegenüber tolerant, weil der Referent so menschlicher wirkt. In der Regel werden erst

Pausen ab rund 7 Sekunden als übermäßig lang empfunden. Zählen Sie diese Zeit einmal ab: 21, 22, 23, 24, 25, 26, 27. Das ist ziemlich lang und gibt dem Redner durchaus die Gelegenheit, aus der Blackout-Situation herauszufinden, ohne dass das Publikum sie überhaupt bemerkt.

Spielen Sie aber kritische Situationen wie „Faden verloren" oder „Vorredner hat Ihre Thesen gebracht" immer wieder durch. Überlegen Sie, wie Sie in solchen Situationen reagieren könnten und welche Strategie die für Sie geeignetste wäre. **Auf einen** Was kann ich in der Backout-Situation machen? Probieren **Blackout** Sie einen der folgenden Ratschläge aus: **reagieren**

- Blackout zugeben (ein Spruch wie: „Uff, jetzt ist der rote Faden weg!", oder „Funkverbindung abgerissen" kann diese peinliche Situation entkrampfen. Entschuldigen Sie sich hingegen nicht dafür, und bringen Sie auch keine Begründungen, warum dem so ist (z. B. geringe Vorbereitungszeit).

- Wiederholen mit anderen Wörtern („Das heißt also konkret, wir haben …").

- Einen Abschnitt überspringen und mit dem nächsten Gedanken beginnen (entspricht der nächsten Stichwortkarte), gegebenenfalls mit einer Überleitung wie „Nun zum nächsten Punkt". (Soweit nötig, später auf den betreffenden Punkt zurückkommen mit einer passenden Formulierung: „Sie werden sich fragen, warum ich … nicht erwähnt habe. Nun, …")

- Vorher Gesagtes präzisieren anhand eines Beispiels.

- Zusammenfassung („Halten wir die wichtigsten Punkte fest: 1) … 2) … 3) …").

- Entwicklung aufzeigen („Wie kam es überhaupt dazu? Ich erzähle Ihnen die spannendsten Schritte …").

- Zusammenfassung des bereits Gesagten am Tageslichtprojektor oder Flipchart. Das gibt Ihnen Zeit.

Es gibt viele Tricks, einen Blackout zu überbrücken Gelegentlich können Sie auch eine Frage in den Raum stellen und die Zuhörerinnen und Zuhörer damit aktiv einbeziehen. Allerdings ist damit auch oft der Diskussionsbeginn signalisiert.

Sätze, die Sie nicht beenden können, brechen Sie einfach ab. Beginnen Sie anschließend neu. Bemühen Sie sich um Formulierungen, aber nicht endlos. Im Zweifel ist nur noch der Gedankengang abzuschließen und anhand der Stichwortkarte der nächste Gedanke aufzunehmen und auf diese Weise fortzufahren.

Bedenken Sie, was wir in den vorangegangenen Kapiteln sagten: Sicherheit strahlt aus, wer aufrecht und ohne sich anzulehnen fest auf beiden Beinen steht, wer so laut spricht, dass er überall mühelos verstanden wird und wer eine angemessene Mimik und Gestik einsetzen kann.

Praktische Tipps zur Vorbereitung

Jeder der davon träumt, überzeugend reden zu können und die Zuhörerinnen und Zuhörer durch seine Redekunst mitzureißen, sollte daran denken, dass jede Rede einer sorgfältigen Vorbereitung bedarf. Als ungeübte Rednerin oder untrainierter Redner sollten Sie sich davor hüten, eine längere Stegreifrede halten zu wollen – auch wenn die Umstände noch so günstig erscheinen mögen. Denn hinter einer informativen, durchdachten Rede stehen viele Gedanken und Arbeitsgänge – und nur selten allein spontane Einfälle. Als Grundregel gilt hier: Äußern Sie sich nur zu Themen, zu denen Sie wirklich etwas zu sagen haben. Das bedingt vielleicht, dass Sie lernen müssen, in manchen Situationen nicht zu reden. Aber auch für rhetorisch geübte Sprecherinnen und Sprecher gilt die gründliche Vorbereitung. Eine Steigerung der Redekunst kann auch für sie durch eine inhaltliche und taktische Vorbereitung erreicht werden. Eine gute Vorbereitung ist zudem die beste Medizin gegen Lampenfieber.

Gut vorbereitet ist halb gesprochen

Die Art der Vorbereitung hängt weitgehend von der Person und der Arbeitstechnik des Redners ab. Patentrezepte lassen sich daher kaum geben. Die folgenden Ausführungen sollen Ihnen aber Anhaltspunkte geben, die Ihnen ermöglichen, Ihre eigene Vorgehensweise zu organisieren.

Auch der Zeitbedarf für die Vorbereitung ist verschieden und abhängig von den jeweiligen Umständen: Kenntnis des Stoffes, Umfang der Rede, Zusammensetzung des Publikums usw.

Vielleicht denken Sie, dass man für eine kurze Rede weniger Vorbereitungszeit braucht als für eine längere. Das stimmt aber nicht immer. Man denke etwa an eine politische Debatte. Der Redner hat vielleicht nur wenige Minuten Zeit, um seinen Antrag zu begründen. Diese Begründung entscheidet, ob er mit seinem Anliegen durchkommt. Je nach Wichtigkeit wird seine Begründung in lokalen oder nationalen Zeitungen sowie über Radio- und Fernsehstationen weiterverbreitet.

Ein kurzes Statement kann wichtiger sein als eine stundenlange Rede Wird er nicht sehr viel mehr Zeit in diesen kurzen Redebeitrag investieren als in eine zwar bedeutend längere, aber eher unwichtige Rede? Manchmal verhält sich die Vorbereitungszeit nicht proportional zur verfügbaren Redezeit, sondern gerade umgekehrt.

Vorbereiten müssen Sie sich auf insgesamt fünf Punkte. Stellen Sie sich dazu die nötigen Fragen:

1. Thema und Publikum	Über welches Thema will ich ganz genau sprechen? Welche Personen sind meine Zuhörerinnen und Zuhörer? Was wissen sie über das Thema beziehungsweise über mich? Was versprechen sie sich von meinem Vortrag?
2. Redeziel	Welches Ziel setze ich mir? Was erwartet der Veranstalter? Was will ich erreichen? Was gilt es zu vermeiden?
3. Inhalt	Was ist zu sagen? Welche Fakten soll ich ansprechen? Wie trage ich den Inhalt zusammen?
4. Form und Taktik	In welcher Form muss ich es sagen? Womit beginne ich, was kommt als Nächstes, welche Argumente will ich bis zum Schluss aufheben?

Der Vorbereitungsraster

Thema/Titel: ....   Beginn: ....

Datum: ....   Ende: ....

Ort: ....   Dauer: ....

Anlaß: ....

Publikum:

Meine Redeziele:

Inhaltsdisposition:

So kann man sich ein erstes „Drehbuch" erstellen

Form und Taktik:

Organisatorisches:

| 5. Organisatorisches | Wie reise ich an? Was wurde speziell im Vorfeld vereinbart? Wann spreche ich? Wie sieht es mit den Spesen, dem Honorar aus? Stehen technische Hilfsmittel zur Verfügung und um welche handelt es sich dabei? |

Das auf Seite 109 dargestellte Formular kann Ihnen bei der Vorbereitung nützliche Dienste leisten. Füllen Sie es stichwortartig jeweils von Hand aus – damit sind Sie sicher, dass Sie keine wichtigen Punkte vergessen haben. Eigentliche Drehbücher, auf die Minute genau ausgearbeitet, sind im Normalfall wohl kaum nötig.

Thema und Publikum

Als Erstes müssen Sie sich genau mit dem eigentlichen Gegenstand Ihrer Ausführungen befassen. Um dies zu bewerkstelligen, müssen Sie die genaue Bezeichnung des Themas kennen. Was gehört dazu, was nicht? Kann ich selber Schwerpunkte setzen? Muss ich mich eventuell mit Vorrednern oder nachfolgenden Referenten über meine und ihre Themen absprechen?

Am Thema vorbeizureden ist eine rhetorische Todsünde Wie oft haben Sie sich schon bei Vorträgen gelangweilt, weil der Redner mit einer unglaublichen Präzision – sie wäre einer besseren Sache wert gewesen – am Thema vorbeiredete? Eine Rede, welche ja oft keine direkte Reaktion des Publikums zur Folge hat, kann den Vortragenden leicht zu Weitschweifigkeiten und Ungenauigkeiten verführen. Um dieser Gefahr nicht zu erliegen, ist eine klare Definition des Themas unumgänglich. Das Thema ist präzis zu fassen. Ein unklarer Titel ist genauer zu formulieren, bis Sie, Veranstalter und

Zuhörerschaft Klarheit darüber haben, worum es bei dem Vortrag gehen wird.

Wer ist nun mein Publikum? Eine Rede, welche die Erwartungshaltung des Publikums nicht berücksichtigt, ist eine verlorene Rede. Erwartungen haben aber auch Veranstalter, Finanzgeber oder andere Personenkreise. Diese Erwartungen müssen Ihnen ebenfalls bekannt sein. Machen Sie sich ein möglichst genaues Bild von Ihren Zuhörern, damit Sie das Kommende abschätzen können.

Befinden sich unter den Zuhörern Prominente? Personen, die speziell angesprochen werden müssen oder die als Meinungsträger gelten?

Es ist für die Rednerin oder den Redner nicht nur wichtig zu wissen, vor wie vielen Personen man spricht, man sollte nach Möglichkeit auch darüber Bescheid wissen, um was für ein Publikum es sich handelt (Männer/Frauen, Herkunft, Altersstrukur). Vor ganz Jungen werden Sie anders sprechen als vor älteren Menschen. Auch Ihr Äußeres können Sie darauf abstimmen.

Von Bedeutung ist es darüber hinaus, dass Sie auch das Vorwissen Ihrer Zuhörerinnen und Zuhörer abschätzen können. Was wissen sie bereits über das Thema – was muss noch gesagt werden? Welche Vorurteile bringen sie mit? Hat das Publikum Lieblingswörter oder Reizwörter? Auf diesem Wissen können Sie Ihre Argumentation gezielt aufbauen.

Weiterhin ist es wichtig zu wissen, wie Sie mutmaßlich von den Zuhörern eingeschätzt werden. Was wissen diese Personen über Sie? Haben Sie einen leichten Stand, oder müssen Sie mit Widerständen rechnen?

Nicht nur Sie kennen Ihr Publikum – es kennt auch Sie

Wenn Ihre Hörer freiwillig anwesend sind, vielleicht die Freizeit opfern, sind die Ansprüche bestimmt anderer Art als bei Personen, die Ihren Vortrag als Pflichtübung absolvieren müssen.

Informationen über vorhandene Hilfsmittel wie etwa ein Tageslichtprojektor runden das Bild der künftigen Redesituation ab. Auch muss frühzeitig entschieden werden, ob den Zuhörern Unterlagen zur Verfügung gestellt werden müssen oder nicht.

Redeziel

Wie ein Schütze sollen auch Sie Ihr Ziel immer vor Augen haben. Hier hinein müssen Sie treffen. Könnten Sie aber treffen, ohne das Ziel zu kennen?

Sich selbst Fragen zu stellen ist oft hilfreich – auch beim Redeziel Notieren Sie sich dieses Ziel groß auf der ersten Stichwortkarte oder auf der ersten Manuskriptseite. Es wird Ihnen damit dauernd im wahrsten Sinne des Wortes vor Augen geführt.

Auch hier hilft es, wenn Sie sich selbst Fragen zu Ihrem Thema stellen. Diese Fragen könnten beispielsweise folgendermaßen lauten:

- Was will ich erreichen?
- Wie müssen die Hörer am Schluss meiner Rede reagieren, wenn sie erfolgreich war?
- Will ich das Publikum zum Handeln auffordern oder informieren?

Wie ein Lehrer, der sich bei der Planung einer Unterrichtsstunde überlegt, was seine Schüler lernen sollen, nicht, was er alles zum Thema sagen könnte, dürfen auch Sie nicht Lehrziele formulieren, sondern Lernziele. Was hat sich für das Publikum verändert? Diese Frage nach dem Endverhalten oder dem künftigen Denken steht im Zentrum. Ihre Ziele müssen konkret beschrieben werden und überprüfbar sein (gerade auch für die Zuhörer). Fragen Sie sich daher, was die Zuhörerinnen und Zuhörer hinterher – nach der Rede –

können oder wissen sollen. Zudem legen Sie mit dem Redeziel fest, wie die Anwesenden Sie sehen sollen. Was offenbaren Sie über Ihr Wertesystem? Wie stellen Sie sich dar? Redeziele könnten unter anderem sein, den Wissensstand des Publikums zu erweitern, einen Sachverhalt zu verdeutlichen, mit ihm vertraut zu machen, offene Fragen zu klären, Problemlösungen anzubieten, zu informieren oder zu motivieren.

Andere Redeziele sind etwa, eine Veranstaltung zu eröffnen, auf eine Feier einzustimmen, jemandem zu danken, zu erheitern, zu trösten (man denke an eine Trauerrede), für eine Sache zu werben, ein Publikum umzustimmen, zu bekehren oder ihm etwas zu verkünden. **Andere Redeziele**

Erst wenn Sie sich ein Ziel gesetzt haben, können Sie Ihre Rede wirkungsvoll aufbauen. Unterschiedliche Ziele verlangen dementsprechend verschiedene Wertungen, Argumente und Beispiele.

Wenn das Thema einer Rede beispielsweise lautet: „Wie können wir das Waldsterben stoppen?", könnte das Redeziel „Weniger Autoverkehr" sein. Ob das Ziel explizit genannt wird, hängt von der Situation, von der Überzeugung des Redners (ist er ein Grüner oder ein Automobilmanager?) und vom Publikum ab.

Formulieren Sie ein Hauptziel und Teilziele, die zeigen, dass Sie auf dem richtigen Weg sind. Legen Sie die Minimalziele fest, die Sie unter allen Umständen im Verlauf Ihrer Rede erreichen wollen.

Inhalt: Informationen sammeln und grob gliedern

Eine Daten-sammlung zu interessanten Themen hilft bei der Vorbereitung

Haben Sie gelegentlich auch das Gefühl, dass Sie immer im Nachhinein wichtige Informationen zu einem Thema finden? Dem können Sie abhelfen, wenn Sie Informationen, welche Sie interessieren, sammeln. Allgemein sind Zitate, treffende Formulierungen, Fakten und gute Ideen sammelwürdig. Informationen über ein bestimmtes Thema finden sich in Fachbüchern, Fachzeitschriften oder in Lehrbüchern. Für politische und wirtschaftliche Fragen sind Tages- und Wochenzeitungen oder Magazine am besten geeignet. Eine solche Sammlung ist eine Redevorbereitung auf längere Zeit.

Sehr gut bewährt zum Sammeln haben sich Karteikarten im Format A6 (Postkarte). Sie bieten genügend Schreibfläche und lassen sich direkt während des Vortrags als Stichwortkarten verwenden.

Beispiel für eine A6-Stichwortkarte (Querformat), verkleinert:

So könnte eine Stich-wortkarte aussehen ...

Erläuterung ROM (Read Only Memory)
■ Computerteil (Hardware)
■ Teil des internen Speichers
■ Nur Lesespeicher
■ Abgrenzung zum RAM (Random Access Memory)
■ Einsatzort

Beispiel für eine Gliederung möglicher Informationen (A6
Hochformat), verkleinert:

Oberthema	Unterthema	Datum

... **oder
beispielsweise
auch so**

Personal	Soz. Leistung	6.90

Quelle: (sofern relevant)

Die markierte beziehungsweise abgeschnittene Ecke dient dabei der raschen Einordnungskontrolle. Darüber sind Sie froh, wenn Ihnen die Karten einmal auf den Boden fallen sollten.

Was ist eine PINK?

Legen Sie eine eigene PINK an. Die PINK ist Ihre persönliche Ideen- und Informationskartei, welche im Gegensatz zu einer normalen Datensammlung assoziativ geordnet ist. Das heißt, sie ist nicht nach logischen Gesetzmäßigkeiten (etwa dem Alphabet), sondern scheinbar willkürlich nach Ihren eigenen spontanen Gedankenverbindungen sortiert. PINK bildet damit auch eine wichtige Verbindung zwischen Gehirn und der eigentlichen Ablage (A4-Ordner, Hängemäppchen, Computerdatei). Die wichtigsten Stichwörter unterstützen das freie Formulieren.

Die PINK bietet gegenüber dem Computer den Vorteil, dass diese Karten zumindest in Teilen in jeder Jackentasche überallhin mitgenommen werden können und beliebig und nahezu überall ergänzbar sind. Das Sortieren vor dem Vortrag und das Vorbereiten und Gliedern desselben ist mit diesen Karten äußerst einfach und rationell.

Notwendiges Material zur Erstellung einer PINK:

- einzelne (weiße) Karten im Format A6 (eventuell auch verschiedenfarbige Karten oder Karten mit farbigen Rändern, höchstens 7 Farben, je nach Thema) in mittlerer Papierdicke;
- Schreibzeug (eventuell verschiedenfarbig; in der Regel jedoch keine Schreibmaschine);
- Karteikasten;
- selbst beschreibbare Griffleitkarten.

Wo können Sie nun PINK einsetzen? Welche Informationen sind sammelwürdig? Grundsätzlich sind das alle Informationen, die Sie später mutmaßlich für einen Vortrag brauchen können. Neben interessanten Zitaten, Sinnsprüchen oder Anekdoten sind dies vor allem Fakten. Es kann sich um Ihr berufliches Fachwissen handeln; für den Lehrer sind es Unterrichtsübungen, für den Buchhalter spezielle Buchungen, und für den Verkaufsleiter sind es Kundenübersichten. Im Rahmen eines Vereins sind es beispielsweise Veranstaltungstipps, Adresslisten oder politische Themen. Auch aus dem Privatleben gibt es unzählige sammelwürdige Informationen. Seien es Verzeichnisse über gute Restaurants und Hotels, tolle Ideen für einen verregneten Sonntag, Wandervorschläge, Rezepte, Gedankenblitze für Mitbringsel zu einer Party oder besuchte Theater mit deren Kurzbeschreibung. Beim Zusammenfassen von Büchern, Zeitungsartikeln oder beim Notieren von Zitaten ist immer die Quelle anzugeben. Nur so haben Sie die Möglichkeit, bei Bedarf auf das Originaldokument zurückgreifen zu können.

Auch aus redetechnischen Gründen lohnt es sich, eine PINK aufzubauen. Man kann treffende Formulierungen, Definitionen oder schlagende Argumente anderer Redner und deren Widerlegung notieren und erweitert so das eigene Redeverhalten, lernt schlagfertiges Reagieren und dergleichen mehr. Über den Vortragsgegenstand sind möglichst viele Informationen, Sachargumente, Standpunkte, Motive, Beweise und Gegenargumente zu sammeln. Mögliche Informationsquellen sind:

- Bibliotheken, (Zeitungs-, Verbands-) Archive, Büchereien;
- Bücher, Zeitungen, Zeitschriften, Wörterbücher, Lexika;
- Radio- und Fernsehsendungen;
- Pressestellen von Instituten, Organisationen, Vereinen, Verbänden, Parteien;
- Ämter (zum Beispiel für Statistiken);
- Vorträge, Tagungen, Kongresse;
- Ausstellungen, Museen;

Hier überall finden sich Informationen

- eigene frühere Reden oder Aufsätze;
- Firmenarchive, eigenes Archiv (Wissenskartei);
- Freunde;
- Gespräche mit Dozenten, Lehrern, Redakteuren, Kollegen;
- nicht zuletzt Ihr Gedächtnis.

Das Thema ist Ihnen bekannt, das Ziel Ihrer Rede ist festgelegt, und Sie wissen, wie sich Ihr Publikum zusammensetzt. Nun folgt die Hauptaufgabe. Es gilt, eine Auswahl aus den gesammelten Informationen zu treffen. Anschließend sind die Gedanken sinnvoll und überzeugend zu gliedern.

Am besten breiten Sie dazu Ihre Informationen und Karteikarten vor sich aus. Rufen Sie sich Ihr Redeziel und das Publikum nochmals in Erinnerung. Zielen Sie auf den Kopf oder das Herz? Handelt es sich somit eher um einen Vortrag oder eine Überzeugungsrede? Welches sind die interessantesten Fakten, die stichhaltigsten Argumente? Wählen Sie dabei denjenigen Aufbau, der den größtmöglichen Erfolg verspricht.

Die Gliederung der Rede entscheidet über die Wirkung Versuchen Sie die wichtigsten Redeschritte in wenigen Kernpunkten festzuhalten. Der dadurch entstehende Rahmen lässt sich Schritt für Schritt füllen. Denken Sie daran, dass die Wirkung einer Rede zu einem nicht geringen Teil von einer geschickten Gliederung abhängt. Die Gliederung soll ermöglichen, den Stoff in logische Einheiten zu gruppieren, wie zum Beispiel in die Kapitel eines Buches, in die Lektionen eines Unterrichtssemesters oder eben in die Abschnitte Ihres Vortrages.

Was kompliziert klingt, sei an einem Beispiel näher erläutert. Der Begriff „Personalführung" wird nachstehend strukturiert:

Personalführung

1. Die Rolle und Funktion des Vorgesetzten
- klare Begriffsdefinition
- Erwartungen der Mitarbeiter
- Erwartungen der Vorgesetzten
- Erwartungen der Kapitalgeber, Kunden, Auftraggeber und Lieferanten

2. Elemente der Führung
- Der Führungsbegriff
- traditioneller Führungsstil (Befehl, Gehorsam, Bestrafung/Belohnung)
- moderne Führung (Berücksichtigung von Bedürfnissen und Veranlagungen der Mitarbeiter)

3. Führung und Führungserfolg
- Voraussetzungen (Fachwissen; Führungstechnik plus Führungsverhalten ergeben Führungskompetenz; beides ergibt Führungserfolg)
- Führungsumfeld (Führender mit seiner Persönlichkeit, seinem Verhalten, seiner Technik und seiner fachlichen Kompetenz; die Führungssituation und die Mitarbeiter)
- Autorität (formelle und persönliche Autorität)

4. Führungstechnik
- Führen durch Zielsetzungen
- Aufträge an die Mitarbeiter
- Kontrolle
- Regelung der Stellvertretung
- persönliche Arbeitstechnik und Hilfsmittel

5. Mitarbeiterbeurteilung und Qualifikation
- Leistungsbeurteilung
- Beurteilungssystem
- Förderung, Aus- und Weiterbildung

6. Mitarbeiter
- Rekrutierung (Anstellungsgespräch) und Auswahl
- Gehalt
- betriebliche Vorsorge
- Sozialleistungen und Sozialversicherungen
- Betreuung (inklusive neu eintretender Mitarbeiter)
- Arbeitszeugnis
- Austritt, Pensionierung

Die Ausarbeitung einer Rede

Nun folgt die detaillierte Ausarbeitung der Rede. Wir kennen dabei zwei Arten der schriftlichen Vorbereitung:

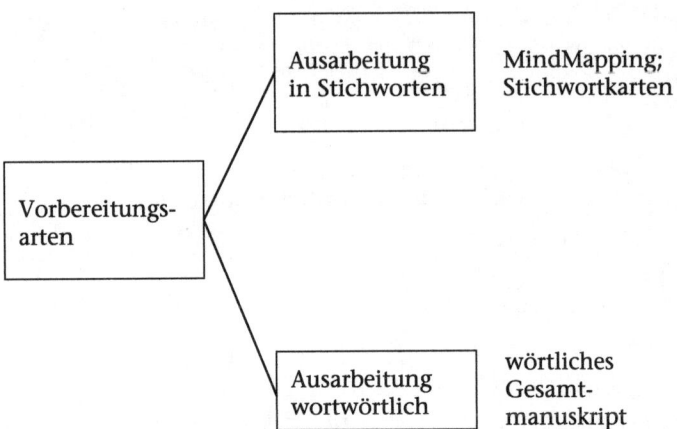

Es ist weder eine Schande, noch zeugt es von Anfängertum, wenn der Referent nicht frei spricht. Im Gegenteil: Es zeigt, dass er sich vorbereitet hat. Die Anwesenden sind dafür dankbar, dass ihnen nicht ein langatmiges Geplauder zugemutet wird.

Relativ einfach und schnell ist die Vorbereitung auf Stichwortkarten, denn mit Stichwortkarten können Sie frei sprechen und sich der jeweiligen Situation (etwa einer Zwischen-
frage) rasch anpassen. Vergleichbar mit Stichwortkarten ist
auch das so genannte Mindmapping, eine Karte im Geist.
Das ist eine schematische Darstellung, die die Kernfrage in
die Mitte nimmt. Einem Baum gleich werden dann einzelne
Äste mit Teilaspekten der Kernfrage gezeichnet und diese
direkt auf die Linie geschrieben. Diese Äste können sich
mehrfach verzweigen und zeigen zum Schluss auf einer Seite
eine gute Übersicht über die gesamte Fragestellung.

**Stichwort-
karten
erfordern freies
Sprechen**

Es gibt aber Situationen, bei denen nicht auf wortwörtliche
Manuskripte verzichtet werden kann. Das gilt vor allem für
Sachvorträge oder für Vorträge, die Sie in einer Fremdsprache
ausführen müssen. Auch wenn eine Rede – etwa bei einem
Vereinsjubiläum – später in einem Dokumentationsband
veröffentlicht werden soll, ist ein wörtliches Manuskript
vonnöten.

**Manchmal geht
es nicht ohne
wörtlich
ausgearbeitetes
Manuskript**

Bei einer wortwörtlich ausgearbeiteten Rede laufen Sie allerdings Gefahr, beim Ablesen oder auswendig Aufsagen stecken zu bleiben und den Faden nicht mehr zu finden.
Außerdem verlieren Sie dabei schnell den nötigen Blickkontakt zum Publikum. Ganz zu schweigen von der viel höheren
Vorbereitungszeit ...

Ob Sie die eine oder andere Vorbereitungsart vorziehen,
Anfang und Schluss einer Rede müssen immer besonders
sorgfältig vorbereitet werden: Der Anfang hinterlässt einen
ersten prägenden Eindruck (Vorurteilsbildung!) – und der
Schluss bleibt haften. Ein missglückter Anfang ist kaum
mehr gutzumachen und ein nicht sitzender Schluss kann die
überzeugendste Rede ihrer Wirkung berauben.

Versuchen Sie beim Sprechen die Rede nicht einfach stur
vom Manuskript abzulesen. Blicken Sie die Zuhörerinnen

und Zuhörer möglichst oft an. Das können Sie jedoch nur, wenn Ihr Manuskript so übersichtlich gestaltet ist, dass Sie den Faden im Text sofort wieder aufnehmen können.

Diese beiden Redeteile Beginn und Schluss sind also von entscheidender Bedeutung. Daher überlassen Sie die genaue Formulierung nicht der Laune des Augenblicks: Formulieren Sie die ersten und letzten Sätze auf jeden Fall wörtlich aus, und schreiben Sie diese Sätze auf die Stichwortkarten. Tragen Sie Anfangs- und Schlusssatz auswendig vor. Peinlich wird es, wenn Sie als Rednerin oder Redner sogar den Vortragstitel ablesen müssen!

Am Ende der Vorbereitung steht das Überprüfen und Üben der Rede. Bringen Sie die entsprechenden Korrekturen an, und schreiben Sie gegebenenfalls Stichwortkarten neu. Bei wörtlichen Manuskripten ist die Rede bei Bedarf sogar völlig neu zu fassen.

Inhaltlich ist die Rede nun fertig gestellt. Sofern Sie genügend Zeit haben, legen Sie sie eine gewisse Zeit zur Seite. Schlafen Sie darüber, und überprüfen Sie Ihre Unterlagen anschließend nochmals. Wirkt Ihre Rede noch immer wie aus einem Guss? Können Sie den roten Faden noch erkennen, der sich vom Anfang bis zum Schluss hindurchzieht? Können Sie die Redezeit einhalten?

Nötigenfalls sind wiederum Stichwortkarten zu ergänzen oder zu ersetzen. Noch können Sie ja solche Ergänzungen und Verbesserungen anbringen. Wörtliche Manuskripte sind eventuell erneut mit den Korrekturen abzuschreiben oder, wenn Sie mit einem Computer arbeiten, im Textsystem zu korrigieren.

Die General-
probe: die Rede
laut vortragen Als Letztes gilt es nun, den Vortrag zu üben, was aber nicht heißt, dass Sie Ihre ganze Rede auswendig lernen sollen. Reden Sie laut – tragen Sie wenn möglich einem Dritten Ihre Rede vor. Auch Tonbandaufnahmen haben sich für die

Selbstkontrolle bewährt. Insbesondere zeigt Ihnen das, ob Sie im Rahmen der Ihnen zur Verfügung stehenden Zeit bleiben.

Nachfolgend finden Sie wichtige Hinweise zur Gestaltung der Stichwortkarten und der wörtlichen Manuskripte.

Stichwortkarten oder wortwörtliche Manuskripte

Stichwortkarten haben – wie bereits erwähnt – ganz entscheidende Vorteile gegenüber den ausführlichen und ausformulierten Manuskripten. Es sind dies die folgenden Pluspunkte:

- Es wird freier gesprochen, und das in einer gesprochenen Sprache.
- Der Blickkontakt mit den Zuhörern wird ermöglicht.
- Man kann sich flexibler anpassen (den Erwartungen des Publikums; einer vielleicht kurzfristig verkürzten Redezeit und Ähnlichem).
- Zum Halten der Notizen wird nur eine Hand gebraucht. Das wirkt ruhiger; die freie Hand ist für Gesten einsetzbar.
- Der Vorbereitungsaufwand ist kleiner als bei einem wörtlich ausformulierten Manuskript.
- Die Rede ist flexibel zusammenstellbar.
- Redeteile lassen sich unproblematisch (durch Hinzufügen einer weiteren Stichwortkarte) ergänzen.

Beachten Sie beim detaillierten schriftlichen Formulieren:

- „Eine Rede ist keine Schreibe!" Vor allem die Wortwahl, die Wortwiederholungen, der Satzbau, die Satzlänge unterscheiden sich stark von der geschriebenen Sprache.
- Der Aufbau muss so gestaltet sein, dass beim eventuell notwendig werdenden Kürzen ganze Abschnitte weggelas-

sen werden können (ein Drittel der Rede sollte kürzbar sein).

■ Anmerkungen zu geplanten Gesten oder zur Stimmmodulation gehören nicht ins Manuskript. Die Reaktion kommt sowieso meist zu spät und wird dann als falsch platziert oder als einstudiert wahrgenommen. Lediglich Hinweise auf technische Hilfsmittel sind zweckmäßig.

■ Der Text sollte mit Hilfe eines Tonbandes oder später mit Video in kurzen Abschnitten laut gelesen und anschließend mündlich frei nochmals wiedergegeben werden (aber bitte nicht auswendig lernen!). Das erhöht die Sicherheit, auch bei Lampenfieber weiterzukommen.

Stichwortartige Notizen

Was gilt für die Stichwortkarten? Auf der folgenden Seite einige Tipps für die Gestaltung der Stichwortkarten – direkt auf einer Stichwortkarte:

Die sichere und ruhige Handhabung ist folgendermaßen gewährleistet:

■ Der Referent hält die ungefalteten Karten in einer Hand. Er wirft ruhig einen Blick auf die leicht angehobenen Karten. Dank der Stichwörter erfasst er rasch den zentralen Gedanken. Die Karten werden wieder gesenkt.

■ Das aufgenommene Stichwort genügt, um zum Thema frei zu sprechen.

■ Der Redner hebt die Karten erneut und prüft, ob zu diesem Gedanken alles gesagt ist.

■ Wenn ja, wird die oberste Karte nach hinten gelegt oder bei einem Podium zur Seite, ohne sie umzudrehen, da das störend und ablenkend auf Referent wie Zuschauer wirkt.

- Karten im Format A6 (maximal A5; blendfreies Papier, nicht hochweiß, nicht zusammengeheftet).
- Nur einseitig beschriften, Druckbuchstaben (Handschrift) verwenden.
- Nur ein Hauptgedanke in wenigen Stichwortenpro Zettel; Titel und Gliederungszeichen verwenden.
- Zitate, Namen, Zahlen, Anfang und Ende wörtlich notieren.
- Groß und deutlich schreiben (auf 60 cm lesbar).
- Verschiedene Schreibfarben verwenden (Kürzungsmöglichkkeiten, Wichtiges).
- Richtig ordnen, am besten fortlaufend numerieren. Eventuell Ecke abschneiden, damit Sie die Karten schneller ordnen können.
- Hinweise auf Hilfsmittel anbringen, aber keine Stimm- und Gestenanweisungen.
- Eventuell Zeithinweise (je Karte in Minuten oder kumuliert).

So können Sie Ihre Stichwortkarten sinnvoll beschriften

- Jetzt fährt der Redner mit der nächsten Karte fort wie oben beschrieben (eventuell kann er auch einzelne Karten überspringen).
- Der Kartenwechsel sollte in der Regel alle 1–3 Minuten stattfinden.
- Die Karten sollten in der schwächeren Hand (bei Rechtshändern ist dies meist die linke Hand) gehalten werden, da mit ihr weniger Gesten gemacht werden.

Sollten Sie doch einmal DIN-A4-Blätter verwenden, wenn beispielsweise das Manuskript auf einem Rednerpult aufgelegt werden kann, so hat sich folgende Blattgestaltung bewährt:

| Thema/Titel: .... Beginn: .... |
| Datum: .... Ende: .... |
| Ort: .... Dauer: .... |
| Anlaß: .... Seite: .... |

Hauptstichwort:	Nebenstichwort:

Auch moderne Methoden wie Mindmapping sind geeignet, wenn Sie ein Rednerpult haben, auf das Sie eine A4-Seite ablegen können. Mindmapping ist ja, wie bereits erwähnt, eine assoziative zeichnerische Gestaltung auf Papier. Von einem zentralen Kästchen, das Ihr Vortragsthema beinhaltet, werden Baumästen gleich, die davon ausgehen, die verschiedenen Aspekte handschriftlich notiert.

Wenn schon wörtliche Manuskripte ...

„Wenn schon wörtliche Manuskripte ...", dieser Titel zeigt bereits meinen grundsätzlichen Begeisterungsmangel für diese Methode. Aber wenn schon, dann ist neben dem bereits Festgestellten noch Folgendes zu beachten:

- Nur feste A4-Blätter verwenden, die Sie einseitig beschriften.
- Keine hochweißen Blätter, die blenden oder spiegeln (besser sind daher pastellfarbige oder mattweiße Blätter).
- Mit Farben oder durch Unterstreichen wichtige Textstellen oder Kürzungsmöglichkeiten markieren.
- Breiten rechten Rand lassen (für Korrekturen, einfacher beim Lesen erfassbar).
- 2-Zeilen-Schaltung bei der Schreibmaschine und große Schrifttypen (sie erleichtern das Lesen).
- Großzügig mit dem Platz umgehen. ODERHÄTTENSIE-FREUDE, WENNSIESO EINGANZESMANUSKRIPTLESEN-MÜSSTEN? WOHLKAUM. SOWIEESBEI DENWORTENIST, SOIST ESMITDENSÄTZENUNDABSCHNITTEN. Die in Wales liegende Ortschaft Llanfairpwllgwyngyllgogerychwyrndrobwllllantysiliogogogoch hat zwar wegen ihres Namens Furore gemacht, aber genau aussprechen kann ihn niemand.
- Neue Abschnitte deutlich trennen.
- Mundartvorträge sind schriftlich auch in Mundart zu notieren. Das ist aufgrund der veränderten Satzkonstruktionen nötig; selbst sehr geübten Rednern wäre das Übersetzen von Schriftsprache in Mundart in der kurzen Zeit kaum möglich. Ihre Mundartnotizen müssen nur für Sie lesbar sein.

Gestaltung eines wörtlich ausgearbeiteten Manuskripts

Zudem darf beim Vorlesen der Rede nicht vergessen werden:
- Manuskript auflegen, nicht in den Händen halten (und dabei halb knicken).
- Keine Hilfsmittel wie Lineale oder Finger auf der Lesezeile verwenden; das hemmt den zügigen Redefluss und aktiven Kontakt zu den Zuhörern.
- Wer beim Vorlesen des Manuskriptes zu viel auf den Text sieht, hat kein Gesicht (Blickkontakt aufrechterhalten).

Für das Vortragen des ausgearbeiteten Manuskripts gelten besondere Regeln

■ Legen Sie die Manuskriptseiten nur zur Seite, und blättern Sie die Blätter nicht um. Das stört, verleitet die Zuhörerinnen und Zuhörer zum Zählen und erzeugt bei Mikrofonen störende Nebengeräusche. Die Blätter daher nicht heften, sondern nummeriert in eine Klarsichthülle legen.

■ Vorsicht bei (Lese-)Brillenträgern: Eine weit vorn auf der Nase sitzende Brille oder permanentes Auf- und Absetzen derselben stört.

Korrekt handelt, wer sich an folgenden Rhythmus hält: Blick ins Skript – Text erfassen – aufnehmen – Publikum ansehen – sprechen.

Ausschnittbeispiele von wörtlichen Manuskripten:

■ schematisch (je Zeile nur ein Kerngedanke):

.................................,

....

....

....

....

Alternativ kann man ein wörtliches Manuskript auch so aufbauen, dass links das Stichwort steht und daneben der ausgearbeitete Text:

Stichwort   Text

. . . .

. . . .

. . . .

. . . .

. . . .

. . . .

. . . .

. . . .

Warum soll man eigentlich wörtliche Manuskripte nie auswendig lernen?

Das spricht gegen das Auswendiglernen

■ Auswendiglernen braucht viel Zeit und Energie – verwenden Sie diese besser für die sachliche Vorbereitung und zur Überzeugung der Teilnehmer (emotionales Feuer).

■ „Geschrieben ist nicht gesprochen" – fördern Sie lieber ihr Sprechdenken als das mechanische Herunterleiern.

■ Die Gefahr, stecken zu bleiben beziehungsweise am Teilnehmerinteresse vorbei zu sprechen, ist groß – bleiben Sie also lieber flexibel.

Das spricht gegen das Auswendiglernen

Organisatorisches

Haben Sie folgende Fragen beantwortet:

■ Wer ist mein Ansprechpartner beim Veranstalter (Adresse, Telefon, Fax)?

■ Welche Redezeit habe ich?

■ Wann spreche ich im Verlauf der Veranstaltung (Tag und Uhrzeit)?

■ Genauer Veranstaltungsort?

■ Wie organisiere ich die Hin- und Rückreise?

■ Wie sind die Räumlichkeiten gestaltet und eingerichtet?

■ Welche technischen Hilfsmittel stehen zur Verfügung?

■ Wer kommt für die Spesen auf (Unterkunft, Verpflegung)?

■ Ist ein Honorar vereinbart?

■ Wie ist die Gesamtveranstaltung aufgebaut? Sprechen noch andere Personen?

■ Woran muss ich sonst noch denken?

Diese Punkte sollte man klären

Die sorgfältige organisatorische Vorbereitung erspart viel Ärger und auch manches „Ja, wenn ich das gewusst hätte ...".

Die Einzelrede

Bei einer Rede will die Sprecherin respektive der Sprecher einem Kreis von Zuhörern persönliche Gedanken näher bringen. Da der Redner nicht in direkter Wechselrede mit seinen Zuhörern steht, wird auch von einer Monologsituation gesprochen. Der Monolog der Einzelrede sollte sich allerdings auf die verbale Sprache beschränken, nicht auf die Körpersprache. Durch sie befinden sich Redner und Publikum nämlich in einer Dialogsituation. Das Publikum signalisiert zum Beispiel Interesse, Anteilnahme und Zustimmung oder auch Langeweile, Ablehnung und Desinteresse. Achten Sie auf das nonverbale Feedback, das Ihnen Ihre Zuhörerinnen und Zuhörer geben, und führen Sie so einen stummen Dialog.

Im Gegensatz dazu steht das Gespräch als Dialogsituation, bei der zwei oder mehrere Personen aktiv am Gespräch teilnehmen.

Wichtige Redeformen An dieser Stelle seien nochmals die wichtigsten Redeformen, ob Monolog oder Dialog, aufgelistet:

Redeart	Redeziel
Akquisitionsgespräch	Auftrag/Bestellung bekommen
Bewerbungsgespräch	Stelle erhalten/besetzen
Kritikgespräch	Verhaltensänderung
Laudatio	Lobrede auf eine Persönlichkeit
Rahmenrede	Einleitung einer Veranstaltung
Rezitation	künstlerische Darbietung

Streitgespräch	Darlegung der Standpunkte
Therapiegespräch	Diagnose und Hilfe
Trauerrede	Ehrung eines Verstorbenen
Verhör	Wahrheitsfindung
Verkaufsgespräch	Verkauf von Produkten
Vorlesung	Stoffvermittlung

Man kann speziell die Einzelreden auch nach folgenden Gesichtspunkten unterscheiden:

Formen der Einzelrede

Sachvortrag	Die Information steht im Zentrum.
Überzeugungsrede	Das Überzeugen der Zuhörerschaft steht im Zentrum.
Standpunkterklärung	Sie stellt den eigenen Standpunkt klar und wird auch Meinungsrede genannt.
Fest-/Gelegenheitsrede	Personen oder Anlass stehen im Zentrum. Sie wird auch Fest-, Tisch- oder Rahmenrede genannt.
Spontanrede	Eine unvorbereitete Stellungnahme steht bei dieser Redeform im Zentrum.

Welches sind die spezifischen Eigenheiten, die es jeweils zu berücksichtigen gilt? In den folgenden Kapiteln werden die wichtigsten Redearten genauer vorgestellt.

Formen der Einzelrede

Der Sachvortrag (Informationsrede)

Im Sachvortrag, der Informationsrede, wird ein Thema erörtert. Es geht dabei in erster Linie um Wissensvermittlung, darum zu informieren, zu instruieren oder Informationen zu präsentieren. Der Referent wird seine persönliche Meinung zurückhaltend äußern, da seine Person gegenüber der Sache im Hintergrund steht. Oftmals ist der Teilnehmerkreis speziell ausgewählt worden, zum Beispiel eine Gruppe von Mitarbeitern, die auf einem bestimmten Fachgebiet eine Weiterbildung erhalten sollen.

Hier steht die Wissensvermittlung im Zentrum

Fragen können in der Regel erst am Schluss gestellt werden. Gerade daher hat der Referent während der Rede durch intensiven Blickkontakt zu prüfen, ob das Gesagte verständlich und interessant ist. Die eher passive Rolle der Zuhörer bringt mit sich, dass sie rasch ermüden. Daher darf ein solcher Sachvortrag nicht zu lange dauern. Länger als zwei Stunden hält niemand ohne Pause durch.

Überanstrengen Sie Ihre Zuhörer nicht

Der Aufbau richtet sich nach den Überlegungen der Logik, die Sprache ist sachlich. Eine klare Gliederung unterstützt den Zweck der Wissensvermittlung.

Vor allem bei wörtlichen Manuskripten besteht die Gefahr, dass der Referent sich von den Zuhörern entfernt und nicht bemerkt, wenn deren Aufmerksamkeit nachlässt und sie nicht mehr folgen.

Technische Hilfsmittel wie Tageslichtprojektor oder Flipchart (siehe Kapitel „Hilfsmittel, die den Vortrag unterstützen", Seite 196 ff.) erleichtern die Informationsübermittlung und lockern den Monolog auf.

Die Überzeugungsrede

Mit der Überzeugungsrede will der Redner, wie der Name bereits sagt, seine Zuhörerinnen und Zuhörer für seine Ideen und seine Ansichten gewinnen. Das Publikum soll von der Richtigkeit der Ansichten und Handlungsaufforderungen des Redners überzeugt sein und ihnen Folge leisten. Hier haben im Gegensatz zum Sachvortrag auch Gefühle Platz. Mit seiner emotionalen Beteiligung steckt der Redner sein Publikum an und gewinnt dessen Interesse.

„Wer jemanden überzeugen will, muss zuerst sich selbst überzeugen." Wer also selbst nicht an eine Sache glaubt, wird wohl kaum fremde Personen dafür gewinnen können.

Das Redeziel sollte dem Sprecher einer Überzeugungsrede ständig vor Augen sein. Das erlaubt ihm, beharrlich und konsequent auf dieses Ziel hinzuarbeiten, ohne dabei in seinen Mitteln unbeweglich zu werden. Reaktionen auf das Feedback des Publikums sind durchaus wichtig – aber das Ziel muss das gleiche bleiben.

Jeder Überzeugungsrede folgt eine klare und unmissverständliche Handlungsaufforderung. Was ist nun zu tun? Was ist zu unterlassen? Wählen Sie dafür kleine, realistische Schritte.

Entscheidend für den Erfolg der Überzeugungsrede ist die Person des Redners. Es kommt oftmals weniger darauf an, was er wortwörtlich sagt, sondern darauf, dass es auf eine bestimmte Art gesagt wurde.

Wie kann man überzeugen? Auf jeden Fall müssen Sie das Gefühl der Zuhörerinnen und Zuhörer ansprechen. Das heißt nicht, dass Sie unsachlich sein sollen – wohl aber, dass Sie auch an das Herz der Zuhörer, an ihren Anstand und ihre ethischen Werte appellieren dürfen und sollen. Strahlen Sie auch selbst menschliche Wärme aus. Ihre Beliebtheit, Glaubwürdigkeit, Neutralität und Selbstsicherheit sind ein wichti-

Bei der Überzeugungsrede dürfen Gefühle gezeigt werden

ger Beitrag zu der Überzeugung, die Sie vermitteln wollen. Die Art der Vortrags- und Sprechtechnik beeinflusst die Überzeugungsbemühungen ebenfalls ganz wesentlich (siehe Kapitel „Die Sprechtechnik").

Je eher sich die Zuhörerinnen und Zuhörer einen Nutzen von der Denk- und Verhaltensänderung versprechen, je geringer der Umstellungsaufwand ist, desto eher sind sie bereit, sich oder ihr Verhalten zu ändern. Das bedingt jedoch, dass die verlangte Umstellung nicht zu heftig mit der bisherigen Denkhaltung kollidieren darf. Denn jede Umstellung bedeutet ein Risiko, und das ist für die meisten Menschen mit Angst verbunden.

Die Fest- oder Gelegenheitsrede

Die Fest- oder Gelegenheitsrede gibt einer feierlichen Veranstaltung Rahmen und Inhalt. Eine ganz bekannte Form ist die Tafelrede. Sie will die gute Stimmung heben und halten – also weder überzeugen noch informieren. Die Rednerin oder der Redner will begrüßen, ehren, beglückwünschen, gratulieren, mitfeiern oder Anteil nehmen.

Kurz und bündig Solche Reden sind kurz und bündig. Vielleicht ist die Rede nur wenige Minuten lang, da sie ja nie der Grund für die Veranstaltung – und das Kommen des Publikums – ist. Und in diesem Fall kann man jedem Redner nur empfehlen, sich an das Sprichwort „In der Kürze liegt die Würze" zu halten.

Zu folgenden Anlässen werden beispielsweise Fest- oder Gelegenheitsreden gehalten:

- Einweihungen
- Beförderungen, Verabschiedungen im Betrieb
- Jubiläen wie Geburtstag, Hochzeitstag, Firmen- und Arbeitsjubiläum
- Abschlussfeiern (Diplom, Kurs, Veranstaltung)
- Preisverleihungen und Ehrungen

- Vereins- und Betriebsversammlungen
- Eröffnung einer Veranstaltung wie eines Balles, eines Sportwettkampfes, einer Sportsaison, eines Festes
- Familienfeste
- Kirchliche Feste wie Taufe, Konfirmation, Kommunion, Hochzeit

Spezialfälle dieser Redeart – mit besonderen Gesetzen – sind die Laudatio (Ehrung) beziehungsweise die Trauerrede (Epilog).

Als Aufbau hat sich für die reguläre Fest- oder Gelegenheitsrede in der Praxis bewährt:

Anrede und Begrüßung	eventuell mit Dank für die Einladung	**So kann man eine Festrede gliedern**
Anlass des Festes	kurze Darstellung des Hintergrunds, warum feiern wir?	
Ehrung, Auszeichnung	Vergangenheit, Erlebnisse, Rückblick, Geschichte	
Ausblick und Aufforderung	Zukunft, Optimismus, Glückwünsche	
Dank, Abschluss	gegebenenfalls mit Trinkspruch, Geschenküberreichung, Hochlebenlassen, Glaserheben.	

Wichtiger Teil der Festrede ist, im Gegensatz zu den übrigen Redeformen, die Anrede. Hier dürfen und müssen teilweise sehr viele Personen erwähnt werden. Die Hauptperson zuerst, anschließend in der korrekten Reihenfolge die übrigen

Personen. Wählen Sie sehr sorgfältig die Reihenfolge aus – eine unpassende Reihenfolge könnte Ihnen übel genommen werden.

Je nach Veranstaltungsart ist Ihrer Festrede vielleicht schon eine eigentliche Begrüßungsrede vorangegangen. Dann können Sie selbstverständlich auf eine ausladende Begrüßung verzichten. Einen Dank für das Erscheinen auszusprechen würde sich sogar ganz erübrigen.

Als Abschluss einer Festrede kann ein Hochlebenlassen oder ein Trinkspruch angebracht sein.

Anknüpfungspunkte für den Inhalt der Rede könnten sein:

- Hauptperson (Lebenslauf, Geburtsdatum, Persönlichkeit, erreichte Ziele)
- Beruf
- Gemeinsamkeiten/Unterschiedlichkeiten mit der Hauptperson wie im Charakter, Beruf oder Hobby
- gemeinsamer Lebensweg
- heutiger Anlass
- Geburtsdatum (was hat sich an diesem Tag ereignet, wie war die damalige Zeit, welche Schlagzeilen waren damals auf den Frontseiten der Zeitungen?)
- Vornamen, Name (Bedeutung, Verwandtschaft)

Die Spontanrede

Spontan, das heißt, ohne oder nur mit geringer Vorbereitung spricht in der Spontanrede eine Sprecherin oder ein Sprecher, sei dies im Rahmen einer politischen Diskussion, einer Sitzung oder einer anderen Besprechung. Auch bei Festen werden Sie unter Umständen plötzlich um Ihre Meinung gefragt und müssen sich spontan äußern. Diese Redeart erfordert daher höchste Konzentration, rasche Auffassungsgabe, schnelles Denken und eine gehörige Portion Übung. Eine mögliche Aufbauform ist:

Standpunkt	eigene Position darstellen
Argumente	Begründung, Beispiele
Schlussfolgerung	Handlungsaufforderung

Auch die zeitliche Gliederung (heute/ist; Zukunft/soll sein; Weg) ergibt eine optimale Gliederung.

Spezialfälle der Einzelrede

Die Lobrede (Laudatio)
Eine Unterform der Fest- oder Gelegenheitsrede ist die Laudatio. In dieser Lobrede wird eine Person (eventuell ein Personenkreis) anlässlich des Geburtstages, einer Familienfeier, eines Preis- oder Wettbewerbsgewinnes, eines betrieblichen Jubiläums oder eines anderen Anlasses geehrt.

Bei mehreren Geehrten sind alle Namen genau und in bestimmter Reihenfolge zu nennen. Eventuell können die Namen durch eine weitere Person aufgerufen werden (speziell wenn ein Geschenk oder Diplom überreicht wird).

Für eine solche Rede sind seriöse und detaillierte Recherchen erforderlich. Wenn auch die Zuhörerinnen und Zuhörer kleine Ungereimtheiten nicht realisieren würden, die geehrte Person merkt es bestimmt.

Wer jemand ehren will, muss seinen Werdegang kennen

Da dem Geehrten in der Regel dick aufgetragenes Lob und penetrante Superlative eher peinlich sind, ist damit sparsam umzugehen. Erwähnen Sie Begebenheiten, die den Geehrten als liebenswerten Menschen erscheinen lassen. Taktlos sind Ermahnungen (auch an andere). Bringen Sie Schwung und Humor (nicht Witz!) in die Rede anstelle einer monotonen Aufzählung von Fakten.

Die Trauerrede (Epilog)

Die Trauerrede (Epilog) finden wir anlässlich einer Bestattung, einer Kranzniederlegung, auf dem Friedhof, in der Kirche oder bei der Trauerfeier. Die verstorbene Person wird geehrt und in Erinnerung gerufen.

Bei der Trauerrede sind Takt und Herz besonders gefragt

Gemeinsame Erlebnisse, sofern sie die Persönlichkeit des Verstorbenen näher beleuchten, eignen sich. Grundsätzlich hat alles Platz, was mit Taktgefühl und Herz vorgetragen wird. Vorsicht ist allerdings gegenüber zu pathetischen Äußerungen und langatmigen Ausschweifungen am Platz. In einer Trauerrede besteht kein Raum für kritische Bemerkungen über den Verstorbenen und über seine Nachfolge.

Nehmen Sie zu diesem Anlass nie vollständig unveränderte Musterreden aus Büchern. Als ebenso pietätlos müsste man das Üben in Seminaren empfinden.

Übung: Lobrede

Anhand der nachstehenden Übungsanleitung können Sie eine Lobrede üben und ausprobieren.

Thema:	Lobrede (Laudatio)
Titel:	frei, jedoch vorher mitzuteilen. Wählen Sie ein Thema aus einem der folgenden Bereiche:
	▪ ein Freund feiert Geburtstag
	▪ eine Mitarbeiterin bekommt ein Kind und geht in Mutterschaftsurlaub
	▪ ein Mitarbeiter wird pensioniert
Redezeit:	mindestens 1–3 Minuten
Zuhörer:	frei wählbar. Kündigen Sie jedoch an, vor welchem Publikum Sie sprechen.
Ort:	vor den Zuhörern (stehend)

Besonders
zu beachten: Haltung, Blickkontakt
Bemerkungen   Beurteilung, Feedback, Verbesserungs-
von Zuhörern: vorschläge

Aufbauvarianten einer Rede

Die Gliederungsvarianten
Dem Aufbau, der Gliederung Ihres Vortrags kommt große
Bedeutung zu. An einer einfachen Übung kann dies veranschaulicht werden. Merken Sie sich folgende Zahlenreihen
in maximal einer Minute:
a) 9 6 21 12 3 18 15 24
b) 3 6 9 12 15 18 21 24

Die Zahlenreihe a) lässt sich wesentlich schwieriger einprä-
gen als die Reihe b), obwohl es identische Zahlen sind.
Warum? Die Reihe b) hat eine innere Ordnung – einen
logischen Aufbau. So ist es mit einer gut gegliederten Rede:
Je natürlicher beziehungsweise folgerichtiger der Redeauf-
bau ist, desto nachvollziehbarer wird der Aufbau und damit
auch der Inhalt für die Zuhörer. Eine gute Gliederung, die in
sich stimmig ist, erleichtert somit das Verständnis ganz
entscheidend.
Der Wissenschaftler Frederic Vester stellte zur Verbesserung
des Lernens in seinem Buch „Denken, Lernen, Vergessen"
einige Regeln auf, deren Beachtung auch beim Aufbau einer
Rede von Vorteil ist (Auszug):

1. Lernziele erkennen (was will ich bei den Zuhörern **Diese Punkte**
   mit meiner Rede erreichen) **sollte man beim**
2. sinnvoller Aufbau (also nicht unbedingt histo- **Aufbau einer**
   risch!) **Rede beachten**

3. Neugierde kompensiert „Fremdeln" (wenn ich mein Publikum mit etwas ihm Ungewohnten konfrontiere, muss ich es ihm schmackhaft machen, indem ich sein Interesse wecke)
4. Neues, alt verpackt (das nimmt dem Fremden einen Teil seiner Ungewohntheit und erleichtert den Zugang)
5. Skelett vor Details (bevor ich das Publikum mit Einzelheiten bombardiere, erkläre ich zunächst die Hauptpunkte und damit die Gliederung)
6. Erklärungen vor Begriffsanwendung (damit das Publikum mit meinem Vortrag etwas anfangen kann, sichere ich mich durch kurze Erklärungen ab, dass meine Begriffe auch verstanden werden)
7. Lernspaß (was man gerne gehört hat, weil es ansprechend vorgetragen wurde, behält man leichter)
8. viele Eingangskanäle nutzen (wenn Informationen nicht nur akustisch durch den Vortrag, sondern auch beispielsweise optisch durch einen Tageslichtprojektor vermittelt werden, erleichtert das die Aufnahme)
9. Verknüpfungen mit der Realität (Beispiele aus dem jedem Zuhörer vertrauten Alltagsleben veranschaulichen das Gesagte)
10. Wiederholen von neuen Informationen (nur einmal Gesagtes prägt sich nicht genügend ein)
11. dichte Verknüpfungen aller vorherigen Fakten (alle genannten Punkte sind gemeinsam zu benutzen, um einen optimalen Aufbau der Rede zu gewährleisten)

Die Berücksichtigung dieser Regeln lässt noch immer sehr viele Gliederungsmöglichkeiten zu. Wählen Sie einen Aufbau, der Ihnen und dem Thema entspricht. Sprechen Sie in jedem Fall das Wichtigste zuerst an, da die Aufmerksamkeit mit der Zeit absinkt. In jedem Zeitungsartikel werden die wichtigsten Fragen zu Beginn beantwortet und nicht erst im letzten Abschnitt. Beantworten Sie alle W-Fragen zu Ihrem Thema. Das sind die journalistischen Fragen nach: wer, wo, wie, was, wann, warum, womit, wie lange, warum nicht ...

Die wichtigsten Punkte gehören an den Anfang

Bedenken Sie im Aufbau auch, dass Sie zuerst die Herzen der Zuhörerinnen und Zuhörer gewinnen müssen, bevor Sie den Kopf überzeugen können.

Seien Sie bei Aufbau und Formulierung kreativ (nicht aber zwanghaft originell!). Der ungarische Biochemiker und Nobelpreisträger Albert von Szent-Györgyi definierte Kreativität einmal so: „Eine Entdeckung macht man, wenn man sieht, was jeder gesehen hat, und dabei denkt, was noch niemand gedacht hat."

Die Zuhörerinnen und Zuhörer wollen Neues von Ihnen hören. Wenn Sie mit keinen Entdeckungen aufwarten können, schöpfen sie aus eigenen Erfahrungen. Bringen Sie neue Kombinationen, neue Anwendungsmöglichkeiten. Zeigen Sie neue Ansätze. Der Umgang mit Kindern kann helfen, der Phantasie neue Wege zu weisen. Sie zeigen uns, wie man spielerisch Dinge neu kombinieren kann.

Einige gut bewährte Gliederungsvarianten finden Sie nachfolgend. Welche davon für Sie die geeignetste ist, hängt vom Anlass und vom Thema ab, aber auch von Ihnen. Nur Sie selbst können das entscheiden.

Sie selbst müssen herausfinden, welche Gliederung zu Ihrem Thema paßt

Analyseform

IST	Information über die Fakten, die Ausgangssituation, den momentanen Stand der Dinge
SOLL	Wohin soll es gehen? Ziel, Zukunft
WEG	Vorgehen, Lösungen, wie packen wir es an?

IDEAL-Formel

Die IDEAL-Formel steht für folgende fünf Schritte:

I	wie Interesse wecken, Wohlwollen schaffen
D	wie Darstellung des Themas, Situation darlegen und Vorschläge unterbreiten
E	wie Erläuterung, Präzisierung, Untermauern der Vorschläge/Ideen, mögliche Einwände entkräften
A	wie Anschauung, Praxisbeispiel, Aha-Erlebnis, Eselsbrücke, Humor, Anekdote
L	wie logischer Schluss, Handlungsaufforderung, sagen, was jetzt zu tun ist

Antike Redegliederung (leicht abgeändert)

Einleitung	Wohlwollen schaffen	
Thema darstellen	Begriffe definieren, Problem schildern	
logische Konsequenz	Folgerung, neue Varianten aufzeigen, Lösungsmöglichkeiten und deren Vorteile aufzeigen	**Schon in der Antike wurden so Reden aufgebaut**
Widerlegen der Gegenargumente	Gegenargumente bereits jetzt vorwegnehmen	
Analogien	vergleichbare Begebenheiten schildern	
Beispiele	konkretisieren, veranschaulichen	
Beweisen	Argumente für Ihre Meinung anbringen, begründen	
Nutzen-argumentation	Vorteil für die Zuhörer darlegen, die Tatsachen zusammenfassen, begeistern und anfeuern	
Schluss	Zusammenfassung, Appell, Aufruf zur Tat	

Fünfsatz-Rede

In der Fünfsatz-Rede kommen Sie in fünf Schritten zum Ziel. Diskret kann dies an den Fingern einer Hand abgezählt werden.

Was ist?	heute, jetziger Zustand, Faktum
Was soll sein?	Ziel, Vision
1. Alternative (oder These)	Reduktion auf zwei (maximal drei) Möglichkeiten, vorstellen der ersten Möglichkeit
2. Alternative (oder Antithese)	unattraktiv präsentieren, entkräften der Gegenargumente
Verwerfung	zweite Möglichkeit verwerfen (mit Begründung) und Nutzen der ersten Möglichkeit nochmals aufzeigen
Handlungsaufforderung	Was ist jetzt zu tun? Wie?

Gratulationsschema

Anlass	Warum treffen wir uns? Persönlicher Bezug
der/die zu Ehrende	Person/Anlass, Vergangenheit
Ausblick	Wünsche für die Zukunft

Generelles Schema

Das generelle Schema ist ein Grundschema, nach dem Sie jedes Referat aufbauen können.

Mit diesem Schema liegt man eigentlich nie falsch

Einleitung	Anrede, Begrüßung, Thema nennen, Abgrenzung, Aktualitätsbezug
Hauptteil	
Leitidee 1	IST-Situation, wie ist es dazu gekommen? Deutlich machen einer gemeinsamen Basis von Referent und Publikum
Leitidee 2	SOLL-Zustand, These, Vision, Zukunft
Leitidee 3	Konsequenzen, Wege zum Ziel, Hindernisse, Alternativen, Kompromisse
Schluss	Handlungsaufforderung, Zusammenfassung, Ausblick, Nutzen, Verabschiedung

Die Augenformel

Was sehe ich?	Beobachtung
So urteile ich	Würdigung
Konsequenzen	Was ist zu tun?

Die Überzeugungsformel

Sie stellen eine Behauptung auf oder legen Ihren Standpunkt dar, führen eine logische Beweisführung, begründen, unterstützen die Argumentation mit Beispielen und Bildern und verdichten am Schluss den Kernpunkt zu einer zwingenden Handlungsaufforderung.

These	Meinung, Behauptung, Standpunkt verdeutlichen
Argument(e)	Beweisführung
Beispiele	Konkretisierung, Bekräftigung
Zusammenfassung	Konsequenz, Handlungsaufforderung

AIDA-Formel

Die AIDA-Formel entspricht dem klassischen Aufbaumuster der Werbung.

Attention	Aufmerksamkeit erregen, Beachtung erzielen
Interest	Interesse wecken
Desire	Besitzwunsch wecken
Action	Handlung auslösen (Kauf)

Auch sprachliche Strukturierungen, speziell bei kurzen Vorträgen, helfen, ein Referat logisch aufzubauen, und erleichtern damit der Zuhörerschaft das Verstehen. Gedacht wird dabei beispielsweise an folgende Begriffspaare:

früher	heute	**Gegensatzpaare**
pro (plus)	kontra (minus)	**dienen dem**
Kosten/Nachteil	Nutzen/Vorteil	**leichteren**
intern	extern	**Verständnis**
Gegner	Befürworter	
dafür	dagegen	

Nummerierte Aufzählungen (1., 2., 3. oder a), b), c)) geben einer Rede ebenfalls Struktur und damit Halt. Solche Dreischritte könnten auch erreicht werden über „gestern – heute – morgen" oder beispielsweise über „Gegner – Befürworter – unsere Lösung".

Übung: Erlebnisbericht
Die nachfolgende Übung gibt Ihnen eine Trainingsanleitung für eine Rede mit einem Erlebnis als Inhalt.

Thema:	Erlebnisbericht
	Schildern Sie ein persönliches Erlebnis aus Ihrer Kindheit, das Ihnen aus irgendeinem Grund besonders in Erinnerung geblieben ist.
Redezeit:	1–2 Minuten
Zuhörer:	Trainingsteilnehmer, Freunde, Familie
Ort:	vor den Zuhörern (stehend)
Besonders zu beachten:	Haltung, Blickkontakt, Aussprache (laut, deutlich), verständlicher Aufbau
Bemerkungen von Zuhörern:	Beurteilung, Feedback, Verbesserungsvorschläge

Die verschiedenen Redephasen

Wir gliedern die Rede in vier Phasen – zusammen mit der
Phase, die der Rede vorausgeht, sind es insgesamt fünf:

**Schematische
Darstellung der
einzelnen
Redephasen**

Anrede

Zeit unmittelbar vor der Rede
Appellphase (Schluß)
Informationsphase (Hauptteil)
Kontaktphase (Einleitung)

Die Zeit unmittelbar vor der Rede

Die Zeit unmittelbar vor der Rede dient dem Redner dazu,
sich zu sammeln und letzte Publikumsbeurteilungen vorzunehmen.

Bei kleineren Teilnehmerzahlen ist es oft üblich, dass der
Redner die ankommenden Gäste persönlich mit Handdruck
begrüßt. So entsteht ein erster Kontakt, Sie haben die Chance,
Ihrem Publikum „in die Augen" zu sehen. Das liefert Ihnen
wichtige Informationen und entspannt die Atmosphäre.

Bereits der erste Kontakt, die erste Brücke, die wir zum Publikum schlagen, muss tragfähig sein. Daher ist der Einstieg einer Rede äußerst wichtig und darf wörtlich formuliert sein. Dass Äußerlichkeiten den ersten Eindruck prägen, sollte uns immer bewusst sein. Die einzelnen Schritte vor der Rede sollten folgendermaßen ablaufen:

- Sie sind rechtzeitig am Veranstaltungsort (das erspart Ihnen Stress und gibt Ihnen Zeit, letzte Vorbereitungen zu treffen).

- Sie selbst oder der Veranstalter überprüfen die Hilfsmittel (Stecker, Pulthöhe, Podest, Verdunklungsmöglichkeit, Getränkeservice, Saallüftung, Temperatur).

- Alkohol und Aufputschmittel hemmen die Aufmerksamkeit, man soll beides vor der Rede meiden.

- Kleidung und Frisur werden nochmals am Platz überprüft, das Manuskript wird eingesteckt.

- Sie treten ein (ohne Begleittross) und erfassen das Publikum mit einem Rundblick. Wenn Sie sich schon im Raum befinden (etwa weil vor Ihnen bereits ein anderer Vortrag gehalten wurde), stehen Sie langsam auf.

Vor der eigentlichen Rede gibt es noch einiges zu beachten

- Gehen Sie ruhig, gefasst, selbstsicher und bestimmt zum Rednerplatz. Achten Sie auf eventuell vorhandene Kabel am Boden. Gegebenenfalls klären Sie Ihre Stimme jetzt durch Räuspern oder Husten.

- Am Pult ordnen Sie ruhig die Unterlagen und legen das Manuskript bereit. Wenn nötig, schenken Sie sich Mineralwasser ein, legen die Uhr bereit und schalten anschließend die Lampe und dann das Mikrofon ein.

- Lösen Sie sich vom Pult (zurücktreten, Stand suchen, Hände senken).

- Nehmen Sie Blickkontakt mit den Zuschauern auf.

- Jetzt legen Sie eine Pause ein, bis Ruhe und Aufmerksamkeit gewonnen ist. So verschaffen Sie sich Respekt.

■ Sie beginnen mit einer klaren und sicheren Anrede (fangen Sie erst mit der Rede an, wenn Sie die Aufmerksamkeit gewonnen haben). Insbesondere zu Beginn sollten Sie sehr langsam sprechen und Pausen einsetzen.

Die Anrede (Beginn)

Mit dem Beginn der Rede schlagen wir zu den Zuhörern eine Brücke. Diese emotionale Kontaktaufnahme muss Ihnen mit den ersten paar Sätzen gelingen, denn innerhalb sehr kurzer Zeit bildet sich das Publikum ein Urteil über den Sprecher. Dieser erste Eindruck kann falsch sein – aber er bleibt an Ihnen kleben. Wir wissen von uns selbst, wie schwer wir uns auch schon nach kurzer Zeit damit tun, das einmal gewonnene Bild eines Menschen wieder zu revidieren und nicht alle neuen Aussagen zur Untermauerung des bereits vorhandenen (Vor-)Urteiles zu benützen. Viel eher ignorieren wir Faktoren, die das Bild von diesem Menschen ändern könnten. Wir haben daher keine zweite Chance, einen ersten Eindruck zu hinterlassen. Der Anfang muss sitzen und Redner und Redegegenstand dem Publikum nahe bringen (empfohlen wird daher, die ersten paar Sätze wörtlich auszuformulieren und zu memorieren). Zugleich darf die Anrede auf keinen Fall zu lang und damit langweilig werden. Sie verfolgen mit ihr ja nur das Ziel, Aufmerksamkeit und Zuhörerinteresse zu wecken.

Die Wahl der Anrede ergibt sich aus dem Anlass. Entscheidend sind zudem Ihr Redeziel sowie die übrigen Referenten. Wie wollen Sie Ihre Position abstecken? Zusätzlich beeinflusst der Zuhörerkreis die Anrede. Aus welchen Berufskategorien setzen sich die Zuhörerinnen und Zuhörer zusammen? Vor allem aber ergibt sich die Anrede aus Ihrem Verhältnis zu den Zuhörern. Der Vater wird anlässlich der Hochzeit seine Tochter anders anreden als der Pfarrer.

Der erste Eindruck ist entscheidend – ihn zu korrigieren schwer

Zu stereotype Formulierungen, vor allem in Verbindung mit aufdringlichen Äußerungen der Verehrung, Wertschätzung und Liebe, sind genauso zu vermeiden wie passive Formen („Lassen Sie mich Sie begrüßen" oder „Ich möchte Sie begrüßen" statt „Ich begrüße Sie"). Heutzutage sind auch ausgeschmückte Damenansprachen unangemessen.

Bei namentlicher Erwähnung einzelner Personen in der Anrede ist streng darauf zu achten, dass Sie niemanden vergessen. Das wäre ein peinliches Versäumnis! Vergewissern Sie sich auch, dass Sie die Namen korrekt aussprechen. Es ist für Sie wie für den Angesprochenen unangenehm, wenn Sie zwei- oder dreimal ansetzen müssen, bis Sie den Namen aussprechen können.

Für die Reihenfolge gilt: Damen vor Herren sowie ältere Menschen vor jüngeren Menschen und Gäste vor Einheimischen/Mitgliedern. Zudem ist der soziale Rang ein Kriterium. Höhergestellte werden vor tiefergestellten Personen erwähnt. Gewählte politische Persönlichkeiten werden immer vor Verwaltungsbeamten genannt, ebenso kirchliche Würdenträger vor weltlichen und erworbene Titel vor verliehenen Titeln. In der Regel wird als Titel der akademische Titel (Professoren- und Doktorentitel), die kirchliche Funktion (Bischof) beziehungsweise der militärische Grad (Oberst) oder die politische Funktion (Staatssekretär) genannt. Müssen sehr viele Personen genannt werden, wählt man die alphabetische Reihenfolge. Erkundigen Sie sich, wenn Sie bezüglich der Anredereihenfolge unsicher sind.

Reihenfolge bei der Anrede

Bei sehr großen Veranstaltungen offizieller und feierlicher Art gibt es häufig eine spezielle Begrüßungsrede zur Veranstaltungseröffnung, so dass es sich für die einzelnen Referenten erübrigt, die Teilnehmer separat zu begrüßen. Hier genügt für Sie somit eine kurze Anrede ohne eine spezielle Begrüßung.

Es gibt viele Möglichkeiten, ein Publikum zu begrüßen

Hier sind einige Beispiele möglicher einfacher Anreden:

- Meine Damen und Herren
- Meine sehr verehrten Damen, sehr geehrte Herren
- Meine Damen, meine Herren
- Meine Herren
- Herr (Professor, Dr., Regierungsrat) X, meine Damen und Herren
- Geehrte Versammlung
- Verehrtes Publikum
- Wertes Publikum
- Meine sehr verehrten Damen und Herren
- Liebe Sportfreunde, liebe Parteifreunde
- Liebe Mitarbeiterinnen und Mitarbeiter
- Meine Damen und Herren, liebe neue Mitarbeiterinnen und Mitarbeiter
- Meine Damen und Herren, grüezi mitenand
- Herr Präsident, hochverehrte Herren!
- Guten Abend, meine Damen und Herren
- Liebe junge Freunde
- Geschätzte Mitarbeiterinnen und Mitarbeiter
- Liebe Bäuerinnen und Bauern

Eine förmliche Anrede ist besser als eine zu vertrauliche

Wählen Sie im Zweifelsfall von zwei Alternativen lieber die förmlichere als die vertraulichere Anrede. Die Distanz zum Publikum können Sie dann während der Rede verkleinern, anstatt sich gleich zu Beginn anbiedern zu wollen.

Die Kontaktphase (Einleitung)

Der Anrede muss eine positiv stimulierende Einleitung folgen. Erst wenn ein angenehmes Klima herrscht, das Publikum in Bann gezogen ist, dürfen Sie mit Überzeugungsversuchen beginnen. Bevor Sie nicht das Wohlwollen Ihrer Zuhörer erworben haben, nützen alle Appelle nichts.

Geeignete Einleitungen beinhalten:
- Grundgedanke, Leitlinie
- rhetorische Frage
- Ausblick auf den Inhalt
- Zielsetzung und Orientierung (speziell wenn es sich um eine reine Informationsvermittlung handelt)
- Behauptung, These, Vergleich, Faktum, aktuelles Ereignis, beeindruckender statistischer Wert, Erlebnis, Vorfall
- Grund der Zusammenkunft
- Kompliment (wenn echt und angebracht; ein indirektes Lob wirkt meistens stärker)
- Erkenntnis zum Thema, eventuell Begriffsdefinition
- Zitat, Sprichwort, Gedicht
- eventuell Demonstration, audiovisuelles Hilfsmittel

Eher einen Verlegenheitsbeginn stellt der Dank für die Einladung und Worterteilung dar. Halten Sie sich dabei in jedem Fall kurz. Am besten ist diese Danksagung bei der Anrede oder der Begrüßung angebracht.

Verlegenheitsbeginn

Beginnen Sie Ihre Rede nicht mit Floskeln, die nicht mehr als warme Luft sind. Auch Entschuldigungen sind fehl am Platz – oder glauben Sie, das Publikum sei nachsichtiger in der Beurteilung, wenn Sie mit „Ich hatte nur wenig Zeit zur Vorbereitung" oder „Mir standen nur sehr wenige Unterlagen zur Verfügung" beginnen?

Ebenso sind Unterordnungen unter die Vorredner oder die nachfolgenden Referenten fehl am Platz. Dieses persönliche Kleinmachen ist allerdings nicht auszurotten. Wie oft hört man Einleitungen wie „Ich bin zwar kein Fachmann auf diesem Gebiet, ...". Warum das? Zu Recht müsste sich jedermann fragen, warum Sie bei so viel Selbsterkenntnis überhaupt sprechen. Sie aber haben sich doch vorbereitet und sprechen zu einem Thema, das Sie beherrschen! Wenn eine

Rede langweilig ist, ist in erster Linie der Referent dafür verantwortlich – und nicht das Thema! Gegen mangelnde Vorbereitung und rhetorische Aufbereitung hätten Sie jedoch etwas unternehmen können. Es liegt somit an Ihnen, ob Sie gut oder eben weniger gut sind.

Fassen Sie Ihre Einleitung kurz – bloß kein langschweifiges Geschwafel Nicht enden wollende Einleitungen, die zudem eine übertriebene verbale Freude ausdrücken, die sonst überhaupt nicht zu spüren ist, verzeihen Ihnen die Zuhörerinnen und Zuhörer nur schwerlich. Ironischerweise beginnen diese Einführungen manchmal noch mit „Ich will nur kurz ...".

Sind solche endlosen Einleitungen darüber hinaus mit unnötigen Wiederholungen gespickt à la „So wie mein Vorredner will auch ich ...", braucht man sich nicht zu wundern, wenn die Zuhörerinnen und Zuhörer geistig abschweifen.

Allgemeinplätze, Witze und Zitate, die nun wirklich alle kennen, sind ebenso wie ironische Aussagen unzweckmäßig. Vor allem in der Einleitung, in der Sie den ersten Kontakt zum Publikum schaffen und die Brücke zum Thema schlagen, haben solche Dinge keinen Platz.

Seien Sie einfach Mensch – natürlich und echt. Sie dürfen sich freuen, Sie dürfen danken – aber beides bitte nicht stundenlang.

Die Informationsphase (Hauptteil)

Jetzt informieren, begründen und beweisen Sie. Als Rednerin oder Redner sollen Sie in erster Linie Sicherheit und Ruhe ausstrahlen. Im Vortrag wird in diesem Teil primär die Sachebene betont.

Argumente und Fakten, interessant und spannend dargeboten, kennzeichnen den Hauptteil Je klarer Sie Ihren Hauptteil gliedern, je besser der logische Aufbau ist, desto schneller kommen Sie zum Ziel. Halten Sie sich Ihr Redeziel dauernd vor Augen, so bleiben Sie sachlich und zielstrebig. Der Hauptteil zeichnet sich durch eine kontinuierlich wachsende Spannung aus. Das reißt die Zuhörer

mit und Ihr Vortrag gewinnt so beständig an Überzeugungskraft.

„Eine gute Rede besteht aus einem interessanten Anfang und
einem wirkungsvollen Schluss – der Abstand zwischen diesen beiden soll möglichst gering gehalten werden." Dieser
Ratschlag stammt von Winston Churchill.

Der mittlere Teil der Rede dauert in der Regel allerhöchstens
zwei Stunden. Idealer sind kürzere Vorträge von maximal
einer halben Stunde. Nach Möglichkeit sollte man längere
Vorträge durch Pausen unterbrechen. Abwechslung bringen
auch mehrere Sprecherinnen und Sprecher für das Publikum.

Die Appellphase (Schluss)

Bei der Zuhörerin und dem Zuhörer bleibt inhaltlich der
Redeschluss hängen (vom emotionalen, allgemeinen Eindruck her ist es der Anfang). Er muss daher, besonders wenn
er einen konkreten Auftrag, eine Handlungsaufforderung
beinhaltet, noch sorgfältiger formuliert sein als der Beginn.

Ein starker Abgang, ein gelungenes Finale, kann eine schwache Rede zumindest teilweise kompensieren. Ein lauer
Schluss jedoch verdirbt die beste Rede!

Heben Sie die „beste Nummer", das wirksamste Argument
für den Schluss auf. Dadurch können Sie die Spannung bis
zum Abschluss steigern und auf dem Höhepunkt aufhören.
Ihre Schlusssätze müssen daher sitzen. **Die Schlusssätze müssen
sitzen**

Unnötige Verlängerungen, weil die redende Person den
Schluss nicht vorbereitet hat und daher nicht findet, sind
skandalös. Schluss ist auf dem Höhepunkt und nicht, wenn
Redner und Zuhörer am Ende sind (die Letzteren vor allem
mit ihrer Geduld). Der Schluss ist die Verdichtung alles
bisher Gesagten, er bringt die dargelegten Gedanken auf den
Punkt. Danach überlassen Sie die Zuhörerinnen und Zuhörer
wieder sich selbst.

Merkmale eines guten Abschlusses:
- fordert zum Handeln auf, appelliert an die Zuhörer
- fasst zusammen
- ist prägnant formuliert (Schlagwort, Tipp)
- zeigt die Folgen auf
- löst die aufgebaute Spannung durch eine humorvolle Wendung
- zeigt Zukunftsaussichten

Bei Bedarf können Sie zum Abschluss Ihres Vortrages zum nächsten Programmpunkt überleiten, sei dies das anschließende Mittagessen, die Fabrikführung oder der nächste Referent.

Dank-sagungen am Schluss sollte man kurz fassen

Danksagungen für die Aufmerksamkeit und das Ausharren sind eher Verlegenheitsschlüsse, die nur in Notfällen gebraucht werden sollten. Wählen Sie für einen solchen Schluss kurze Sätze wie: „Besten Dank, meine Damen und Herren, für Ihre Aufmerksamkeit", oder: „Ich wünsche Ihrer Tagung noch einen weiteren guten Verlauf".

Wer den Abschluss ankündigen muss, gar noch mit „Fertig." oder „Ich bin am Ende!" (physisch?) mitteilt, handelt ungeschickt. Der Schluss muss sich ergeben – und es muss für jedermann logisch sein, dass eben hier auf dem Höhepunkt die Rede fertig ist. Zerreden Sie diesen Schluss unter keinen Umständen. Der Schriftsteller und hervorragende Redner Mark Twain berichtete einst: „Ein Missionar, der eine prachtvolle Stimme hatte, predigte. Mit ergreifenden schlichten Worten erzählte er von den Leiden der Neger. Ich war so gerührt, dass ich statt der 50 Cent, die ich zu opfern gedachte, die Spende verdoppeln wollte. Die Schilderungen des Missionars wurden immer eindringlicher, und ich nahm mir vor, meine Gabe weiter zu steigern: auf zwei, drei, fünf Dollar. Schließlich war ich dem Weinen nah. Ich fand, alles

Geld, das ich bei mir trug, reiche nicht, und ich tastete nach meinem Scheckbuch ... Der Missionar aber redete und redete, und die Sache wurde mir allmählich langweilig. Ich ließ die Idee mit dem Scheckbuch fallen und ging auf fünf Dollar herunter. Der Missionar redete weiter. Ich dachte: Ein Dollar genügt! Der Missionar fand immer noch kein Ende ... Als er endlich fertig war, legte ich zehn Cents auf den Teller."

Wie in der Einleitung sollten Sie Ihre Aussagen nicht in Entschuldigungen erschöpfen. Entschuldigungen für die überzogene Redezeit, die vielleicht langweilige und inkompetente Rede sind überflüssig – überlassen Sie das Urteilen getrost den Zuhörerinnen und Zuhörern.

Auch beim Abschluss gibt es wie bei der Einleitung Spezialisten, die zwar immer beteuern, dass Sie jetzt zum Schluss kämen, trotzdem aber immer noch eine halbe Stunde weitersprechen.

Man muss wissen, wann man alles gesagt hat – und dann auch aufhören

Wer auch zum Schluss nur wiederholt, was bereits während des Hauptteils mehrfach gedreht und gewendet wurde, strapaziert die Nerven der Zuhörenden übermäßig.

Ermahnendes, übertriebenes Moralisieren mag kaum jemand gerne hören. Drohen Sie nicht, zeigen Sie besser Vorteile des erwünschten Verhaltens oder Denkens auf.

Ist der letzte Satz auch stimmlich so moduliert, dass er auch aufgrund des Tonfalles als Schlusssatz erkennbar ist?

Eine Zugabe ist, im Gegensatz zur Musik, bei Rednern unüblich und auch nicht angebracht. Hören Sie auf, wenn es am schönsten ist!

Vergessen Sie nicht, nach der letzten Aussage kurz stehen zu bleiben. Erfassen Sie Ihr Publikum nochmals mit einem Rundblick. Der Applaus gehört Ihnen! Treten Sie erst jetzt vom Podium weg.

Die Argumente

Der Aufbau der Argumentation in einer Rede verdient besondere Beachtung. Wie geht man vor? Welche Reihenfolge ist sinnvoll? Die Grundregeln der Argumentation sollen hier **Vom Aufbau** kurz umrissen werden: In einer Rede sollten nie mehr als **der Argumenta-** maximal sieben Argumente behandelt werden. Innerhalb **tion hängt es** eines Arguments sollten wiederum nicht mehr als drei Teil- **ab, ob Sie** aspekte behandelt werden. Man beginnt eine Argumenta- **überzeugen** tion mit einem starken Argument, dem wahrscheinlich **können** leicht zugestimmt werden kann. Dann erst geht man auf weitere Argumente ein. Das stärkste Argument sollte nie zu Beginn kommen, sondern am Ende der Rede stehen. Auf diese Weise entsteht ein wirkungssteigender Aufbau der Argumente (siehe schematische Darstellung auf Seite 159). Jedes Argument sollte für sich abgeschlossen vorgetragen werden und durch eine kurze Pause vom nachfolgenden abgehoben werden. Bekannte Tatsachen sollten vor neuen Erkenntnissen genannt werden. Versuchen Sie nicht, Ihre Zuhörer mit Argumenten totzuschlagen, sondern nennen Sie nur das, was wirklich überzeugend ist. Auch hier ist weniger oft mehr.

Starke Argumente werden vor schwächeren genannt; umgekehrt verfährt man mit Gegenargumenten: Hier geht man zunächst auf die schwächsten, am leichtesten zu widerlegenden Punkte ein. Die Gegenargumente gehören in die Mitte der Rede und sind jeweils – Punkt für Punkt – sofort zu widerlegen. Je skeptischer Ihr Publikum ist, desto mehr Gegenargumente oder neutrale Faktoren müssen Sie erwähnen (bis etwa 25 Prozent der Dauer). Gegenargumente sollte man nicht bekämpfen (mit „Das ist totaler Unsinn"), sondern widerlegen und damit überwinden. Mögliche Einwände sollten vorweggenommen werden.

Bedenken Sie: Argumentieren heißt bestehende Wertstrukturen oder Vorurteile aufbrechen. Und wer sieht schon gerne das eigene Weltbild oder die eigenen Überzeugungen in Frage gestellt? Was als Argument gilt und angenommen wird, darüber entscheidet allein der Zuhörer. Sie aber werden am schwächsten Argument gemessen.

Halten Sie immer noch einzelne Argumente in Reserve, um bei Fragen oder in einer sich eventuell anschließenden Diskussion noch überzeugend weiter wirken zu können.

Ein sinnvoller Argumentationsaufbau würde grafisch folgendermaßen aussehen:

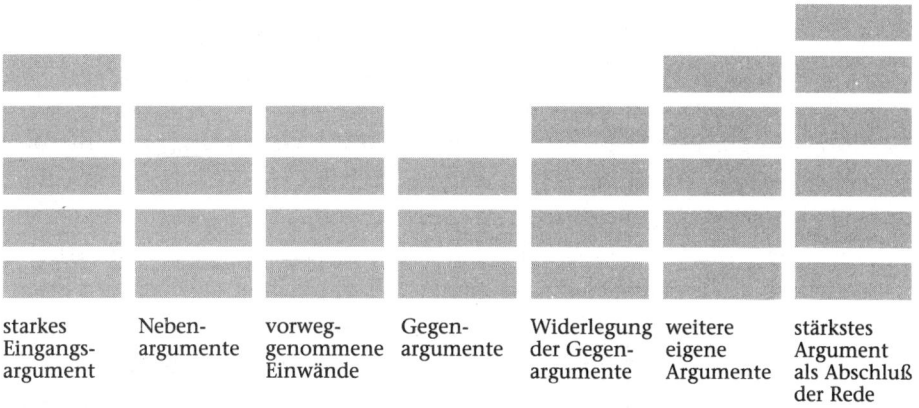

| starkes Eingangs- argument | Neben- argumente | vorweg- genommene Einwände | Gegen- argumente | Widerlegung der Gegen- argumente | weitere eigene Argumente | stärkstes Argument als Abschluß der Rede |

Ungeeignete Reihenfolgen in der Argumentation zeigen die Varianten auf der folgenden Seite.

Sprechen mehrere Referenten zu einem Thema, ist der letzte Redner in der Regel insofern im Vorteil, als das grundsätzlich beschränkte Erinnerungs- und Aufnahmevermögen der Teilnehmerinnen und Teilnehmer für ein nachhaltiges Hängenbleiben des zuletzt Gesagten sorgt, während das Vorangegangene verblasst. Andererseits kann das Thema nicht nach dem eigenen Wunsch dargestellt werden, sondern muss

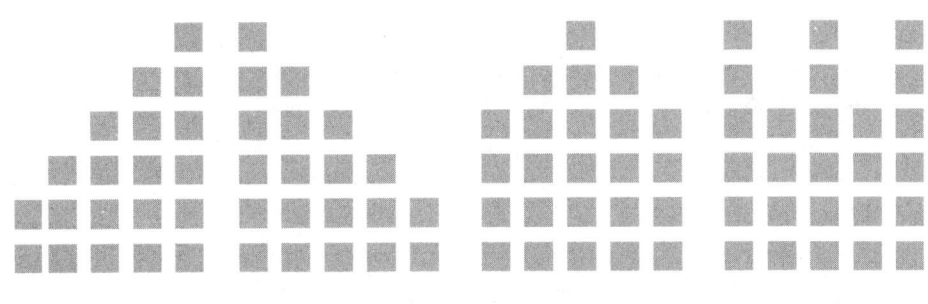

Variante 1   Variante 2   Variante 3   Variante 4

vorangegangene Vorträge in Rechnung ziehen. Wer zu Beginn spricht, kann den Verlauf der Veranstaltung besser prägen und bereits einige Pflöcke einschlagen.

Bei keinem Argumentationsaufbau darf man vergessen, dass Überzeugen nicht nur über den Verstand, sondern vor allem **Über Gefühle** über das Gefühl geht. Ängste formulieren, Gemeinplätze **kann man ein** servieren, Fehler anderer benennen oder die Gegner der **Publikum leicht** Zuhörerinnen und Zuhörer angreifen – kurz: nach dem **manipulieren** Schnabel des Publikums sprechen und dessen Vorurteile bestärken – bringt einem Redner leichten und sicheren Erfolg. Die Frage, wie weit ein solches Vorgehen allerdings ethisch verantwortbar ist, muss sich jeder selbst beantworten. Vielerorts wird behauptet, dass die Argumentationstechnik als solche wertfrei sei. Sie wird beispielsweise mit dem Messer verglichen, das in der Hand des Chirurgen segensreiche und in der des Mörders fatale Wirkungen hat. Dieser Vergleich ist unzutreffend. Alles ist eine Frage der Ethik – wer das Gegenteil behauptet, versucht zu manipulieren.

Bestärker in der Argumentation sind:

- den Vorteil für den Zuhörer hervorheben,
- sich auf Autoritäten und Bewährtes berufen,
- das Gegenteil als gefährlich kennzeichnen,
- genügend Zeit zur Verarbeitung lassen,

- scheinbare Alternativen widerlegen,
- das Gegenteil als unrealistisch, zu teuer, nur mit gewaltigem Aufwand und Risiko realisierbar oder in der Praxis nicht bewährt hinstellen,
- Voraussetzungen als leicht und günstig darstellen,
- sprechen, als ob der Zustand bereits eingetreten wäre (als Zuhörerin und Zuhörer achten Sie auf solche Killerphrasen, die ein Gespräch mit dem Ziel der Wahrheitsfindung verunmöglichen),
- die bisherigen Denk- und Verhaltensmustern verstärken,
- sich an bestehenden Auffassungen oder Werten orientieren (einflussreiche Personen sind der gleichen Ansicht),
- ein akzeptabler Ton beim Vorbringen,
- sich nicht provozieren lassen,
- die Argumente sind kurz und prägnant (weitererzählbar),
- die gegenteilige Ansicht wäre nicht ethisch oder sinnvoll,
- das Gegenteil vertreten Gegner der Zuhörerschaft.

Zum Schluss seien noch folgende Hinweise genannt: Bringen Sie nie all Ihr Wissen, sondern nur so viel Wissen, wie zur Überzeugung notwendig ist. Überprüfen Sie im Nachhinein Ihre Argumentation. Daraus können Sie für künftige Reden neue Schlüsse ziehen. Denken Sie an die Binsenweisheit, dass jeder zuerst sich selbst überzeugen muss, bevor er andere überzeugen kann.

Man muss nicht immer all sein Wissen präsentieren

Beurteilung der Einzelrede

Die sechs wichtigsten Beurteilungskriterien
Aufgrund der folgenden Aspekte können Sie Ihre eigene oder eine fremde Rede nach verschiedensten Gesichtspunkten beurteilen. Wenn Sie sich selbst eine Checkliste erstellen,

können Sie mit Noten oder + und – eine Ausprägung feststellen – und im Verlauf der Zeit deren Veränderung ablesen. Aufgrund Ihrer Liste können Sie anderen Rednern wiederum Feedback geben, oder Sie bekommen solche Rückmeldungen von Bekannten.

Grundsätzlich werden folgende sechs Aspekte der Rede- und Sprechtechnik unterschieden:

Nach diesen Punkten lassen sich Reden beurteilen

1. Erster Eindruck und Abschluss
2. Inhalt
3. Aufbau, Gliederung, Sprache
4. Äußeres, Auftreten, Nonverbales
5. Kommunikationsgesichtspunkt (Interaktion, psychologischer Aufbau, Gesamtwirkung)
6. Hilfsmitteleinsatz

Jeder dieser sechs Punkte kann weiter ausgeführt werden. Die nachfolgende Auflistung soll Ihnen Anregungen geben – sie ist jedoch keinesfalls abschließend und kann nach Bedarf ergänzt werden.

1) Erster Eindruck und Abschluss

- Allgemeine Wirkung?
- Guter, griffiger Beginn?
- Koordinierte Einheit zwischen Redner, Inhalt und Vortrag?
- Auftreten, Haltung, Gesten?
- Blickkontakt vorhanden, ausgewogen?
- Sprache (akustisch verständlich)?
- Treffender, optimaler Schluss?
- Handlungsaufforderung?

2) Inhalt

- Aussagekraft?
- Verständlichkeit, Ausdruck?

- Klarheit der Gedanken?
- Wiederholungen?
- Überflüssige Bemerkungen, Sätze?
- Nebensächlichkeiten?
- Vorbereitet?
- Sachkenntnis?
- Ziel?

3) Aufbau, Gliederung, Sprache

a) Einleitung, Hauptteil, Schluss

- Folgerichtige Gliederung?
- Starker Beginn?
- Engagierter Hauptteil?
- Zielgerechter, merkbarer und weitererzählbarer Schluss?
- Motivierende Handlungsaufforderung
- Fragen zu Aufbau, Gliederung, Sprache

b) Wortwahl

- Angemessene, ausgewogene Wortwahl?
- Modewörter?
- Sind Fachwörter bekannt?
- Fremdwörter?
- Abkürzungen bekannt?
- Verwendung kurzer Wörter?
- Keine mehrdeutigen Wörter?

Fragen zu Aufbau, Gliederung, Sprache

c) Satzbau/Stil

- Die Sprache soll verständlich, anschaulich und dem Zuhörerniveau angepasst sein (siehe Kapitel „Die Sprache"). Faustregel 1 Satz = 1 Gedanke eingehalten?
- Kurze Sätze?
- Wenig Nebensätze?
- Verschachtelung?
- Einfache, aber präzise Sprache?
- Grammatikalisch richtig?

- Aktiv statt passiv?
- Verben statt Substantive?
- Einfache statt zusammengesetzte Tätigkeitswörter?
- Wenige statt viele Mittelwörter?
- Konkret und bildhaft statt abstrakt?

d) Sprachliche Marotten

- Verwendung von Füllwörtern (äh, und, ich würde sagen, ja, usw., nämlich, nicht wahr)?
- Verwendung von Abschwächungen (abschwächende, einschränkende, vage und unnötige Wörter oder Satzteile)?

e) Rhetorische Fragen

- Kommen rhetorische Fragen zum Einsatz (wie beispielsweise: „Betrifft uns diese Frage nicht alle sehr direkt?", statt: „Machen Sie sich einmal Gedanken darüber.")?

f) WIR-Form

- Überzeugende Anwendung der WIR-Form?
- Ist die WIR-Form konsequent?

g) Persönliche Betroffenheit/Nutzenargumentation

- Wird Anteilnahme geweckt?
- Ist der Nutzen für den Zuhörer erkennbar?

h) Handlung im Ausdruck

- Lässt der Redner die Situationen lebendig werden?
- Benutzt der Sprecher direkte Rede?
- Knüpft er an Bekanntes und Vertrautes an?
- Wird positiv formuliert?
- Werden Zynismus und Ironie vermieden?
- Erfolgt eine persönliche Ansprache an das Publikum?

i) Einheit des Ausdrucks

- Glaubwürdig?
- Ehrlich?
- Anwendung der gesprochenen Sprache?

- Einklang zwischen Gesagtem und nonverbalem Ausdruck?

4) Äußeres, Auftreten, Nonverbales
- Kleidung der Situation angebracht?
- Haare?
- Schmuck, nicht zu überladen?
- Körperhaltung der Person und Situation entsprechend?
- Gestik angemessen?
- Gebärden angebracht?
- Mimik?
- Blickkontakt vorhanden?
- Auftritt/Abgang?

5) Kommunikationsgesichtspunkt
a) Kontakt zu den Zuhörern
   (gemäß stillschweigenden Konventionen)
- Schweigen zu Beginn und nach Abschluss der Rede?
- Wird Blickkontakt gehalten?
- Bleibt der Redner ruhig?
- Lässt er sich provozieren?
- Optimale Handhabung der Stichwortkarten?
- Audiovisuelle Hilfsmittel sinnvoll verwendet?
- Habitus, Bewegung, Gestik, Mimik, Haltung beachtet?

b) Gesamteindruck
- Welche Gesamtwirkung haben die Rede und der Redner bei Ihnen hinterlassen?

Fragen zur Körpersprache

6) Hilfsmitteleinsatz
- Genügend Hilfsmittel?
- Einsatz?
- Anwendung?
- Emotionaler Ausdruck (Feuer, Überzeugung, Ehrlichkeit)?

Untersuchungen im pädagogischen Bereich haben eine enge Verbindung zwischen dem Lernerfolg von Schülern und dem Verhalten des Lehrers hervorgebracht. Gilt dies nicht auch für jeden Sprecher? Hat sein Verhalten nicht auch großen Einfluss auf den Redeerfolg?

Was schätzen die Zuhörer nicht?

Das Publikum vermittelt dem Redner, wie er wirkt Wenn ein Referent von seinem Publikum nicht akzeptiert wird, so kann er dies in den vielen, teils sehr kleinen Zeichen der Körpersprache erkennen. Was sind nun aber die häufigsten Ursachen für Redeflops? Die nachfolgend aufgeführten Stichwörter zeigen Ihnen mögliche Fehlerquellen. Die meisten von diesen Fehlern können jedoch über eine sorgfältige und seriöse Vorbereitung ausgeschaltet werden.

Häufige Fehler beim Halten einer Rede:

- Referent will das Publikum besiegen; Zuhörerin oder Zuhörer verlieren das Gesicht, werden belehrt oder für dumm verkauft
- Rechthaberei, Druck, Drohung, Machtausübung
- unfreundliches oder arrogantes Verhalten, Taktlosigkeit
- Publikum wird gelangweilt
- zerstören von Werturteilen, ohne brauchbare Alternativen zu liefern (verunsichert die Zuhörer und führt damit zur Ablehnung des Redners)
- Referent nimmt die Zuhörerinnen und Zuhörer nicht ernst oder unwichtig
- setzt sich für sich anstatt für die Zuhörerinnen und Zuhörer ein
- spricht nur von sich (egozentrisch)
- lässt erkennen, dass er Zuhörerinnen und Zuhörer für dumm hält
- steht nicht zu früheren Aussagen (zum Wort stehen) oder zur Wahrheit

■ dauernde Entschuldigungen und persönliches Kleinmachen

Bedenken Sie auch, absolute Perfektion wird in der Regel gar
nicht geschätzt. Man will den Menschen sehen und hören –
bleiben Sie daher nicht absolut unnahbar. Passendes, natürliches Verhalten wirkt in der Regel sympathisch.

**Natürlichkeit
kommt immer
gut an**

Seien Sie großzügig. Kleinlichkeit, Pedanterie oder Haarspal-
terei wird von niemandem geschätzt. Langweilen Sie Ihr
Publikum mit Banalitäten oder endlosen Wiederholungen,
so wird Ihnen dies sicherlich nicht leicht verziehen.

Mit korrekten, vollständigen und in genügend Exemplaren
vorhandenen Teilnehmerunterlagen verschaffen Sie sich einen guten Eindruck vom Umfeld her. Das Umfeld stimmt.
Sind auch die weiteren äußeren Faktoren in Ordnung, so ist
Ihr Start optimal.

Rede und Gegenrede – das Gespräch

Ein Gespräch entsteht, wenn zwei oder mehrere Personen miteinander reden – wechselseitig als Sprecher oder Zuhörer. Diese Dialogsituation umfasst damit alle Arten von Wechselreden, die zwei oder mehrere Partner miteinander oder gegeneinander führen.

Das Gespräch als Wechselrede

Dialogsituationen

Die Dialogsituationen lassen sich, je nach Einteilungsgesichtspunkt, verschieden gruppieren. Für die Gesprächsarten gibt es dabei über 50 Bezeichnungen in der deutschen Sprache. Von Absprache, Anerkennungsgespräch, Auseinandersetzung, Aussprache über Bewerbungsgespräch, Disput, Flirt, Kaffeekränzchen bis hin zu Rapport, Therapiegespräch und Wortgefecht.

Die häufigsten Gesprächsformen und ihre Besonderheiten:

Gesprächsform	Typisch für diese Gesprächsform
Anerkennungs-gespräch	Es geht um die beteiligte Person oder die Personen.
Debatte	Es geht um Sieg oder Niederlage. (Strenge Regeln; ein unparteiischer Leiter ist erforderlich; Sonderform

	Disputation: Fachleute besprechen Meinungsverschiedenheiten in Fachfragen).
Hearing	Ein oder mehrere Sachverständige beantworten einem Gremium Fragen zu einem Spezialthema.
Informationsgespräch	Lehrgespräch, Interview, Hearing, Vorstellungsgespräch (Informationen über die Stelle, Firma, Vertragsverhandlungen; Ziel: Bild des Bewerbers vervollständigen), Pressekonferenz, Arbeitsgespräch.
Interview	Es geht um die Person, die befragt wird, und deren Meinungen.
Konferenz	Geplantes und geleitetes Gespräch, um auf der Grundlage gemeinsamer Wertmaßstäbe Beschlüsse zu fassen.
Konfliktgespräch	Aussprache, kritisches Gespräch über ein Thema oder eine Person.
Kritikgespräch	Es geht um Verhaltensänderung und Verhaltensanpassung.
Lehrgespräch	Es geht um den Transfer von Wissen (Informations-, Ausbildungs-, Instruktionsgespräch, Unterrichtsgespräch).
Sitzung/Besprechung, Diskussion, Podiumsgespräch	Es geht um einen bestimmten Sachverhalt, zu dem unterschiedliche Meinungen gehört werden.
Streitgespräch	Es geht um das Verdeutlichen unterschiedlicher Standpunkte (gleichberechtigte Gesprächsteilnehmer, gegebenenfalls mit Gesprächsleiter).

Überzeugungs-gespräch	Der Gesprächspartner soll von der Thematik überzeugt werden.
Verhandlung	Es geht um verschiedene Ziele und neue Vereinbarungen. Geplantes und geleitetes Gespräch, um auf einer gemeinsamen Grundlage Beschlüsse zu fassen.
Verkaufsgespräch	Es geht um einen Verkaufsabschluss.

Sowohl bei der Vorbereitung als auch im Gespräch selber gelten die gleichen Regeln wie in der Einzelrede. Einige Besonderheiten sind allerdings typisch, die nachfolgend detailliert beleuchtet werden.

Für jedes Gespräch wichtig: Merken Sie sich Namen!

Wer jemand mit seinem Namen anspricht, bekundet Interesse

Ich möchte nachfolgend auf das Merken von Familiennamen eingehen. Dies ist in unserer Gesellschaft von eminenter Bedeutung, wenn Sie sich auf dem gesellschaftlichen Parkett bewegen wollen. Denn die Ansprache mit unserem – richtigen – Namen zeigt uns, dass unser Gesprächspartner an uns Interesse zeigt und uns als Person wahrnimmt. Wie verbessern Sie Ihre Merkfähigkeit? Folgendes ist dienlich:

- Konzentrieren Sie sich, wenn der Name genannt wird. Sehen Sie zu, dass Sie ihn akustisch gut verstehen, und fragen Sie nach, wenn das nicht der Fall ist. Sehen Sie sich Ihr Gegenüber gut an. Prägen Sie sich sein Gesicht und seine Gesamterscheinung ein. Beachten Sie, wie er sich kleidet und bewegt. Zeigen Sie Interesse an seiner Person. Schreiben Sie sich, wenn nötig, den Namen (die Namen) auf. Durch das Schreiben wiederholen Sie ihn und verfügen auch anschließend über einen Spickzettel. Gerade bei Seminaren können Sie Namen während der Vorstellungsrunde in der Reihenfolge der Sitzordnung mitschreiben.

■ Wiederholen Sie, vor allem zu Beginn des Gespräches, den Namen Ihres Partners öfter. Das lässt den Namen vertrauter werden, da Sie ihn immer wieder hören und nennen.

■ Wiederholen Sie am Abend die an diesem Tag neu gelernten Namen, indem Sie Namen und Gesicht/Gesamterscheinung nochmals Revue passieren lassen. Wiederholen Sie dies so oft, bis Sie alle neu gelernten Namen zweifelsfrei den Personen zuordnen können. Am nächsten Morgen sind dann nochmals alle Namen in Erinnerung zu rufen.

■ Oft wird als Merkhilfe vorgeschlagen, sich Eselsbrücken zu bauen. Zum Beispiel sich Herrn Vogel als bunten Paradiesvogel vorzustellen und Frau Müller als Ehefrau des Müllers, der Korn mahlt. Das geht aber wohl nur bei wenigen Namen, denn zahlreiche einheimische und gerade fremdländische Namen lassen sich nicht mit einem Bild verbinden. Oder wie würden Sie „Di Noto", „Mani", „Keates" oder „Sajtschik" umsetzen?

Das Verkaufs- und Verhandlungsgespräch

Verkaufsgespräch

Das klassische Verkaufsgespräch wird zwischen zwei Personen geführt: dem Verkäufer und dem Kunden. Der Verkäufer stellt ein Produkt oder eine Dienstleistung vor, die er verkaufen möchte. Der Kunde sieht sich das Offerierte an und prüft, ob er es käuflich erwerben will.

Vom Verkaufsgespräch hängt oft die Entscheidung des Kunden ab

Da es bei dieser Gesprächsart um Geld geht, werden unzählige Bücher und Seminare ausschließlich zu diesem Thema angeboten. Diese Angebote sollten Sie wahrnehmen, denn sie vertiefen damit das nachstehend Gesagte ganz wesentlich. Gerade wenn Sie im Verkauf (von Produkten oder

Ideen!) tätig sind, ist Weiterbildung in diesem Bereich sehr nützlich.

Generell gilt, dass der Verkäufer sich ein klares Ziel für das aktuelle Gespräch setzen muss. So wird dies für einen Autohändler sein: Verkauf eines neuen Autos. Ein Etappenziel wäre jedoch: Der Interessent macht eine Probefahrt mit dem neuen Wagen X.

Das Verkaufsgespräch zerfällt in verschiedene Phasen. In der Praxis kann oft eine Fünfteilung beobachtet werden:

- Kontakt schaffen
- Ermittlung der Kundenbedürfnisse (Bedarfsanalyse)
- Angebot offerieren (Demonstration, Präsentation, Diskussion, Leitidee, Information)
- Nutzenargumentation, Einwandsbehandlung, Preisnennung
- Verkaufsabschluss (Zusammenfassung, Auftrag, nächsten Kontakt vereinbaren, positive Verstärkung des Kaufes)

Sorgfältige Kundenanalyse Analog zu einem Redner sollte sich der Verkäufer zur Einstimmung verschiedene Fragen stellen. Je besser Sie Ihre Kunden kennen, über je mehr Informationen Sie verfügen, desto gezielter können Sie Ihre Gespräche führen. Verhandlungspartner und Entscheidungsträger müssen auch nicht unbedingt die gleiche Person sein. Entscheidungsträger ist vielleicht ein Gremium – beispielsweise ein Vereinsvorstand. Wer den Partner kennt, kann seine Bedürfnisse bereits im Vorfeld genauer eruieren. Genau wie der Redner versucht, sein Publikum schon bei der Vorbereitung einzuschätzen und dessen wahrscheinliche Zusammensetzung zu berücksichtigen, könnte dies auch bei Kunden gemacht werden. Ist Ihr Kunde redselig, freundlich, zufrieden, entschlossen, tolerant, selbstsicher, rational und Vertrauen erweckend, oder verkörpert er genau die gegenteiligen Eigenschaften? Anstelle der Zuhöreranalyse ist eine Kundenanalyse zu erstellen.

Aufgrund der Ergebnisse der Kundenanalyse entscheiden Sie, auf welche Art Sie mit ihm Kontakt aufnehmen oder den bereits bestimmten Kontakt vertiefen (Brief, Telefon, persönlicher Besuch, Messebesuch)? Auch ist es nicht gleichgültig, ob das Gespräch bei Ihnen oder beim Kunden oder an einem neutralen dritten Ort stattfinden wird.

Zudem sollten Sie sich auf mögliche Fragen und Einwände vorbereiten. In welchen Punkten ist Ihr Produkt besser als das Konkurrenzprodukt? Mit welchen Unterlagen, Demonstrationen oder Untersuchungen kann ich dies belegen? Wie lasse ich es den Kunden erleben?

Fragen werden kommen und sollten Sie nicht unvorbereitet treffen

Überlegen Sie, wie hoch der Aufwand an Zeit, Finanzen und Personen sein darf, damit es für Sie und Ihre Firma noch immer ein Geschäft bleibt?

Gerade das Verkaufsgespräch bedarf nicht nur einer inhaltlichen, sondern vor allem auch einer taktischen Vorbereitung.

Der Kunde will einen Nutzen. Lassen Sie ihn diesen Nutzen erkennen und spüren. Formulierungen wie „Das steigert Ihr ...", „Damit gewinnen Sie ..." oder „Damit haben Sie ..." erleichtern dies. Denn diese Satzanfänge rücken die Wünsche des Kunden ins Zentrum. Der Sie-Standpunkt steht also im Mittelpunkt. Bringen Sie dem Kunden daher Interesse und Einfühlungsvermögen entgegen. Seien Sie ein guter Zuhörer, wenn es um die Bedürfnisanalyse geht.

Wirken Sie eher als Taube (Entspannung bei Konflikten) denn als Falke (Anheizer bei Konflikten), und vermeiden Sie Killerphrasen (Aussagen, welche die Diskussion sofort beenden). So spielt es eben eine Rolle, ob Sie sagen: „Okay, es gibt Schwierigkeiten. Packen wir die Sache gemeinsam an. Ich glaube auch, dass wir uns in der grundsätzlichen Zielrichtung einig sind", oder ob Sie sagen: „Das sind echte Probleme. Auch sind wir in einigen wichtigen Fragen unterschied-

Die Wortwahl ist auch im Verkaufsgespräch von großer Bedeutung

licher Meinung. Darüber haben wir schon 100-mal erfolglos gesprochen."

Verkäuferinnen und Verkäufer haben immer wieder Mühe, Einwände zu behandeln. Und Einwände müssen behandelt werden – und dürfen nicht abgeblockt oder weggewischt werden. Insbesondere gegen Vorurteile zu kämpfen ist schwer. Als Beispiel für das erfolgreiche Behandeln von Einwänden folgende Fallschilderung:

Ein Verkäufer offeriert während des vereinbarten Besuchs einer Interessentin das Produkt X. Die Interessentin hört sich die Ausführungen des Verkäufers an und bringt folgenden Einwand: „Ja, es ist schon gut – doch es ist mir zu teuer!" Wie soll da der Verkäufer reagieren? Mögliche Einleitungen, um dies abzufedern, sind:

- „Sie denken, dass es für Sie sehr aufwendig ist ..."
- „Lassen Sie uns zusammen ansehen, welche Leistungen unser Produkt bringt ..."
- „Das sind einmalige Kosten, dafür sparen Sie jährlich ..."

Überlegen Sie sich, was Sie als Verkäufer auf die folgenden typischen Einwände sagen würden:

- keine Zeit
- kein Prestige
- schlechte Qualität
- Konkurrenz ist besser
- bei der heutigen Lage, nein
- wir haben keinen Bedarf
- wir sind anderweitig gebunden
- kommen Sie ein andermal wieder
- wir lassen von uns hören

Dem Verkaufsgespräch ist eigen, dass als Abschluss eine Zustimmungsphase kommt. Der Kunde wird gelobt für seinen weisen Entschluss, sich für das Produkt oder die Dienstleistung entschieden zu haben. Vielleicht müssen ihm noch Argumente mitgegeben werden, damit er seine Entscheidung privat oder in der Firma rechtfertigen kann.

Nach Gesprächsbeendung kommt für den Verkäufer die Nachbearbeitung. Werten Sie den Gesprächserfolg aus, führen Sie Ihre Statistik, und machen Sie sich Notizen. Veranlassen Sie in der Firma die Auslieferung, und überwachen Sie die Auftragsabwicklung eines erfolgreichen Vertragsabschlusses.

Analysieren Sie auch erfolgreiche Verkaufsgespräche anderer Personen. Daraus kann man lernen und eigene Erfolgsstrategien entwickeln.

Verhandlung

Bei der Verhandlung wird ein ganz bestimmter Zweck angestrebt. Die beiden Parteien wollen etwas vereinbaren. Jede Partei hat dabei konkrete Ziele.

Professor Rupert Lay stellte fest: „Verzichten Sie auf den Sieg, um zu gewinnen." Das gilt in ganz besonderem Maße für die Verhandlung.

Stellen Sie sich wiederum Fragen, bevor Sie in eine Verhandlung einsteigen. Was wollen Sie erreichen? Welches ist das realistische Verhandlungsziel? Welche Ziele haben sich wohl die übrigen Teilnehmer gestellt?

Bestimmen Sie einen Verhandlungsleiter. Er soll das Gespräch strukturieren und zielgerichtet vorwärts treiben.

Die Vorbereitungen der Verhandlung:

- eigene Interessen definieren
- Abschlussziel und Teilziele bestimmen
- Vorgehens- und Aktionsplan
- Personen für Verhandlungsvorbereitung bestimmen und mit diesen Absprachen treffen

Während der Vorbereitung der Verhandlung kann man bereits vieles regeln

- thematische Vorbereitung
- gegebenenfalls rechtliche Abklärungen und Absprachen sich in den Partner versetzen (Gegenargumente, Stil, Verhalten)
- Verhandlungsteilnehmer auswählen, Leiter bestimmen
- Strategie bestimmen und miteinander absprechen; thematische und psychologische Rollenverteilung
- Kaufmotive ergründen
- Konkurrenz kennen
- Argumente kennen und gut formulieren können (Argumentarium)
- den Preis verkaufen können (Preisnennung vorbereiten)
- den Zeitpunkt zur ersten Kontaktaufnahme kennen
- die Kontaktperson (Entscheidungsträger und Beeinflusser) kennen
- sich einen Termin beim Kunden verschaffen
- den Besuch planen
- Gesprächsanfang beherrschen
- das Demonstrieren beherrschen
- Methoden kennen, die Kaufentschlüsse auslösen
- Techniken kennen, die ein Aufschieben des Kunden verhindern
- Nachfassmethoden kennen

Die wichtigsten Punkte während der Verhandlung

Im Verlauf einer Verhandlung ist zu beachten:
- Eröffnung
- Begrüßung
- Kontakt schaffen
- Ziel bestimmen (Verhandlungsgegenstand, Beschlüsse)
- Kompetenzen klarlegen
- Vorgehen absprechen
- sachlich, klar, zügig
- Konzentration auf Interessen statt auf Positionen

- Emotionen aussprechen statt ausleben
- Gemeinsamkeiten betonen
- kein Feindbild aufbauen (speziell in Konfliktsituationen)
- Zusammenfassungen vornehmen (speziell wenn es nicht weitergeht)
- Teilfortschritte und Teilergebnisse festhalten
- Vertragsentwurf oder Protokoll fortlaufend führen
- vorteilhaftes (mindestens akzeptables) Teil- oder Schlussergebnis für alle anstreben und es festnageln
- für positiven Abschluss sorgen

Im Anschluss an die Verhandlung sind der Verlauf und das Ergebnis kritisch auszuwerten.

Als mögliche Checkliste für Verhandlungstaktiken eignet sich folgende Aufstellung:

Mögliche Verhandlungstaktiken

- als Retter in der Not aufspielen
- auf Gesetz, Reglement, Autorität, Usance (handelsüblich) berufen
- auf Zeitgewinn arbeiten
- Multipakete schnüren und als Gesamtes vorlegen oder in Salamitaktik vorgehen
- weitere Argumente im Köcher bereithalten
- andere dafür einspannen, die sich für die eigene Sache einsetzen und kämpfen
- Partnerschaft gegen Dritte anbieten
- eigene Autorität ausspielen
- drohen
- bluffen
- Vorurteile ausnutzen
- Gefühle ansprechen (Liebe, Neid, Missgunst, Hass)
- in Nebensächlichkeiten nachgeben und dieses Nachgeben deutlich herausstreichen
- Schuldgefühle wecken, bei der Ehre packen

- Stellvertreter entsenden, der mangelnde Entscheidungskompetenz vorschiebt oder tatsächlich nicht hat
- unrealistische Alternativen nennen, die abgelehnt werden können
- Öffentlichkeitsdruck vor der Verhandlung schaffen
- Thema wechseln
- überhöhte Forderungen und Ansprüche stellen, damit später zurückgeschritten werden kann
- Spielraum langsam einengen, bis Fakten geschaffen sind
- Bedingungen im Voraus stellen
- schmeicheln
- Ziele unklar lassen
- selber zusammenfassen und konsolidieren
- den Nutzen der eigenen Lösung für die anderen Teilnehmer aufzeigen
- der Feind Ihres Feindes ist oft Ihr Freund. Pflegen Sie ihn mindestens so gut wie Ihr Feind Ihre Feinde
- klären Sie zuerst die Punkte, bei denen Einigkeit besteht, und erst nachher die strittigen Punkte
- lassen Sie Ihr Verhandlungsziel nie aus den Augen, seien Sie jedoch äußerst flexibel im Weg. Momentanes Nachgeben heißt nicht aufgeben
- unter vier Augen lässt sich vieles vor- beziehungsweise nachbesprechen
- beschlossen heißt noch nicht realisiert
- mit Trümpfen, sprich schlagkräftigen Argumenten, lässt sich auftrumpfen
- der Verhandlungserfolg ist nicht in der Öffentlichkeit zu suchen
- fordern Sie mehr, als nötig ist (jedoch nicht alles auf einmal)
- fürchten Sie sich nie
- verhandeln Sie nie ohne Vorbereitung

- seien Sie konsequent
- versuchen Sie immer auf höchster Stufe – mit dem Entscheidungsträger – zu verhandeln
- verhandeln Sie hierarchisch ebenbürtig
- machen Sie sich Notizen. Wiederholen Sie mit Ihrer Hilfe bereits erzielte Übereinstimmungen
- der Verhandlungspartner muss sich jederzeit zurückziehen können, ohne das Gesicht verlieren zu müssen
- glauben Sie unerschütterlich an die Sache

Sie sehen, es ist keine leichte Aufgabe, die Gesprächspartner aufgrund der verbalen und nonverbalen Signale richtig einzuschätzen. Übung und eine gehörige Portion Menschenkenntnis kommen Ihnen gerade in Verhandlungsgesprächen sehr zu Nutze.

Das Anerkennungsgespräch

Im Anerkennungsgespräch loben Sie eine Person für ein bestimmtes Verhalten oder eine erreichte Leistung. Das motiviert und spornt zu gleichem Verhalten und vergleichbaren Leistungen an. Es zementiert damit erwünschtes Verhalten – und verhindert gleichzeitig unerwünschtes Verhalten. Aus der Psychologie weiß man, dass dieser Weg der bessere Weg ist, als ausschließlich zu kritisieren (unerwünschtes Verhalten wird festgehalten).

Mit Lob erreicht man mehr als mit Kritik

Ein Anerkennungsgespräch ist nie wertfrei. Sie sagen ja, was Sie gut finden. Es ist mehr als ein wertfreies Feedback. Denn ein Feedback ist lediglich die neutrale Beobachtung mit Ihren Empfindungen, die Sie weitergeben.

Anerkennungsgespräche finden Sie im Betrieb wie im privaten Leben, überall dort, wo sich Menschen bei anderen bedanken, ein Lob aussprechen oder eine Leistung bewundern. Wir alle streben nach Anerkennung. Wenn Sie der Meinung sind, dass Sie zu wenig gelobt werden, fragen sie sich einmal, wann Sie selbst das letzte Mal gelobt haben. Wir vergessen oft, wenn wir uns über die Umwelt beklagen, dass wir die Umwelt der anderen bilden. An erhaltenes Lob kann man sich oft noch nach Jahren erinnern – und der Lobspender bleibt Ihnen in positiver Erinnerung.

Wer lobt, bereitet auch den Boden für Kritik vor. Denn wer oft Lob erhält, ist auch empfänglicher für kritisiertes Fehlverhalten. Vermischen Sie diese beiden Formen jedoch nicht. Beginnen Sie ein Gespräch auch nicht mit einem Lob, um gleich anschließend der Mitarbeiterin oder dem Mitarbeiter neue Aufgaben aufzubürden oder mit dem Kritikhammer zu kommen. Das würde mit der Zeit als Masche durchschaut. Beim Kritikgespräch soll nicht vor Dritten kritisiert werden. Gilt dies beim Verteilen von Anerkennung auch? Nicht zwingend – überlegen Sie es sich jedoch genau, ob Sie öffentlich loben wollen.

Das Kritikgespräch

Beim Kritikgespräch stellt der Kritisierende einen Mangel, eine Abweichung vom erwünschten Verhalten oder Ergebnis fest. Er zeigt dies auf und verlangt eine Verhaltensänderung. Die erwünschte Verhaltensänderung kann durch Motivation herbeigeführt werden – oder auch durch Androhung von Sanktionen. Wir kennen diese Gesprächsart aus dem Betrieb, dem Verein oder auch dem Militär. Auch in der Familie kommt diese Gesprächsart vor.

Das Kritikgespräch ist in einem gewissen Sinn das Gegenteil des Anerkennungsgespräches.

Ein Kritikgespräch hat eigentlich immer zwei Ziele. Einerseits wollen Sie verhindern, dass sich künftig weiterhin solches Fehlverhalten ereignet, und andererseits muss der Fehler beziehungsweise der entstandene Schaden eliminiert werden. Gemeinsam soll dafür ein neuer Weg gefunden werden, der die Ursachen des Problems beseitigt und den Weg für eine bessere Zukunft ebnet.

Manchmal muss man kritisieren – aber nie pauschal

Wie wird ein Kritikgespräch gegliedert? Was ist zu beachten? Sehr wichtig ist eine positive verständnisvolle Grundstimmung. Der Ton, in dem das Gespräch geführt wird, ist sehr wichtig. Nennen Sie rasch das festgestellte Fehlverhalten. Belegen Sie Ihre Beobachtungen durch konkrete Beispiele, die Sie beobachtet haben, und nehmen Sie unmissverständlich dazu Stellung. Sagen Sie, was Sie davon halten und wie Sie dies beurteilen. Sie zeigen damit, welches das festgestellte und welches das erwünschte Verhalten oder Ergebnis ist. Besprechen Sie mit der kritisierten Person auch die Ursachen und Folgen des Fehlverhaltens. Legen Sie möglichst gemeinsam fest, wie das zukünftige Verhalten aussehen soll, und kündigen Sie (Zwischen-)Kontrollen an.

Nehmen Sie zu konkreten Ereignissen Stellung, und vermeiden Sie undifferenzierte Rundumschläge, mit denen Sie die gesamte Person pauschal verurteilen. Das wäre grundfalsch. Kritisieren Sie grundsätzlich nicht vor Dritten. Das erschwert dem Angegriffenen die Einsicht, da er glaubt, sich rechtfertigen zu müssen, um das Gesicht nicht zu verlieren. Räumen Sie sich für Kritikgespräche die nötige Zeit ein, seien sie aber zügig, und weiten Sie das Gespräch nicht endlos aus.

Ein Kritikgespräch sollte immer unter vier Augen geführt werden

Im Nachhinein prüfen Sie nochmals, ob Sie wirklich alles gesagt haben, was Sie bemängeln. Lassen Sie sich das Gespräch nochmals durch den Kopf gehen, und überlegen Sie, wie Sie sich künftig noch verbessern könnten. Seien Sie aber nicht nachtragend.

Das Streitgespräch

Im Streitgespräch kämpfen zwei Parteien gegeneinander. Der Streit endet in der Regel mit Sieg und Niederlage. Es kommt gelegentlich vor, dass zu unfairen Mitteln gegriffen wird und daher das Gespräch in einer gehässigen, aggressiven Atmosphäre geführt wird. Neue Erkenntnisse zu gewinnen, die Wahrheit zu erforschen steht somit überhaupt nicht im Zentrum dieser Gesprächsform.

Insbesondere finden wir diese Gesprächsform im politischen Alltag.

Über den Gegner Informationen sammeln Bereiten Sie sich auch hier vor, indem Sie über Ihren Gegner Informationen sammeln. Notieren Sie sich Ihr Ziel, Ihre Argumente und Ihr taktisches Vorgehen. Überlegen Sie bereits in der Vorphase, welche Ziele sich wohl der Gegner wahrscheinlich gesetzt hat und wie er wohl vorgehen wird.

Damit sind Sie auf jede Art von Angriffen vorbereitet.

Wenn Sie argumentieren, halten Sie in der Hinterhand immer noch einige Gesichtspunkte für die weitere Diskussion bereit.

Seien Sie auf unfaire Angriffe gefasst, und reagieren Sie schlagfertig darauf.

Machen Sie, wenn Sie ein Publikum haben, die Zuhörerinnen und Zuhörer zu Partnern. Sie haben dadurch eine emotionale Unterstützung, wenn die Stimmung auf Ihrer Seite ist. Das gelingt, wenn Sie das Publikum direkt ansprechen und dessen Vorurteile bestärken. Nehmen Sie das Publikum vor den (vermeintlichen) Angriffen des Gegners in Schutz, und versprechen Sie ihm Erfolg.

Die Diskussion

Sie wird auch Podiumsgespräch genannt. Eine Diskussion ist ein Gespräch, in dem ein Thema erörtert wird. Es geht nicht um Beschlüsse, sondern um die Zerteilung, um die Betrachtung der verschiedenen Aspekte einer Sache. Das lateinische Wort „discutare" heißt auch so viel wie zerteilen. Am Schluss der Diskussion sollen sich die Teilnehmer eine Meinung bilden können, da sie über mehr Informationen und Anregungen verfügen.

Möglichst viele Gesichtspunkte einer Fragestellung beleuchten

Albert Einstein sagte einmal zum Thema Diskussion sinngemäß: „Ein Abend, an dem alle gleicher Meinung sind, ist ein verlorener Abend."

Ab rund fünf Personen ist ein Moderator beziehungsweise Gesprächsleiter angezeigt. Er übernimmt nicht nur die Koordination, sondern sorgt dafür, dass sich nach einer gewissen Anwärmphase alle Teilnehmenden zu Wort melden (keine Beobachter) und einzelne nicht übermäßig lang sprechen.

Der Diskussionsleiter ist Primus inter pares (der Erste unter Gleichen) und verantwortlich für die formale Leitung. Er verhält sich neutral. Jedoch prägt er durch Zielsetzung und Gewichtung maßgebend den Verlauf und das Ergebnis einer Diskussion.

Die Diskussion hat einerseits pädagogische Aspekte (Auflockerung, Demokratisierung, Lehrgespräch, Formulieren), aber auch andere, wie zum Beispiel die Ergänzung eines Vortrages. Speziell geeignet ist die Diskussion für kleinere oder mittlere Gruppen. Etwa vier bis zwölf Personen gelten für eine aktive Diskussion als optimal.

Will die Diskussion nach einem Podiumsgespräch nicht in Fahrt kommen, stellt der Leiter eine erste Frage, um das Eis zu brechen, oder stellt eine (provokative) These auf. Anschließend nimmt er die Fragen entgegen, wiederholt sie

Der Diskussionsleiter sorgt für den roten Faden

gegebenenfalls in akustisch beziehungsweise inhaltlich verständlicher Form, fasst zusammen und leitet die Anfrage einem Referenten zur Beantwortung weiter. Er führt auch zur Sache zurück, falls die Teilnehmer sich auf Nebengeleisen beziehungsweise in persönlichen Steckenpferden verrennen, so wie er Dauerrednerinnen und -redner taktvoll unterbricht.

Bewusst enthält sich der Leiter persönlichen Stellungnahmen und Wertungen. Allerdings versucht er notfalls zu schlichten beziehungsweise vermittelt zwischen scheinbar unüberbrückbaren Gegensätzen. Zudem sorgt er dafür, dass die unterschiedlichsten Aspekte des Problemes beleuchtet werden.

Der Moderator oder Diskussionsleiter beachtet die Zeit und fasst gelegentlich zusammen. Am Schluss beendet er die Veranstaltung (nach Ankündigung; die Rednerliste wird rechtzeitig geschlossen). Befriedigende Ergebnisse kann ein Diskussionsleiter nur erreichen, wenn er von den Teilnehmern und Zuhörern fachlich und persönlich akzeptiert wird. Als Diskussionsteilnehmer muss Ihr Beitrag kurz und kernig sein. Er gehört immer an die aktuelle Stelle, das heißt in den Zusammenhang mit dem vorher Gesagten. Das heißt auch, Sie müssen genau zuhören. Bringen Sie eigene, neue Gedanken ein.

Leitregeln und Aufgaben für den Leiter (bei Bedarf sollte man eine persönliche Checkliste, abgestimmt auf die Veranstaltung, erstellen):

Wichtige Regeln und Aufgabenstellungen für den Diskussionsleiter

- eventuell Einladung versenden und organisatorische Vorbereitungen im Vorfeld der Veranstaltung treffen
- keine persönliche Stellungnahme
- sachliche Vorbereitung
- Begrüßung der Anwesenden und nötigenfalls gegenseitige Vorstellung, Eröffnung

- gegebenenfalls Begrüßung und Einführung der Referenten
- eventuell Themeneinführung
- Diskussion führen nach vereinbarten Verfahrensregeln
- Worterteilung (Rednerliste für die Reihenfolge führen)
- soweit nötig, übereifrige Personen dämpfen, passive Teilnehmer aktivieren, Verhindern von Quer gesprächen
- Rückführung auf die Sachebene, schlichten, vermitteln, verdichten, koordinieren, zusammenfassen
- Anträgen zur Geschäftsordnung Priorität verleihen
- Zeit- und Ablaufplan beachten
- Rednerliste schließen und Schluss ankündigen
- Zusammenfassung, Ausblick, Konsequenzen
- Abschluss der Veranstaltung und Nennen des weiteren Vorgehens

Die Sitzung

In Firmen, Verbänden, politischen, kulturellen und religiösen Organisationen oder anderen Vereinigungen finden Sitzungen statt. Solche Zusammenkünfte haben auch Namen wie: Rapport, Besprechung, Hearing, Meeting, Teamsitzung, Konferenz, Verhandlung, Gespräch, Management-Sitzung, Höck (Schweiz), Workshop, Stammtisch, runder Tisch, Arbeitsessen.

Untersuchungen haben ergeben, dass Führungskräfte bis zwei Drittel ihrer Arbeitszeit in Sitzungen und Konferenzen verbringen. Wenn nun zehn Personen mit einem Stundensatz von DM 100,— an einer Sitzung teilnehmen, kostet die Sitzungsminute nicht nur eine Stange Geld, sondern diese Zeit kann auch nicht anderweitig verwendet werden. Es lohnt sich daher, Sitzungen optimal vorzubereiten und durchzuführen, denn nur so kann die Sitzung zügig und

Sitzungen kosten viel Geld

ergebnisreich verlaufen. Eine Investition in der Vorphase rechtfertigt sich auf jeden Fall.

Der Sitzungsleiter sollte daher Spezialist in Kommunikation, Entscheidungs- und Problemlösungsmethodik, Führung und Organisation sein. Zudem müsste er Fachmann in den Visualisierungstechniken sein. Gibt es solche Universalgenies überhaupt?

Im Vorfeld sind Alternativen zu Sitzungen ebenfalls zu prüfen. Das könnten sein:

Nicht immer muß eine Sitzung sein: es gibt auch Alternativen

- Telefonkonferenz
- Memo, Kurzbrief (an jeden Teilnehmer oder zur Zirkulation)
- gemeinsame Kaffeepause oder gemeinsames Mittagessen
- nächste reguläre periodische Sitzung oder Treffen
- schwarzes Brett
- internes Mitteilungsblatt
- nichts tun (Dritte und die Zeit erledigen vieles)

Wenn immer möglich, wählen Sie für Besprechungen ein spezielles Zimmer. Die Arbeit wird schneller erledigt als in einem Büro – zudem sind Störungen auf diese Weise fast vollständig auszuschließen.

Vom Ziel her abgeleitet, sind die Teilnehmer zu bestimmen. Sie sind rechtzeitig mündlich oder schriftlich einzuladen.

Audiovisuelle Hilfsmittel, insbesondere der Tageslichtprojektor, verkürzen die nötige Sitzungsdauer und verhelfen durch optische Aufbereitung zu einer besseren Konsensfindung.

Tagtäglich finden unzählige solcher Sitzungen statt. Viele dieser Besprechungen werden als frustrierend, ergebnislos und damit als pure Zeitverschwendung erlebt. Moderationshilfen wie moderne Methoden und Techniken werden nicht eingesetzt und sind durch ihr Fehlen mitverantwortlich für diese desolate Situation.

Die Kernfrage jeder Sitzung ist immer:

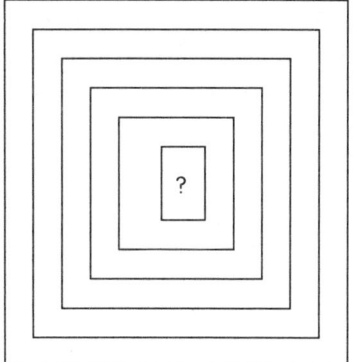

WELCHES IST DAS ZIEL?
- informieren, instruieren, motivieren?
- überzeugen?
- Probleme lösen, klären?
- schlichten?
- entscheiden, beschließen?
- Beziehungen pflegen, kennen lernen?

Es sind auch mehrere oder gemischte Ziele möglich. Wichtig ist, dass über die Ziele im Voraus Klarheit besteht. Werden nämlich persönliche Querelen (Beziehungs- und Selbstdarstellungsebene) anstelle der anderweitig gewünschten Fachgespräche (Sachebene) abgehalten, hinterlässt die Zusammenkunft allseits Unzufriedene. Aufgabe des Leiters (auch Moderator genannt) ist es, dafür zu sorgen, dass strukturiert und zielgerichtet vorgegangen wird, damit rasch qualitativ hoch stehende Ergebnisse erreicht werden. dies ist keine leichte Aufgabe, da gruppendynamische (Entscheidungs-)Prozesse oft nicht leicht zu durchschauen und zu lenken sind. Insbesondere ist es seine Aufgabe, darauf zu achten, dass die Positionen (dafür – dagegen) erst im Rahmen der Schlussabstimmung bezogen werden, damit vorher sachlich und meinungsbildend diskutiert werden kann. Er hat auch dafür zu sorgen, dass, wenn das Vernünftige schon nicht erreichbar ist, zumindest das Unvernünftige verhindert wird. Am Schluss sollen für alle zufrieden stellende Ergebnisse erzielt werden.

Der Sitzungsleiter trägt die Verantwortung für das zielgerichtete Vorgehen

Bedenken Sie, dass die Zielsetzung nicht mit dem Resultat verwechselt werden darf. So kann ein Ziel sein, über die neue EDV-Anlage zu verhandeln und zu entscheiden. Das Resultat wäre anschließend beispielsweise der Anschaffungsbeschluss oder auch der Beschluss, mit der alten Anlage noch ein Jahr weiterzuarbeiten.

Aufgaben des Sitzungsleiters

Das nachfolgend Gesagte gilt in erster Linie für den Sitzungsleiter, sekundär aber auch für die Teilnehmer. Für den Moderator gilt es drei Phasen zu beachten. Es handelt sich um die Periode vor, während und nach der Sitzung.

Vor der Sitzung (Vorbereitung)

Eine gute, das heißt schriftliche Vorbereitung (fachlich, persönlich, sachlich, organisatorisch, personell) schützt vor Überraschungen, beschleunigt den Ablauf, zwingt zum Wesentlichen und kann anschließend eventuell sogar als Aktennotiz verwendet werden.

Der Sitzungsleiter lädt die ausgewählten Teilnehmer rechtzeitig an einen Ort ein, der für alle vernünftig erreichbar ist (bei der Terminwahl auf freie Tage, Ferien, Dienstpläne und anderes mehr Rücksicht nehmen; eventuell telefonisch den Termin abklären). Für schlecht auffindbare beziehungsweise neue Orte sollte man einen Plan beilegen, Hinweistafeln aufstellen oder einen Treffpunkt vereinbaren. Die Einladung soll insbesondere ein Teilnehmerverzeichnis und eine detaillierte Tagesordnung, allenfalls die für die Vorbereitung nötigen Unterlagen oder Informationen, enthalten. Der Raum muss für etwa vier bis zwölf Personen genügend Platz bieten. Er soll hell, ruhig und gut lüftbar sein (rauchen erlaubt?) sowie je nach Bedarf über die nötigen Hilfsmittel verfügen. Der Leiter sorgt gegebenenfalls für Kaffee und Erfrischungen.

Schon die Raumwahl will wohl überlegt sein

In Restaurants muss der Sitzungsraum möglichst abge-
schirmt von der Gaststätte sein. Der Service erfolgt idealer-
weise nur vor oder nach der Sitzung, nicht aber während der
Sitzung. Bei längeren Sitzungen (etwa ab zwei Stunden) kann
die Sitzung für eine Pause und für den Service unterbrochen
werden.

Der Leiter bestimmt die Ziele, Tagesordnung, Diskussionsfra-
gen, das Vorgehen und die Hilfsmittel. Er entscheidet auch,
wer eingeladen werden soll beziehungsweise wer nicht. Das
ist oft auch eine Prestigefrage – eventuell sollte eine Sitzordnung mit der Teilnahmebestätigung angegeben werden.
Weiterhin entscheidet der Leiter, wer den Heimvorteil aus-
nützen kann. Zu beachten hat er ferner Zeitpunkt und Zeit-
dauer. Dass er am besten vorbereitet sein sollte, versteht sich.
Die nötigen Unterlagen wie Pläne, Briefe, Dokumente, Ex-
pertenberichte, Kostenzusammenstellungen und Statistiken
hat er mitgebracht.

Zahlreiche Sitzungen scheitern oder verzögern sich unnötig,
weil sich die Teilnehmer ungenügend vorbereitet haben.
Bedenken Sie: Vorbereitungen schaden nur denjenigen, die
sie nicht gemacht haben. Ihre „Gegner" werden vorbereitet
kommen! Als gute Vorbereitungsart von der Arbeitstechnik
her hat sich bewährt: Tagungsordnung auf farbiges Papier
kopieren und pro Sitzungspunkt in Streifen schneiden. Die
einzelnen Streifen werden oben auf leere A4-Blätter geklebt.
Auf dem freien Raum können nun die vorbereiteten Notizen
oder die Verhandlungsergebnisse notiert werden. Dieses
„Blattdenken" zwingt auch zu konzentriertem Themenden-
ken.

Schlechte Vorbereitung ist oft der Grund für unbefriedigende Ergebnisse

Zur Vorbereitung gehört eventuell das Studium alter Proto-
kolle. Zusammengefasst sind folgende Punkte wichtig:

- Verhandlungsthema/-ziel (relevante Fragen, was scheint
  erreichbar?)

- (äußere) Gegebenheiten (Infrastruktur); firmenintern ist dafür zu sorgen, dass die Sitzung möglichst nicht gestört wird
- Wie trete ich auf? Wie eröffne ich die Sitzung?
- Welches dürfte die gemeinsame Basis sein? Welches Vorwissen haben die Teilnehmer?
- Bestimmen der Protokollführung
- Raum reservieren und einrichten (Hilfsmittel, Dekoration)
- Leitung der Abstimmung, Entscheidungen in Verfahrensfragen (Tagungsordnung)
- Diskussionsleitung
- Aussprechen eines Dankes

Sitzungsdauer: Maximal zwei Stunden ohne Pause (Pausendauer: 10–15 Minuten).
Wenn die Plätze nicht frei gewählt werden sollen, ist dem Punkt der Sitzordnung große Beachtung zu schenken.

Während der Sitzung (Durchführung)

Der Sitzungsleiter sorgt für eine pünktliche und schwungvolle Eröffnung und lässt die Teilnehmer sich gegenseitig vorstellen. Dadurch entsteht eine angenehme Atmosphäre. Er erläutert und fasst, soweit nötig, nochmals Ziel und Vorgehen (Tagesordnung, Verhandlungsgegenstand) zusammen und informiert grundsätzlich (Stand der Dinge, bisheriger Verlauf). Er leitet die zügige und sachliche Behandlung der Tagungsordnungspunkte. Weiter kontrolliert er den Verlauf: koordiniert, sorgt dafür, dass keine Außenseiter entstehen, mäßigt Vielredner, greift vorangehende Beiträge wieder auf, lenkt zum Thema zurück, ohne stur zu sein, erinnert an die Zeit, übersetzt unverständliche Expertensprache und klärt Missverständnisse oder Wissenslücken.
Die Ziele dürften bei Entscheidungssitzungen nicht bereits in jedem Detail im Voraus feststehen. Im Gegenteil, mit

einer gewissen Kompromissbereitschaft sollte der Verhand-
lungsspielraum ausgeschöpft werden.

Der Leiter fasst periodisch, speziell aber bei Stockungen und
Differenzen, die bisherigen Teilergebnisse zusammen, damit
darauf aufbauend fortgefahren werden kann (auch als Hilfe-
stellung für den Protokollführer). Nötigenfalls versucht er
auch, auf die Sachebene zurückzubringen. Mit persönlichen
Beiträgen sollte sich der Leiter jedoch generell zurückhalten.
Auf starke Personalisierungen der Beiträge ist im Interesse
optimaler Sachlösungen zu verzichten.

Die Sache, um die es geht, muss immer im Mittelpunkt bleiben

Der Leiter lässt ein Protokoll erstellen durch den vor der
Sitzung bestimmten Protokollführer. Die Worterteilung und
der Wortentzug sind Sache des Leiters. Grundsätzlich hat er
sachlich, vorurteilslos und unparteiisch zu agieren.

Bei bestimmten Gegebenheiten sind die gesetzlichen Bestimmungen zu beachten.

Der Sitzungsleiter sorgt für das pünktliche Ende der Sitzung.
Am Schluss fasst er den Entscheid nochmals zusammen
(Beschlüsse, Termine, Verantwortliche). Nötigenfalls spricht
der Leiter auch noch einen Dank aus (an Teilnehmer, Spezialisten, Gäste, Gastgeber, Wirt) und beendet die Sitzung
positiv (jeder geht zufrieden, mit einer Nutzenargumentation gewappnet und ohne Gesichtsverlust nach Hause zurück).

Abschließend sind das Datum des nächsten Sitzungstermins
und die wichtigsten Themen festzuhalten.

Nach der Sitzung (Nachbereitung)

Der Sitzungsleiter lässt den Teilnehmern das Protokoll beziehungsweise die versprochenen Unterlagen zustellen (auch
den abwesenden Personen). Im Protokoll sind die Beschlüsse, Termine und bei Handlungsbedarf die zuständigen Personen vermerkt. Zudem setzt er die Beschlüsse in die Tat um

beziehungsweise kontrolliert die Ausführung der Entscheidungen.

Auch sollte jeder Teilnehmer sich die Sitzung anschließend
nochmals durch den Kopf gehen lassen. Wurde das Ziel
erreicht? Warum? Wurde das Optimum herausgeholt? Wie
fühle ich mich – wie wahrscheinlich die Teilnehmer? Ging
ich auch mit der Zeit haushälterisch um? Was muss ich
künftig unbedingt ändern? Was will ich auf jeden Fall beibe-
halten?

Abschließend dankt der Leiter den Verantwortlichen im
Plenum oder nachträglich schriftlich für Saal, Blumen-
schmuck, Aperitifs, Lunch, Kaffee etc. Zudem lässt er bei
entsprechender Wichtigkeit eine Pressemeldung oder einen
Zeitungsartikel verfassen.

Sitzordnung

Wird die Sitzordnung festgelegt, ergeben sich daraus für den
Leiter wichtige Fragen im Zusammenhang mit der Sitzung:
Wo sitzt der Chef, wo die ihm Rangnächsten und seine
übrigen Helfer, wo der jüngste oder rangniedrigste Teilnehmer der Sitzung, wer sitzt an der Längskante des Tisches, wer
hat die Tür im Rücken oder soll gegen das Licht sehen?
In der Praxis kommen häufig folgende Tischordnungen vor,
mit jeweils spezifischen Vor- und Nachteilen, die man abwägen muss:

U-Form oder Hufeisenform
(Halbkreis)

T-Form

E-Form

Tafel
(rechteckig, oval oder rund)

Parlaments- oder Kongressbestuhlung
(eine oder mehrere Tischreihen, eventuell leicht
schräg gestellt)

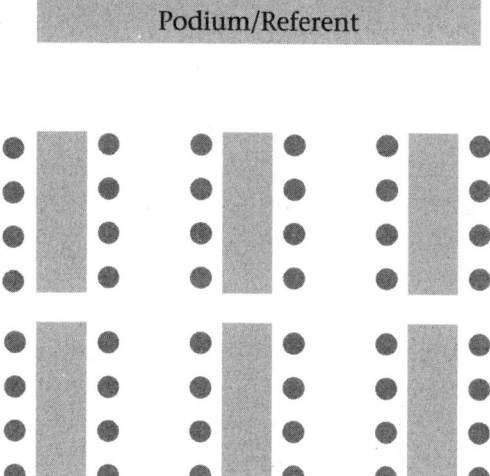

Theaterbestuhlung

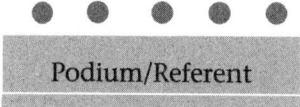

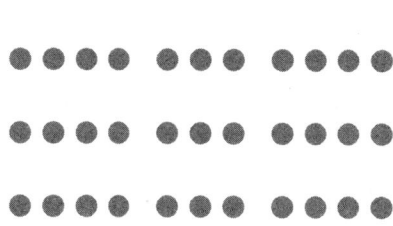

Eröffnung, Referentenvorstellung und Schluss

Sind verschiedene Redner vorgesehen, obliegt dem Leiter die Gesamtmoderation

Bei Sitzungen, mehr noch bei Tagungen, kommen häufig verschiedene Referenten zum Zug. Der Leiter hat auch in diesem Fall verschiedene Funktionen zu erfüllen, um den reibungslosen Ablauf zu gewährleisten. Vorab ist es notwendig, die genauen Namen der Referenten abzuklären (Rico oder Riccardo, Toni oder Anton?), inklusive des (akademischen) Titels oder der Funktionsbezeichnung, Firma beziehungsweise Amt. Bei ungeläufigen oder fremdsprachigen Namen sollte man sich vergewissern, dass man den Namen richtig aussprechen kann. Ein Stichwortkärtchen leistet dazu wertvolle Hilfe.

Der Referent oder Podiumsgesprächsteilnehmer sollte übrigens im Moment, in dem sein Name genannt wird, auf die Begrüßung reagieren: mit einem Nicken und einer kurzen Begrüßungsformel wie „Guten Tag" oder „Grüezi".

Eine Rahmenrede zur Einführung in eine Veranstaltung und zur Vorstellung des/der Referenten, wie sie dem Sitzungsleiter obliegt, kann folgenden Aufbau haben:

Anrede und allgemeine Begrüßung zur Veranstaltung

- Anrede (nicht über die eigene Person sprechen)
- eventuell Prominente, Gäste, Presse begrüßen (möglichst zusammengefasst)
- gegebenenfalls Dank für die Gastfreundschaft, Vorbereitungen, Raumbenutzung, Spenden
- sofern zwingend und nicht bereits bekannt: sich selber kurz vorstellen
- Versammlungsgrund und Thema nennen, eventuell mit Hinweis auf Ablauf der Veranstaltung

Begrüßung des Vortragenden

- Begrüßungswort
- wenn nötig: seine Person kurz vorstellen (bitte keine Übertreibungen)
- Vortragstitel nennen und eventuell kurze Einleitung ins Thema geben

Referent bitten zu beginnen

- Erteilung des Wortes an den Referenten

Übertriebenes Lob steckt die Erwartungen der Zuhörerinnen und Zuhörer so hoch, dass der Referent diesen Ansprüchen vielleicht nicht mehr zu genügen vermag. Niemand schätzt zudem, wenn Rosinen aus dem Vortrag bereits in der einleitenden Rede erscheinen. Die Teilnehmer sind Ihnen dankbar, wenn Sie den Namen eines unbekannten Referenten mehrmals nennen, damit die Zuhörerinnen und Zuhörer Gelegenheit haben, sich den fremd klingenden Namen zu merken.

Kein übertriebenes Lob!

Überleitung zur Diskussion

Nach dem Vortrag leitet gelegentlich der Referent direkt zur Diskussion über (speziell dann, wenn er auch Gesprächsleiter ist), oder der Veranstaltungsleiter ergreift nochmals das Wort. Als mögliche Gliederung kann folgendes Vorgehen angezeigt sein:

- Anrede
- eventuell kurze Zusammenfassung der Kernaussagen (insbesondere, wenn mehrere Referenten gesprochen haben)
- Überleitung zur Diskussion (Gliederung und Ablauf kurz skizzieren)
- Worterteilung (Motivation und Aktivierung der Teilnehmer)

Oft setzt der Leiter die Diskussion in Gang Der Diskussionsleiter macht sich während des Vortrags Notizen zum Inhalt, die er anschließend während der Diskussionsleitung verwenden kann. Denn oft muss er selbst die erste (vielleicht provozierende) Frage stellen, die bei den übrigen Gesprächsteilnehmern das Eis bricht und die allgemeine Diskussion in Gang setzt.

Schließen einer Veranstaltung

Zum Schluss der Veranstaltung – der Referent hat seinen Vortrag gehalten, die Diskussion ist abgeschlossen – kann der Veranstaltungsleiter seine Rede wie folgt gliedern:

- Anrede
- eventuell kurze Zusammenfassung
  (speziell Ergebnisse, Würdigung, Handlungsaufforderung ohne eigene Beurteilungen, Zukunftsaspekt!)
- Dank
  (an Redner, Gesprächsteilnehmer, Gastgeber, Helfer, Diskussionsteilnehmer)
- Verabschiedung
  (Hinweise auf Prospektmaterial, die nächste Veranstaltung, Spendenmöglichkeiten)

Nach Abschluss der Veranstaltung hat der Gesprächsleiter Folgendes zu beachten:

- den/die Referenten zum Essen, einem Glas Wein oder Kaffee einladen
- Helfer einteilen, Aufträge verteilen und für deren Mitarbeit danken
- Zahlungen vornehmen
- Abrechnung erstellen
- Pressebericht veranlassen und Erscheinen überwachen
- Erfolgskontrolle: Feedback von Zuhörern und Veranstalter aufnehmen, Presseecho, Gespräche mit Referenten

Wie stellen Sie Referenten und Referentinnen einander ge- genseitig vor? Es gilt: Der Mann wird der Frau vorgestellt, eine jüngere Person der älteren Person und eine rangniedrige der ranghöheren Person. Bei der Nennung kommt der Name immer vor dem Rang. Wenn jemand einen Titel hat, wird dieser vor dem Namen genannt: „Herr Dr. Meyer, der Bezirks- vorsitzende der xyz-Partei".

So läuft eine Vorstellung korrekt ab

Übung: Einführung eines Referenten
So können Sie die Vorstellung eines Referenten üben.

Thema:	Vorstellung eines Referenten
Redezeit:	–
Zuhörer:	dem Thema entsprechend (vorher mitteilen)
Ort:	vor den Zuhörern (frei stehend)
Speziell zu beachten:	dieses Kapitel Stichwortkarten für Namen
Bemerkungen von Zuhörern:	Beurteilung, Feedback, Verbesserungs- vorschläge

Aufgaben des Gesprächsleiters
Dem Gesprächsleiter obliegt die Leitung und Führung der Diskussion. Ab fünf Personen sollte in jedem Fall ein solcher Gesprächsleiter bestimmt werden. Er sorgt für:

- pünktlichen Beginn und pünktlichen (vorher angekündig- ten) Veranstaltungsschluss,
- Worterteilung an die einzelnen Teilnehmer,
- Einhaltung der Gesprächsordnung und der Gesprächsdauer,
- optimale Vorbereitung,
- Eröffnung der Diskussion:
  - stellt Teilnehmer, soweit nötig, vor,
  - nennt Thema und Ziel,

Der Gesprächs- leiter ist ständig mit voller Aufmerksamkeit beim Geschehen

- legt eventuell Regeln fest (Sprechdauer, Dauer und Art der Beiträge),
- erteilt das Wort für die Eröffnungsrede (ideale Dauer: zwei bis drei Minuten. Geeignet ist die Reihenfolge der Sitzordnung).
- Leitung und Führung der Diskussion (er kann es sich daher nie leisten, sich zurückzulehnen),
- Ankündigung einer Pause (lüften; Dauer angeben; ideale Pausendauer: 15 bis maximal 50 Minuten. In der Pause suchen Sie als Gesprächsleiter Feedback, entspannen sich oder treffen Vereinbarungen),
- Beachtung der Wortmeldungen (er nimmt die Aussagen entgegen und nimmt allenfalls eine Auswahl vor; komplexe oder unverständliche Fragen übersetzt er in eine beantwortbare Form),
- Zurückweisung unfairer Angriffe oder Techniken (insbesondere unterbricht er bei Angriffen gegen seine Person oder gegen Teilnehmer im Saal oder Podium; er verhindert, dass Privatkonflikte ausgetragen werden),
- Nennung der Namen der angesprochenen Personen,
- Weiterleitung vorher eingereichter Fragen, thematisch zusammengefasst, an die Referenten (dieses Zusammenfassen übernimmt er auch, wenn sehr viele Fragen aus Zeitgründen unbeantwortet bleiben),
- Dank/Verabschiedung der Teilnehmer (sofern dies nicht durch den Veranstalter selber gemacht wird),
- Abgabe des kopierten handschriftlichen Beschlussprotokolles – sofern möglich – am Schluss der Veranstaltung, (ein eigentliches Verhandlungsprotokoll, das alle Wortbeiträge aufführt, ist in der Regel unnötig),
- gegebenenfalls Hinweise auf Redezusammenfassungen und Begleitmaterial.

Welche Regeln gelten für den Gesprächsleiter selbst? Er hat die Aufgabe, das Gespräch neutral zu führen – daher hat er sich eigenen Stellungnahmen zu enthalten. Es wäre seltsam, wenn im Gespräch die richtige Antwort auf ein Problem gesucht wird und der Leiter sich schon bald auf die eine oder andere Seite schlagen würde. Den Abschluss des Gespräches sollte er, vor allem bei einer großen Podiumsdiskussion, rund 15 Minuten vor Schluss ankündigen. Das gibt allen Referenten die Möglichkeit, ein Schlusswort zu sprechen, oder bietet den Teilnehmern die Chance, eine letzte Frage oder eine letztes Statement zu äußern.

Immer wieder fasst er Gesprächsergebnisse – auch Teilergebnisse – zusammen und unterbricht Dauerredner. Das hält das Gespräch im Fluss und kann auch sehr taktvoll geschehen. Beispielsweise: „Da haben Sie etwas Wichtiges gesagt, Herr X. Was meinen Sie dazu, Herr Y?", oder: „Vorhin wurde darauf hingewiesen, dass …". Überhaupt hat er dafür zu sorgen, dass möglichst alle Gesprächsteilnehmer sich aktiv beteiligen und Zwischengespräche unter den einzelnen Teilnehmern bestmöglich vermieden werden. **Gekonnt moderiert, bringt eine Diskussion auch brauchbare Resultate**

Eine überzeugende Gesprächsleitung ist nur möglich, wenn der Leiter über ein fundiertes Sachwissen verfügt – nur so wird er von den anderen Teilnehmern anerkannt und respektiert.

Der Gesprächsleiter eröffnet die Diskussion. Vorerst werden aber keine Fragen gestellt. Wie kann er diese Situation entschärfen und die Debatte in Gang setzen?

- Der Gesprächsleiter stellt eine seiner vorbereiteten Fragen.
- Humorvolle Überleitung (zum Beispiel: „Ich weiß, die erste Frage ist immer die schwierigste. Kommen wir daher gleich zur zweiten.").
- Vorbereitete Fragen werden von vorher instruierten Zuhörern gestellt. Diese haben die Funktion eines Eisbrechers.

Der Beginn beziehungsweise das erste Drittel der Diskussion ist in der Regel die beste Zeit für die eigenen Teilnehmerbeiträge des Leiters neben dem Schlusswort.

Warum stellen die Zuhörer Fragen? Gesprächsleiter und Referenten sollten sich überlegen, warum überhaupt nach einem Vortrag Fragen gestellt werden. War der Vortrag zu wenig präzis? Welche wichtigen Fakten wurden vergessen? Hat sich der Referent unklar ausgedrückt? Meistens ist weder das eine noch das andere der Grund. Alleinige Ursache dürfte nämlich häufig das Selbstdarstellungsbedürfnis der Anwesenden sein: Die „IBADA-Reaktion" (Ich bin auch da, Anwesende!). Tragen wir dem Rechnung. Geben Sie eine Quittung, bevor Sie die Frage beantworten. Versuchen Sie, eine Ja-Reaktion auszulösen („Habe ich die Frage so richtig verstanden?", „Denken Sie in diesem speziellen Fall an ...?", „Habe ich Ihre Frage zu Ihrer Zufriedenheit beantwortet?", „Sind Sie befriedigt von der Antwort?").

Machen Sie sich bei der Fragestellung Notizen; zeigen Sie dem Fragesteller, dass Sie ihn ernst nehmen. Das Wiederholen des Namens des Fragestellers, wenn dieser bekannt ist, gehört ebenso zur Stellungnahme. Zitieren Sie aber die Antwort auf eine Teilnehmerfrage niemals wörtlich aus dem bereits gehaltenen Vortrag. Ansonsten würden Sie dem Fragesteller sehr deutlich zu verstehen geben, dass er nicht aufgepasst hat.

Als Vorbereitungshilfe und Gedankenstütze eignen sich, wie bei der Rede, Stichwortkarten im Format A6 (Postkartenformat).

Spezielle Rhetorik für Frauen?

Auf dem Seminarmarkt werden zahlreiche Seminare angeboten, die sich ausschließlich an Frauen richten. Vereinzelte Bücher adressieren sich ebenfalls ausdrücklich nur an Frauen. Gibt es denn spezifische Unterschiede zwischen der Rhetorik von Frauen und Männern? Oder gibt es Unterschiede in der Art des Lernens, die eben unterschiedliche Bücher oder Seminare erfordern würden?

Welches sind die Unterschiede?

Einige spezifische (biologische) Unterschiede gibt es diskussionslos und allseitig akzeptiert zwischen Männern und Frauen. Frauen haben beispielsweise, bedingt durch den geringeren Resonanzkörper, eine höhere Stimme. Durch die eher leisere Stimme müssen sie allenfalls andere Wege finden, sich durchzusetzen.

Unterschiede in der körpersprachlichen Kommunikation sind immer wieder feststellbar. Ob dies aus biologischen Gründen oder aufgrund der Erziehung zu einem spezifischen weiblichen Rollenverhalten so ist, bleibe dahingestellt. Im Abstandsverhalten, in der Anzahl der Berührungen oder auch in der Haltung lassen sich oft deutliche Abweichungen zwischen den Geschlechtern erkennen.

Psychologische Forschungen attestieren Frauen und Männern unterschiedliches Verhalten in Diskussionen. Frauen verspüren mehr Zugehörigkeit, sind kooperativer, passen daher auf, dass sich alle beteiligen, und beanspruchen weniger Macht als Männer. Diskussionsbeiträge von Männern haben einen Bonus, sie gelten als wichtiger als solche von Frauen. Frauen werden in ihren Reden öfter unterbrochen als Männer. Zudem wirken sie weniger glaubwürdig.

Ansonsten sind die Unterschiede wohl kleiner, als uns zahlreiche Autoren und Seminarveranstalter weismachen wollen. Rhetorische Regeln, die für Männer und Frauen gleichermaßen gelten, gibt es weit mehr als solche, die ausschließlich für ein Geschlecht anwendbar sind.

Immer wieder äußern sich Frauen allerdings über ihre Probleme, sich in einer reinen Männerwelt zu behaupten. Der Dominanzanspruch der Männer ist ihnen zu stark. Sie fühlen sich ausgegrenzt und nicht ernst genommen. Innerhalb einer reinen Frauengruppe, mit einer weiblichen Lehrkraft, fühlen sie sich aufgehobener und können sich besser öffnen. Sie sind damit „unter sich". Insbesondere wenn es um das Problem geht, sich erstmals vor einer Gruppe frei äußern zu müssen, ist ein reines Frauenseminar für viele Teilnehmerinnen sicherlich der einfachere Weg, ihre Hemmschwelle zu überschreiten.

Frauen unter sich schaffen oft eine entspanntere Atmosphäre
Mit anderen Frauen als Seminarteilnehmerinnen können Frauen über solche geschlechtsspezifische Fragen und Probleme besser und in einer entspannteren Atmosphäre diskutieren. Sie werden in der Regel vergleichbare Erfahrungen gemacht haben und diese in Verhaltensstrategien umsetzen können. „Die Frau in der Männerwelt" könnte wohl immer noch, trotz aller Bewegungen zur Gleichberechtigung, ein Thema in einem Rhetorikseminar für Frauen sein – bei gemischten Gruppen hingegen würde es wohl wenig Anklang finden. Auch die Fragestellung „Wie setze ich mich in einer reinen Männerwelt durch?" dürfte in Frauenseminaren größeres Interesse finden.

Frauen sollen jedoch bedenken, dass solche reinen Frauen-
seminare nicht auf die tagtägliche Wirklichkeit vorbereiten.
Die Realität besteht in der Regel aus geschlechtsgemischten
Gruppen. Somit kann ein solches Seminar lediglich als Trai-
ningshilfe zum Abbau von Hemmungen, zur Stärkung des
Selbstbewusstseins und als Einstieg in die Wirklichkeit dienen, es ersetzt aber nicht die Erfahrung, die Frauen in ge-
mischtgeschlechtlichen Seminaren machen können.

Vernünftige sprachliche Formen

Von Frauenseite wird den Männern immer wieder eine spe-
zifisch männliche und teilweise sexistische, frauendiskrimi-
nierende Sprache vorgeworfen. „Skihäschen, Serviertochter,
Buffetdame, das schwache Geschlecht, Emanzen, Freuden-
mädchen" sind solche Ausdrücke. Dass in der Aussage „In
der Firma arbeiten 100 Mitarbeiter" die Frauen auch eingeschlossen wären, sei in der deutschen Sprache selbstverständlich, sagen die einen. Doch gerade um die (sprachliche)
Benachteiligung der Frauen zu überwinden, gelte es, diese
Mitarbeiterinnen ausdrücklich zu nennen, argumentieren
viele Frauen. Also wird die längere, aber korrekte Formulierung gewählt: „In der Firma arbeiten 100 Mitarbeiterinnen
und Mitarbeiter."

In der Sprache drücken sich Machtstrukturen aus. In einer
noch immer von Männern dominierten Gesellschaft ist auch
die Sprache männlich geprägt, sie ist eine Ausdrucksform des
Patriarchats. Das Denken wird in Wörter gefasst, und die
verwendeten Wörter beeinflussen wiederum das Denken.
Diese Selbstverständlichkeit müssen sich speziell Männer
immer wieder sagen lassen. Sprache schafft und eliminiert
Klischees. Oder ist es Zufall, dass „Romeo und Julia" respek-

Die Sprache bringt vieles über das Verhältnis zwischen den Geschlechtern zum Ausdruck

tive „Adam und Eva" immer in der Reihenfolge „Mann und
Frau" genannt werden? Denken Sie einmal – gerade als Mann
– darüber nach. Achten Sie auf Ihr Gesprächsverhalten.
Insbesondere in Amerika existiert ein Trend, eine Sprache zu
wählen, die ohne sexistische, rassistische oder negativ wer-
tende Begriffe auszukommen sucht. Noch ist uns „dumm
und dick" näher als „geistig gefordert und von anderer
Größe". Noch sprechen wir von „Liebhaberin, Liebhaber,
Ehefrau, Ehemann, Freundin und Freund" und noch nicht
– von „bedeutsamem Gegenüber". Menschen sind für uns
„faul oder lügen", sie sind nicht „motivationsmäßig unzu-
reichend oder ethisch verwirrt". Muss das aber immer so
bleiben?

Viele Ausdrucks- Wie könnte dies konkret für Sie als Rednerin oder Redner
weisen lassen aussehen? Folgende Forderungen werden aufgestellt: Frauen
sich leicht fordern, dass die feminine Form ausgesprochen wird. Also
ändern – zu- „die Passinhaberin", die „Bürgerin", die „Schülerin" und die
gunsten einer „Unterschrift der Ausstellerin". Was heute noch ungewohnt
Gleich- erscheint, wird wohl in wenigen Jahren zum Alltag gehören.
behandlung Auch werden dann zum Fest nicht „alle Teilnehmer mit
Ihren Damen" eingeladen, sondern „alle Teilnehmerinnen
und Teilnehmer mit Ihrer Begleitung".
Sind somit Frauen und Männer gemeint, wird eben von
„Kolleginnen und Kollegen" oder „Studierenden" (= „Stu-
dentinnen und Studenten") gesprochen. Formen wie „der
Vize" heißen dann nicht „der weibliche Vize", sondern einfach „die Vize".
Der Siegeszug des Großbuchstabens I wird wohl in Zukunft,
zur vereinfachten Schreibweise, kaum aufzuhalten sein. Statt
„Handballerin und Handballer" wird lediglich „HandballerIn" geschrieben. An diese „Abkürzungen", die jedoch regu-
lär in der Langform ausgesprochen werden, wird man sich
gewöhnen wie an „z. B.", „usw." oder „d. h." als Kurzformen.

Mit der Zeit werden uns die Formen „Fachfrau oder Kauffrau" genauso vertraut sein, wie „Fachmann und Kaufmann".
Ein Spezialfall in der deutschen Sprache bildet das „man". Mit einfachen Umformulierungen kann der Gebrauch vielfach vermieden werden. Als Beispiel wird aus „Man kann das auch so sehen" „Das kann auch so gesehen werden".
Geschlechtsneutrale Formulierungen lassen sich oft finden. Aus „Mannjahren" werden dann „Personenjahre" im EDV-Projekt.
Dass es grammatikalisch richtig sein muss, versteht sich.
Wenn sie Augenärztin ist, heißt es eben: „Sie ist Augenärztin." Oder: „Die Frau ist eine Spenglerin." Allerdings sollte auch bei dem bewussten Einsatz weiblicher Formen oder der ausdrücklichen Einbeziehung der Frauen das Kind nicht mit dem Bad ausgeschüttet werden. So wurde auch in diesem Buch nicht konsequent die männliche und die weibliche Form verwendet und auch das Wörtchen „man" findet sich. Flüssigeres Lesen und Verzicht auf allzu häufige Passivkonstruktionen, die schließlich ausdrücklich als schlechter Stil bezeichnet wurden, waren die Gründe dafür. Ein solches Abwägen ist unvermeidlich.
Sprechen Sie in der Anrede Vornamen aus. Oft werden fälschlicherweise nur die weiblichen Vornamen ausgesprochen – nicht jedoch die männlichen. So wird in einer Veranstaltung „Edeltraud Schupp und Herr Huber" begrüßt. Sprechen Sie besser „Edeltraud Schupp und Marco Huber" an.
Neben der Verwendung einzelner Wörter scheint mir aber vor allem eine sinnvolle inhaltliche Darstellung nötig. Keine Diskriminierung entsteht unter anderem, wenn Frauen und Männer gleich häufig als aktive und erfolgreiche Personen beschrieben werden. Handhaben Sie das? Überprüfen Sie sich einmal kritisch auf diesen Punkt hin.

Sprechverhalten ändert sich nicht von heute auf morgen Ich denke, vieles, was in diesem Kapitel aufgezeichnet wurde, bedarf eines Lernprozesses. Und Lernprozesse wiederum bedürfen der Zeit. Was uns heute noch ungewohnt und fremd erscheint und ein ablehnendes Verhalten auslöst, wird vielleicht schon bald zur Gewohnheit und uns selbstverständlich. Vielleicht wird langfristig für das gesellschaftliche Leben die Geschlechtszugehörigkeit immer bedeutungsloser. Damit müsste dann wohl auch immer weniger auf die Verschiedenartigkeit hingewiesen werden. Genauso wenig wie auf Personen mit und ohne Brille speziell hingewiesen wird.

Hilfsmittel, die den Vortrag unterstützen

Hilfsmittel sind technische Geräte oder Einrichtungen, die die Wirksamkeit eines Vortrags erhöhen. Diese Anschauungsmittel dienen zur akustischen, optischen, figürlichen oder audiovisuellen Ergänzung der gesprochenen Wörter. Sie geben dem Referenten Sicherheit. Seine Informationen kann er gezielter und attraktiver übermitteln, da er einen roten Faden hat. Sitzungen werden effektiver durchgeführt. Beim Empfänger werden zusätzliche Sinne angesprochen (Auge oder Ohr). So ist es eine alte Weisheit, dass ein Bild mehr als 1 000 Wörter sagt!

Der Nutzen der technischen Hilfsmittel

Jedes Hilfsmittel ist für einen bestimmten Zweck am besten geeignet. Es ist wie mit einem Werkzeugkasten. Wer einen solchen besitzt, kann als Heimwerker für jedes Problem das richtige Werkzeug zücken. Für den Nagel den Hammer – für die Schraube den Schraubenzieher. Klar könnte man auch mit dem Hammer eine Schraube ins Holz schlagen – zweckmäßig ist das allerdings nicht. Wer bei den Hilfsmitteln deren viele kennt, kann dann je nach Problem das richtige einsetzen. Zudem hängt die Wahl des Hilfsmittels von Ihrer Person, dem Budget und dem Thema ab. Es lohnt sich daher, verschiedene Möglichkeiten kennen zu lernen, von denen Sie vielleicht heute glauben, dass Sie nie in die Lage kommen, sie zu nutzen.

Für jedes Problem das richtige Werkzeug

Hilfsmittel sollen:
- besser sein als eine Präsentation ohne Hilfsmittel,
- den Monolog auflockern,

- wortreiche Erklärungen ersetzen,
- mehr Informationen übermitteln,
- verbindlicher sein als mündliche Äußerungen,
- Aufmerksamkeit erhalten,
- sich beschränken auf das Wesentlichste,
- übersichtlich gestaltet sein,
- Erinnerungswerte steigern,
- zielgerichtet sein,
- keine Details enthalten,
- Strichzeichnungen statt Gemälde zeigen,
- die Glaubwürdigkeit steigern,
- einfach, klar, übersichtlich und verständlich sein,
- für alle Zuschauer von der Größe her sichtbar sein,
- leserlich (Schriftgröße) und grafisch ansprechend sein,
- nicht vom Präsentator angesehen werden (dieser hält den Blickkontakt zu den Anwesenden),
- erst wenn und solange sie benötigt sind, gezeigt werden.

Das komplizierteste und technisch aufwendigste Hilfsmittel muss nicht immer das zweckmäßigste sein. Wählen Sie von zwei gleich wirksamen Hilfsmitteln jeweils das technisch einfachere.

Erinnerungswert in Abhängigkeit von der Methode

Das Auge ist der wichtigste Informationslieferant Der Mensch nimmt über 80 Prozent seiner Informationen über das Auge auf, noch gut zehn Prozent über das Ohr und ganz wenige Prozente über die Nase beziehungsweise den Tastsinn. Aufgenommen werden somit vorwiegend Bilder. Bilder werden zudem durch unser Gehirn gegenüber reinem Text intensiver und rascher verarbeitet und lösen eine über-

durchschnittliche innere Aktivierung bei der Auseinandersetzung aus. Bilder unterliegen zudem gegenüber dem Text
weniger der abwägenden, kritischen Kontrolle des Konsumenten, sondern werden mit weniger gedanklichem Aufwand verarbeitet. Wie verhält es sich jedoch mit der Behal-
tensleistung? Die Lernmethoden können auch anhand dieser
Kanäle unterschiedlich gewählt werden. Das Erkennen eigener Stärken erleichtert die Wahl der Lernform.

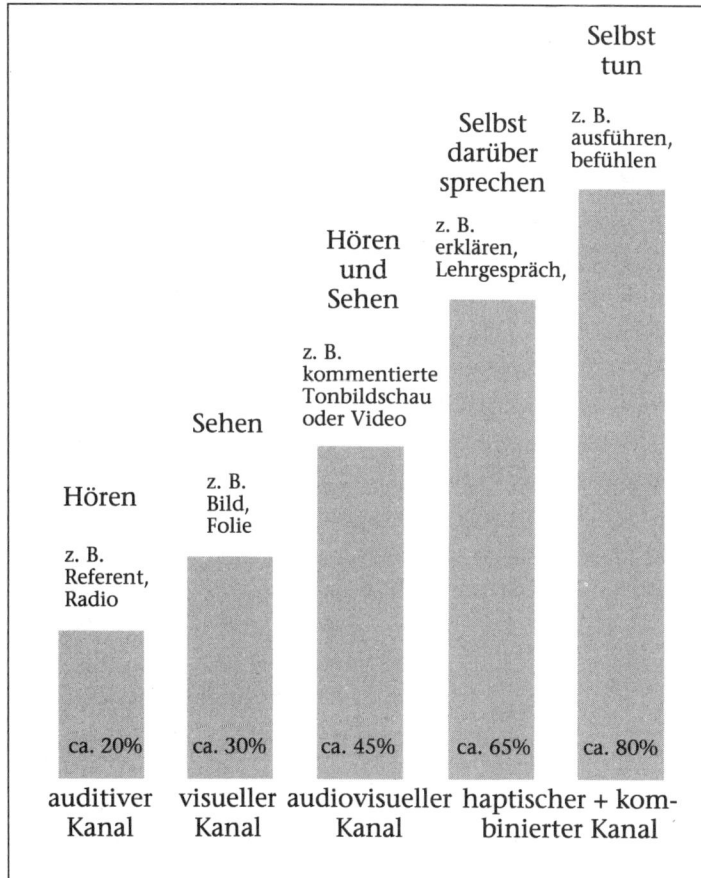

Unsere
Behaltens-
leistung
steigert sich,
je mehr Sinne
angesprochen
werden

Selbstverständlich beeinflussen neben der Beteiligung möglichst vieler Sinne noch weitere Faktoren das Behalten. Das sind:

- Art des Materials
- Lern- und Präsentationsmethode
- Dosierung, Strukturierung, Gliederung
- Reihenfolge (Gleichartiges stört sich gegenseitig)
- Motivation
- Lernplateau (Lernen erfolgt schubweise)
- Feuer des Referenten

Gerade bei Präsentationen (Vorstellung von Produkten, Ideen oder Arbeitsergebnissen) mit dem Ziel, die Zuhörerinnen und Zuhörer zielgerichtet zu beeinflussen, auf den nötigen Wissensstand oder zur Entscheidung zu bringen, spielen Hilfsmittel eine bedeutende Rolle.

Aber Achtung:

Hier stecken mögliche Fehlerquellen beim Einsatz von Hilfsmitteln

- Immer vorher ausprobieren (geht der Projektor, ist eine passende Steckdose mit Zwischenstücken vorhanden, reicht das Kabel, ist eine Ersatzbirne bereitgelegt, sind gute Schreibstifte vorhanden, halten die Klebstreifen beziehungsweise die Reißnägel, sind Verdunkelungsmöglichkeiten vorhanden?).

- Unterlagen genau ordnen (ist die Reihenfolge richtig, stehen keine Bilder auf dem Kopf oder seitenverkehrt?).

- Deutlichkeit (Helligkeit, Größe, Übersichtlichkeit, für Dritte verständlich, auf das Wesentliche beschränkt, möglichst nur eine Informationseinheit pro Schaubild).

- Hilfsmittel nur solange nötig einsetzen, nachher wieder entfernen (Projektor ausschalten), da sonst eine störende Diskrepanz zwischen Hilfsmittel und Rede entsteht.

- Referent könnte durch die Hilfsmittel in den Hinter- grund gedrängt werden.

Die gebräuchlichsten Hilfsmittel

Die nachstehende Aufzählung nennt technische Hilfsmittel. Sie beweist, dass ein Referent oftmals auf viel mehr Geräte zurückgreifen könnte, als er glaubt. Die Hilfsmittel sind alphabetisch geordnet. Lassen Sie sich inspirieren.

Anschlagwand, Bild, Buch, Compactdisc, Computer, Dia, Diktiergerät, Epidiaskop, Episkop, Faserschreiberwand, Fernseher, Film mit Projektor, Filzwand, Flipchart, Foto, Gerät für programmierte Unterweisungen, Geräusche, Grafik, Heft, Tageslichtprojektor, Illustrierte, Karte, Kassette, Klettenwand, Lautsprecheranlage, Lehrbuch, Lerngerät für den programmierten Unterricht, Lernsystem, Magnet- und Haftwand, Mikrofon mit Verstärker und Lautsprecher, Modell, Moltonwand, Musik, Muster, Nylonklettenwand, Packpapier, Pinnwand, Plakat, Plan, Planhalteschienen, Platten, Pressemappe, Projektor (mit Leinwand), Prospekt, Puppen(-theater), Referentenkoffer, Sandkasten, Schallplatte, Schaubild, schwarzes Brett, Simulator, Skizze, Skript, Sprachlabor, Tabelle, Tafel, Tageslichtprojektor, technisches Gerät wie Voltmeter, Tonband, Tonbildschau, transportable Lautsprecheranlage, TV, Video, Zeitschrift, Zeitung.

Tageslichtprojektor mit Folien

Der Tageslichtprojektor wird auch Prokischreiber, Overheadprojektor, Projektionsschreiber, Schreibprojektor, Arbeitsprojektor und in der Schweiz Hellraumprojektor genannt. Projektoren sind heute als Tisch- oder kompakte Koffermodelle erhältlich.

Ein praktisches und vielseitig einsetzbares Mittel

Der Tageslichtprojektor hat seinen Siegeszug in viele Sitzungen, Konferenzen, Präsentationen und in Schulungen angetreten. Denn aufgrund von Untersuchungen weiß man, dass sich Sitzungen und Konferenzen mit dem richtigen Einsatz von Tageslichtprojektoren durchschnittlich um fast ein Drittel verkürzen lassen.

Tageslichtprojektoren bieten Ihnen als Referenten gewaltige Vorteile. Nicht nur können Sie Ihre Text-, Grafik- oder Bildfolien zu Hause vorbereiten, sondern Sie können während des Vortrags (zusammen mit den Teilnehmern) die Folien weiterentwickeln. Durch die Visualisierung sprechen Sie die Zuhörer auch als Zuschauer an – dies verbessert das Erinnerungsvermögen markant (Grafik Seite 211).

Auch auf größere Distanz sind Aufzeichnungen lesbar und dienen als Erinnerungsstütze. Eine Folie ist nicht nur rasch, allenfalls mit dem Fotokopierer, erstellbar, sondern auch sehr kostengünstig. Zudem kann sie mehrmals (im gleichen Vortrag oder bei künftigen Referaten) verwendet werden.

Tageslichtprojektoren eignen sich vor allem in Schulungssituationen für Präsentationen von Teilnehmer- oder Gruppenlösungen.

Auch der Tageslichtprojektor hat seine Schwächen

Allerdings sollten Sie sich vor den Gefahren in Acht nehmen. Sie müssen den Raum manchmal recht stark verdunkeln, damit Ihre Folien bis in die letzten Reihen lesbar sind. Zudem sind Sie von der Technik abhängig. Eine defekte Lampe oder ein falscher Stecker können Sie in arge Verlegenheit bringen. Folien ermüden Ihr Publikum stark. Das helle Bild, das in der Regel zügige Sprechtempo und die Doppelrolle als Zuhörer und Zuschauer fordern die Anwesenden sehr. Vor allem dann, wenn noch gleichzeitig Notizen gemacht werden sollen, sind viele Leute überfordert.

Viele Referenten neigen dazu, aufgrund der Folien zu schnell mit Erklärungen vorwärts zu schreiten. Die Stoffdichte ist dann zu groß. Vorbereitete Folien verleiten dazu, sehr schnell zu sprechen, da sich der Folienersteller bei der Anfertigung der Folien längere Zeit mit dem Thema beschäftigt hat und daher für ihn alles klar ist.

Immer wieder muss man sich in Erinnerung rufen, dass der Erfolg nicht proportional zur Menge der Folien steigt. Besser ist es, Sie zeigen nur wenige Folien, die aber dafür in guter Qualität.

Grundregeln:

- Wenige Textzeilen pro Folie
- Eine Folie pro Gedanken
- Druckbuchstaben verwenden (Groß- und Kleinbuchstaben sowie weite Buchstaben-, Wort- und Zeilenabstände)
- Wenige Farben pro Folie einsetzen. Eher dunkle Farben als helle verwenden
- Folien nicht bei brennender Lampe wegziehen oder auflegen
- Genügend Pausen zum Abschreiben geben
- Rechtshänder stehen links neben dem Projektor, Linkshänder rechts neben dem Projektor. So verdecken Sie möglichst wenigen Personen die Sicht
- Direkt auf die Folie zeigen (so wird der Blickkontakt nicht lange unterbrochen) mit Pfeil oder Kugelschreiber (nicht mit den Fingern) und nur in Ausnahmefällen mit einem Stab auf die Leinwand
- Wasserlösliche Filzstifte können mit Wasser korrigiert werden. Mit wasserfesten Filzstiften beschriebene Folien können mit speziellen Korrekturmarkern oder Alkohol (zum Beispiel Brennspiritus oder Rasierwasser) korrigiert werden

Damit Sie Ihre Zuschauer nicht unnötig ermüden, soll der Projektor ohne aufgelegte Folie abgestellt bleiben. Zudem bleibt so die Aufmerksamkeit beim Referenten. **Projektor ohne Folie abstellen**

Präsentationstechniken:

- Direktes Beschreiben: Die Folie(nrolle) wird während des Vortrags beschriftet. Das aufgrund der eigenen Gedanken oder aufgrund der Stichwörter, die Ihnen die Zuhörerinnen und Zuhörer zurufen.

Verschiedene
Möglich-
keiten, den
Tageslichtprojekt
or zu nutzen

- Abdecken: Der noch nicht benötigte untere Teil der Folie wird mit einem Karton abgedeckt und erst Schritt um Schritt freigegeben. Zeigen Sie, worauf sich im Moment das Interesse richten soll. Sie steuern damit die Aufmerksamkeit ihrer Zuhörer.

- Überlagern: Mehrere Transparente werden nach und nach aufeinander gelegt (maximal vier Folien). Dadurch wird die Grundinformation erweitert (Umrisse eines Landes, später politische oder topographische Karte).

- Unterlegen: Eine Grundfolie wird unter die Folienrolle gelegt und kann dann ergänzt werden (zum Beispiel ein Steuerdeklarationsformular, Millimeterpapier für Grafiken).

- Zeigen von Gegenständen: Konturenreiche Gegenstände können direkt auf den Projektor gelegt werden.

Flipchart

Ein solcher Präsentationsständer mit plakatgroßen Papieren wird auch Flipchart-Wand, Flip-Flap-Tafel, Blatttafel oder Papierwand genannt.

Dazu wird sehr wenig Material benötigt. Ein Ständer oder eine Aufhängevorrichtung an der Wand zusammen mit einem großen Papierblock sowie farbige Schreiber in mittlerer oder großer Breite genügen. Das ist heute bereits Standardausrüstung vieler Schulungs- und Seminarzimmer oder könnte mit dem Auto bequem transportiert werden.

Mit Flipchart-Blättern wecken Sie die Neugierde der Zuschauer auf das nächste Blatt – das Sie erst dann zeigen, wenn

Kein Problem
bildet hier ein
Stromausfall
oder eine
defekte
Steckdose

Sie wollen. Auf den großen Blättern ist der rote Faden mit den Kernpunkten notiert.

Von der Technik sind Sie hier nicht abhängig. Stromausfall kann Ihnen nichts anhaben. Auch muss der Saal nicht speziell verdunkelt werden. Die Blätter können vom Ständer genommen und im Seminarraum an den Wänden befestigt werden, etwa mit Klebstreifen oder Reißnägeln. Heute können in zahlreichen Seminarräumen diese Merkzettel auch mit Magneten an speziellen Schienen oder an Spezialwänden aufgehängt werden.

Solche Blätter können Sie ebenfalls zu Hause vorbereiten. Gegebenenfalls wird ein Grundraster mit Bleistift notiert, da man den feinen Strich auf große Distanz nicht sieht.

In ganz großen Räumen allerdings, in denen Sie noch mit einem Tageslichtprojektor arbeiten können, wird Ihr Flipchart unlesbar. Die sperrigen Flipchart-Ständer machen zudem dieses Hilfsmittel für Bahnreisende nicht gerade attraktiv.

Wann ist der Flipchart nicht geeignet?

Saubere Blattgestaltung verlangt etwas Übung und eine sichere Hand, da Sie nachträglich nur schlecht korrigieren können.

Wie handhabe ich den Flipchart optimal? Folgende Tipps gilt es zu beachten:

■ Das nächste Blatt ist erst dann aufzudecken, wenn die Informationen besprochen werden.

■ Das Blatt sollte nur so lange wie nötig auf dem Ständer bleiben.

■ Notieren Sie nur Stichwörter, keine ausführlichen Texte!

■ Zeichnungen und Diagramme sind hervorragend geeignet.

■ Verwenden Sie Farben. Das bringt Übersicht und Klarheit.

■ Bleiben Sie auf der Seite stehend mit dem Blick zum Publikum, wenn Sie den Flipchart erläutern. (Ansonsten würden Sie den Zuschauern den Rücken zuwenden.)

Wissen Sie, dass mit einem Klebestift oder mit Klebstreifen auch Teilnehmerbeiträge, gesammelt auf verteilten Zetteln, aufgehängt werden können?

Pinnwand und Wandtafel

Die Pinnwand ist eine Steck-, Haft- oder Magnetwand. Auf ihr können Kärtchen aufgehängt und bei Bedarf leicht umgruppiert werden. So können wechselnde Zusammenhänge und Strukturen aufgebaut und verschiedene Gruppenmeinungen beziehungsweise Szenarios durchgespielt werden. Es gelten analoge Regeln wie beim Flipchart. Die größere Schreibfläche bietet zahlreiche Vorteile, allerdings auch gewichtige Nachteile. Größere Diagramme, die längere Zeit stehen bleiben müssen oder fortlaufend weiterentwickelt werden, sind mit Vorteil auf einer Tafel zu notieren. Diese blendet nicht, im Gegensatz zur Leinwand des Tageslichtprojektors. Beim Schreiben wendet der Referent allerdings den Zuschauern den Rücken zu – oft wird in diesen unglücklichen Positionen auch noch das Tafelbild erläutert. Besser wäre es, zur Seite zu treten und mit einem Zeigestab, einer Teleskopantenne oder einem Bambusstab die Erläuterungen abzugeben. Zudem ist die Fläche sehr beschränkt, und saubere Tafelbilder benötigen Zeit und Übung.

Mit dem Rücken zum Publikum schreiben – ein Nachteil

Auch hier können Teilnehmerbeiträge auf Zetteln auf der Wand festgehalten werden. Sie können mit Leim, Leimspray, Nadeln oder Magneten – je nach Wandart – befestigt werden. Bei Wandtafeln besteht die Gefahr, dass der Referent zu klein schreibt, da er selbst auf sehr kurze Distanz die Schrift liest.

Weitere Hilfsmittel

Neben den bereits vorgestellten Hilfsmitteln werden noch häufig eingesetzt:

Dia/Film/Video

Sie alle eignen sich zur Verdeutlichung oder natürlichen Darstellung von Gesagtem, auch zur Einleitung oder zum Abschluss eines neuen Themas. Der Motivationscharakter oder die Unterstützung beim Lerntransfer ist nicht zu unterschätzen. In Lernsituationen sollen diese Medien immer zwischen Vorbereitungsteil und einem anschließenden Auswertungsteil eingebettet sein.

Insbesondere regelmäßig wiederkehrende Präsentationen, zum Beispiel Betriebsvorstellungen oder Instruktionen, können mit Dias, Filmen oder Videos attraktiv gestaltet werden. Zahlreiche Institutionen verleihen Spiel- oder Sachfilme. Lernfilme eignen sich vor allem zur Demonstration von Bewegungsabläufen oder -vorgängen beziehungsweise bestimmten Verhaltensweisen oder zu Werbe- und PR-Zwecken. Die Präsentation verlangt in der Regel wenig technische Kenntnisse, hingegen den richtigen Projektor (8-/16-mm, Stummfilm/Tonfilm mit Licht- oder Tonfilmspur?).

Bilder, bewegt oder unbewegt, lockern auf und wecken Interesse

Der Raum muss verdunkelbar und die Leinwand entweder bereits fest montiert sein oder muss mitgenommen werden. Zeigen Sie nur qualitativ erstklassige Bilder (die Zuhörerschaft stellt heute hohe Ansprüche), es sei denn, es wären Bilder von gemeinsamen Aktivitäten.

Bei Dias ist ein dauerndes An- und Abschalten des Lichtes zu verhindern (Dias en bloc zeigen). Sprechen Sie lauter als sonst, da im verdunkelten Saal der Referent nur noch gehört und nicht mehr gesehen wird. Die Aufmerksamkeit der Zuhörer ist neben der Rede noch auf das Bild konzentriert. Vorsicht: Sie werden von der Technik abhängig.

Dias eignen sich für Produktinformationen, wenn zum Beispiel geeignetes Demonstrationsmaterial zum Erlernen der Sortimentskenntnisse fehlt, oder für sonstige Informationen aller Art.

Stehen Sie vor dem Publikum, und sprechen Sie frei. Benutzen Sie eine Fernbedienung, oder lassen Sie eine andere Person den Diaprojektor betätigen. Zu den Bildern ist meist kein oder wenig Kommentar angebracht – und dann soll nicht zur Leinwand gesprochen werden! Die optimale Projektionsdauer je Bild beträgt in der Regel zehn bis 30 Sekunden. Gesamtdauer: maximal 20 Minuten (je nach vorangegangener Vortragsdauer). Überblendungen, bei denen ein Bild, ohne dass es wieder ganz dunkel im Saal wird, zum anderen übergeht, und Tonbänder müssen sorgfältig synchronisiert sein und sind zeitaufwendig in der Erstellung.

Diese Medien sind anspruchsvoll, aufwendig und kostspielig in der Entwicklung. Zudem ist man während der Präsentation äußerst unflexibel.

Für den Einsatz von Videofilmen braucht es Übung. Insbesondere dann, wenn selbst aufgenommen wird und eventuell diese Sequenzen, zum Beispiel in einem Verkaufsseminar, ausgewertet werden sollen. Allerdings ist dies heute ein relativ kostengünstiges Verfahren zur Erstellung von Filmen zu Fallstudien, für Instruktions- oder Demonstrationsprogramme oder Zeitstudien. Hier wird die Mehrfachverwendung angestrebt. Daneben gibt es käufliche beziehungsweise ausleihbare Konserven oder die Programmaufnahme direkt vom Fernsehen. Beides bietet sich für den Privatgebrauch an. Hier ist allerdings die Gefahr der fehlenden Aktualität besonders groß.

- Der Videorecorder sollte nur in kürzeren Sequenzen eingesetzt werden.
- Beachten Sie die Copyright-Vermerke.

So könnte ein Videofilm strukturiert werden

Die Erstellung eines Videofilmes kann in folgenden Schritten geschehen:

- Zielsetzung, Inhalt und Aufbau
- Textformulierung, Bildentwürfe
- Realisation
- Validierung
- Einsatz

Modell/Muster

Konkret unterstützen auch Modelle und Muster Ihre Ausführungen. Dazu müssen Sie einleuchtend und für jedermann sichtbar sein.

Verteilen Sie Gegenstände, sofern die Teilnehmer diese Unterlagen nicht sofort benötigen, erst im Anschluss an den Vortrag. Damit wandert die Aufmerksamkeit nicht von Ihnen auf die Gegenstände ab.

Kleinere Gegenstände können Sie auch durch die Reihen wandern lassen. Damit kann das Publikum die Gegenstände einmal berühren und in die Finger nehmen. Das erhöht das Verständnis und die Identifikation.

Für den professionellen Einsatz gibt es zahlreiche Modelle, die Sie kaufen können. Oft haben selbst gemachte, einfache Modelle aber die gleiche Wirkung.

Tonband

Lassen Sie andere Personen sprechen, oder untermalen Sie die Veranstaltung mit stimmiger Musik. Das Tonbandgerät dient in Trainingsveranstaltungen auch zur Erfolgskontrolle. Denken Sie an eine Verkaufsschulung, an Sprach- und Sprechtraining oder an andere Gelegenheiten.

Bedenken Sie die Copyright-Vorschriften, wenn Sie einen Live-Mitschnitt von Kongressen, Veranstaltungen oder Radiosendungen machen wollen. Insbesondere wenn Sie das Aufgenommene öffentlich abspielen wollen, gelten gesetzliche Bestimmungen. Erkundigen Sie sich beim Veranstalter, ob er Ihnen die Bewilligung zum Mitschnitt erteilt.

Buch und Foto

Am Ende der Ausführungen können bei kleinen Teilnehmer-gruppen Bücher oder Fotos durch die Reihen gegeben werden. Beachten Sie, dass dies nur bei Unterlagen möglich ist, die nicht stark erklärungsbedürftig sind, und dass die Beschäftigung mit diesem Material viel Zeit in Anspruch nimmt.

Skripten

Sie dienen als Zusammenfassung des behandelten Stoffes. Aus didaktischen Gründen müssen Skripten genügend Platz für handschriftliche Ergänzungen lassen (breiter Rand oder unten frei, einseitig bedruckt). Neben dem Extrakt Ihres Vortrages kann ein Skript auch Aufgaben, Fragen, Fallstudien oder Arbeitsblätter enthalten zur Aktivierung der Teilnehmer. Dieses Skript kann später zu Nachschlagezwecken verwendet werden. Lose Blätter sind zwar nicht sonderlich präsentabel und die Gefahr der „fliegenden Blätter" ist größer, sofern sie nicht in einem Ordner abgegeben werden, doch erlauben sie dem Lernenden besser, eigene Unterlagen einzufügen. Der Umfang richtet sich nach dem Ziel, dem Publikum und der Zeit. Jedenfalls ist es Werbung für den Referenten (beziehungsweise für seine Firma), wenn die Unterlagen attraktiv gestaltet sind und seinen Absender enthalten. Werden solche Dokumentationen erst am Schluss abgegeben (das verhindert das Blättern zwischendurch), so sind sie bereits zu Beginn anzukündigen.

Schriftliche Informationen sind aufwendig in der Herstellung. Als Faustregel kann gelten, dass mindestens eine Stunde in eine Seite investiert werden muss.

Musterreden und Gliederungsbeispiele

Redegelegenheiten gibt es viele. Von der Abschiedsfeier über das Betriebsfest, zur Hochzeit, der Pokalübergabe, bis hin zu Weihnachten reicht die Aufzählung. Auch in der Vergangenheit gab es schon genügend Anlässe, um das Wort zu ergreifen. Von den berühmtesten und größten Rednern der Geschichte sind uns heute zahlreiche hervorragende Reden erhalten. Verschiedentlich werden für die zahlreichen Redegelegenheiten auch Schriften mit Musterreden herausgegeben. Dürfen nun diese Vorlagen, bewährt und ausgefeilt, unbesehen übernommen werden?

Natürlich können sie nicht genau eins zu eins übernommen werden! Denn was in einen bestimmten Rahmen und in eine bestimmte Zeit passt, das muss für Ihre Bedürfnisse noch lange nicht geeignet sein. Auf der anderen Seite, was bei Ihnen glaubwürdig und echt wirkt, muss bei anderen Rednern nicht unbedingt zutreffen. Die Analyse einer guten Rede kann Ihnen jedoch wertvolle Erkenntnisse über Sprache, Stilmittel und Aufbauformen vermitteln. Außerdem kann man in solchen Vorlagen oft Anregungen finden, welche einem bei der Erstellung der eigenen Rede nützen.

Musterreden können nicht wörtlich übernommen werden

Es ist immer besser, das Handwerk zu erlernen, als sich als Kopist zu betätigen. Reine Schablonenreden ergeben reine Schablonenredner.

Die nachfolgenden Musterreden sind daher als Anregungen und Beispiele zu verstehen. Sie können in Ihrer Redesituation nicht wörtlich übernommen werden, sondern man muss sie auf Person(en) und Anlass zuschneiden.

In einem eigenen Kapitel finden Sie einige Gliederungsbeispiele, das heißt stichwortartige Vorlagen. Diese zeigen Ihnen beispielhaft, wie eine bestimmte Redeart vorbereitet werden kann.

Reden zu privaten Anlässen

Im Familien- und Freundeskreis wird viel und gern gefeiert – Anlässe gibt es zur Genüge.

In diesem Umfeld kennen Sie den Menschen, über den, und die Personen, zu denen Sie reden, meist sehr genau. Das hat Vorteile, denn Sie wissen um die Vorlieben des Ehrengastes, Sie wissen, wie viel Ironie verstanden wird, und Sie können durch kleine unterhaltsame Anekdoten über gemeinsam Erlebtes Ihre Rede auflockern und gleichzeitig dem Geehrten Ihre Verbundenheit erweisen.

Sie haben ein geneigtes und – meist – vergnügtes Publikum. Zeigen Sie ihnen Ihren Respekt, indem Sie sich ebenso gründlich und ernsthaft auf Ihre Rede vorbereiten, wie Sie dies bei offizielleren Gelegenheiten tun würden.

Taufe, Kommunion, Konfirmation

Zur Taufe

Liebe Eltern!

Die Patin gratuliert Wir sitzen in froher Runde und prosten uns an einer festlichen Tafel zu. Wir haben unsere Glückwünsche ausgesprochen und nehmen Anteil an diesem Glück, dass ein Mensch geboren, dass er getauft ist und zu unserer Gemeinschaft gehört. In diesen Stunden klingt eine Stimmung auf, wie sie uns selten zuteil wird, denn wir freuen uns mit euch, den glücklichen Eltern, über das schönste Geschenk, das Menschen gegeben werden kann: Mann und Frau sind Vater und Mutter geworden!

Ich erinnere mich gut, als ihr, liebe Eltern, uns das erste Mal besuchtet und euch mit unseren Kindern beschäftigtet. Ihr habt mit ihnen wie mit kleinen Freunden gespielt, selbstvergessen und voller Ideen, auf die unsere beiden Kleinen voller Freude eingingen. Wir haben schon damals gewusst, dass eure Kinder eine glückliche Kindheit haben werden. Euer Wunsch ist in Erfüllung gegangen, ihr habt ein Eigenes Kind. Vorläufig liegt es wohlbeschützt in der Wiege und braucht sehr viel Liebe. Natürlich ist es das prächtigste Kind auf der Welt. Denn es ist euer Kind, und euer Kind ist die größte Kostbarkeit. Kostbarkeiten werden wohl behütet und viel bewundert. Wir sind hier zum Bewundern und sind sicher, dass ihr euer Kind wohl behütet. Ihr werdet es dabei nicht immer leicht haben. Gebe Gott, dass euer Kind vor böser Krankheit und vor Unfällen bewahrt bleibe.

Wir Paten sind stolz. Erstens, weil man uns gebeten hat, eine so schöne und so wichtige Aufgabe zu übernehmen. Zweitens, weil wir uns darauf freuen, als Paten zu handeln. Wir wollen ja nicht nur gelegentlich einmal nachfragen oder ein Geschenk mitbringen. Dem jungen Menschen wollen wir als Mitglieder der christlichen Gemeinschaft Betreuer sein, den Eltern zur Seite stehen und dem Kind als gute Freunde begegnen. Die Patenschaft werden wir ernst und fröhlich zugleich ausüben. Ernst, weil wir dieses Amt ernst nehmen, fröhlich, weil wir uns darauf freuen, mit dem Kind spielen und lachen zu dürfen. Heute beginnt eine neue Zeitrechnung, ein neuer Weg führt in die Zukunft. Glück und Liebe sollen ihn ebnen. Ich bitte Sie alle, mit mir das Glas zu erheben und unser aller Wunsch auszusprechen, dass Kind und Eltern eine glückliche Zukunft beschert sein möge.

Liebe Verwandte und Freunde!

Ein Verwandter spricht

Wir haben uns heute in frohem und glücklichem Kreise versammelt, um teilzunehmen an der Freude der lieben Eltern des Täuflings.

Der junge Weltbürger, der heute durch die Taufe in den Schoß der Kirche aufgenommen wurde, hat ein Recht darauf, dass wir seiner ganz besonders gedenken. Wir wissen nicht, welche Gaben das Geschick dem Kinde in die Wiege gelegt hat. Wir wissen aber, dass der Segen der Eltern den Kindern Häuser baut. Wir kennen den guten Geist, der in diesem Hause herrscht, und dürfen darum zuversichtlich hoffen, dass der Lebensweg dieses Kindes sonnig sein und über lichte Höhen führen wird.

Meine lieben Verwandten und Freunde!

Der Großvater spricht

Zunächst danke ich euch, auch im Namen meiner Frau und unserer Kinder, recht herzlich für euer Erscheinen und Mitwirken an der heutigen Feier.

Wir haben uns hier zusammengefunden, um die Taufe unserer kleinen … (Name des Taufkindes) zu feiern, nachdem vorhin der Täufling in den Kreis der christlichen Kirche aufgenommen wurde.

Die Gedanken, die dieses Fest in uns auslöst, sind Gedanken der Freude – der Freude darüber, dass der Wunsch unserer … und … (Namen der Eltern) nach einem Töchterchen in Erfüllung gegangen ist, und der Freude darüber, dass Mutter und Kind gesund sind. Die Geburt des ersten Kindes bedeutet doch eine noch festere Verkettung der Ehepartner, denn all ihr Sehnen und Hoffen vereinigt sich im Wohle des geliebten Kindes. Diese Vereinigung trägt unser kleiner Täufling sichtbar schon in seinem Namen: Von der mütterlichen Seite stammt der erste Teil des Namens, von der väterlichen der zweite. Dass sie auch alle guten Charaktereigenschaften beider Familien in sich vereinigen möge, ist unser großer Wunsch.

Schon Wilhelm Busch sagte: „Vater werden ist nicht schwer, Vater sein dagegen sehr". Nun, das wirst du, mein lieber ... (Name des Vaters), noch zu spüren bekommen. Doch über die Vater- oder Elternsorgen wollen wir heute nicht sprechen. Für uns Großeltern, die wir nur noch die Freuden an dem Kinde haben, ist sie schon heute der Sonnenschein in unserem Alltag. Ich bin ja nicht abergläubisch, aber mein Großvater sagte immer: „Wenn es am Tage der Taufe recht lustig zugeht, so wird im ganzen Leben des Täuflings Freude, Herzlichkeit und Harmonie sein." Das wollen wir unserer Kleinen doch alle wünschen, und so bitte ich euch, liebe Gäste, diesen Tag recht fröhlich zu begehen, denn es kommt unserer ... (Name des Kindes) zugute.

Für die vielen schönen Geschenke kann sich unsere kleine ... ja noch nicht persönlich bedanken, so möchte ich es hiermit tun.

Lasst uns anstoßen auf ... und ihre Eltern, auf dass sie eine so glückliche Familie bleiben!

Meine lieben Gäste!

Vielen Dank, dass ihr alle zur Taufe unseres Sohnes (unserer Tochter) ... zu uns gekommen seid. Meine Frau und ich freuen uns, dass auch Sie, Herr ... (Pfarrer, der die Taufe vorgenommen hat), trotz Ihrer vielen Arbeit unsere Einladung nicht abgeschlagen haben. Wir wissen um die Vielzahl der Aufgaben, die Sie in unserer Gemeinde zu erfüllen haben, und glauben, dass Ihnen einige Zeit der Ruhe und des geselligen Beisammenseins bestimmt nicht schaden wird.

Ein Vater spricht

Als vorhin das Sakrament der heiligen Taufe an unserem Kinde vollzogen wurde, musste ich für einen Augenblick an jene Menschen denken, die auch heute noch ohne Hoffnung und ohne das Wissen darum sind, dass unsere menschliche Schuld von einem auf sich genommen wurde, der uns zugleich ihre Vergebung mitteilte.

Vielleicht werdet ihr, liebe Gäste, über solche Überlegungen eines frisch gebackenen Vaters amüsiert lächeln. Ich nehme es euch nicht übel. Aber vielleicht habt ihr auch Verständnis dafür, dass ich mir an so einem Tag darüber Gedanken mache, wie wunderbar doch alles in unserem Leben eingerichtet ist.

Es zählt zu den schönen Dingen unseres Lebens, dass sich Menschen aus einem bestimmten Anlass zusammenfinden, um in gemeinsamer Runde fröhlich und vergnügt zu sein. Ganz besonders nett aber ist es, wenn man sich sagen kann, dass man selbst der Anlass dazu ist. Genaugenommen verdanken wir dieses Beisammensein zwar der Tatsache, dass ein kleiner Erdenbürger getauft wurde, und unser ... (unsere ...) ist heute deshalb auch die Hauptperson. Aber ich als Vater habe auch einen gewissen Anteil daran.

Ich danke euch allen dafür, dass ihr unserer Einladung gefolgt seid und an der Taufe unseres Jüngsten (unserer Jüngsten) teilgenommen habt. Ich wünsche euch, auch im Namen von ... (Name der Mutter), noch recht vergnügte Stunden in unserem Kreise.

Liebe Paten!

Die Großmutter spricht Lassen Sie mich die Gelegenheit wahrnehmen, das Wort einmal an Sie zu richten. Zunächst jedoch danke ich Ihnen dafür, dass Sie der herzlichen Bitte gefolgt sind und die Patenschaft für ... (Name des Täuflings) übernommen haben. In Anbetracht der damit verbundenen Verantwortung mag die Aufgabe, die Sie mit der Übernahme der Patenschaft auf sich genommen haben, nicht immer ganz leicht sein. Sie haben damit vor der Kirche das Versprechen abgelegt, an der christlichen Erziehung unseres Enkelkindes mitzuarbeiten und gemeinsam mit den Eltern dafür Sorge zu tragen, dass es zu einem Menschen heranwächst, der sein Leben gemäß dem christlichen Glauben zu leben versteht. Gewiss wird niemand von Ihnen erwarten, dass Sie später den sonntäglichen Kirchgang überwachen. Man wird auch nicht verlangen können, dass Sie allabendlich dabei sind, wenn das Nachtgebet gesprochen wird. Hierfür sind die Eltern verantwortlich, denen selbstverständlich die Hauptverantwortung für die Erziehung, auch für die christliche Erziehung, übertragen ist.

Der Sinn der Patenschaft liegt meines Erachtens darin, da zu sein, zu beraten und zu helfen, wenn es nötig sein sollte. Denn es wird auch im Leben dieses Kindes, wie in unser aller Leben, Augenblicke geben, in denen die Eltern nicht allein mit den gegebenen Umständen fertig werden, in denen sie froh und dankbar sind, wenn sie andere Menschen zur Seite haben, die auf Grund der für das Kind übernommenen Mitverantwortung raten und helfen. Wir alle kennen Situationen, in denen wir vor Entscheidungen gestellt werden, die für unsere Kinder einmal von größter Bedeutung sein können. Sei es bei Fragen der Schulausbildung, sei es, wenn es um die Wahl des zukünftigen Berufes geht, oder überhaupt immer dann, wenn es sich um Fragen handelt, welche die Zukunft betreffen. Gerade dann zeigt es sich auch, wie ungeheuer wertvoll es ist, sich mit Menschen besprechen und beraten zu können, die an den Geschicken des Kindes regen Anteil nehmen und uneigennützig helfen, etwaige Schwierigkeiten zu meistern und Hindernisse aus dem Wege zu räumen. In den eben geschilderten Lebenslagen ist es oftmals so, dass gerade dann die Eltern nicht den genügenden und unbedingt erforderlichen Abstand zu den Dingen haben, um objektiv entscheiden und handeln zu können. Gerade solch eine Handlungsweise ist jedoch im Interesse des Kindes notwendig.

Wir haben einen großen, manche sagen, den größten Teil unseres Lebens hinter uns gebracht. Das Kind aber hat das Leben mit all seinen Sonnen- und auch Schattenseiten noch vor sich, und wir Erwachsenen sind es ihm schuldig, es so zu lenken und zu leiten, dass es nicht unseren, sondern seinen eigenen Interessen gerecht wird. Wer selbst für junge Menschen Verantwortung trägt, der weiß, wie schwer es mitunter ist, die eigenen Wünsche und Vorstellungen zurückzustecken und seine Handlungsweise so einzurichten, dass sie tatsächlich das Beste für das Kind bedeutet. Das heißt nicht, dass man allen seinen Neigungen nachgeben darf. Das heißt auch nicht, ihm jeden Wunsch erfüllen zu müssen. Im Gegenteil, es bedeutet, dass Strenge und Milde, Vorsicht und Nachsicht sich die Waage halten müssen. Es bedeutet ein ununterbrochenes Abwägen und Sichentscheiden, damit man den Werdegang des jungen Menschen ruhigen Gewissens mitbestimmen kann. Diese Aufgabe ist, sofern sie von wirklicher Verantwortung getragen wird, bestimmt nicht immer leicht. Sie allein zu lösen ist jedoch in vielen Fällen geradezu unmöglich.

Darum möchte ich Sie, liebe Paten, heute herzlich darum bitten, den Eltern für die Zukunft Ihr Wissen und Ihre Erfahrungen zur Verfügung zu stellen, wenn es darum geht, diesem Kinde dabei zu helfen, dass es zu einem wertvollen Mitglied unserer menschlichen Gemeinschaft wird.

Zur Kommunion

Mein lieber ... (meine liebe ..., Name des Kindes)!
Meine lieben Gäste!

Die erste heilige Kommunion! Das ist ein ganz besonderer **Der Vater**
Tag im Leben eines gläubigen Katholiken. An ihm wird der **spricht**
junge Mensch zum Mitglied in der Kirche Christi. Die heilige
Kommunion gibt jedem einzelnen Menschen die Gewissheit, dass er an dem in Christus erschienenen Leben und an
der Gemeinschaft aller, die Christus angehören, vollen Anteil hat. Wer den Leib Christi empfangen hat, wird mit
seinen Brüdern und Schwestern in diesem Leib zusammen-
geschlossen. Im 1. Korintherbrief, Kapitel 10, Vers 16, heißt
es: „Wie es ein Brot ist, das gebrochen und ausgeteilt wird,
so bilden auch wir trotz unserer Vielheit nur einen Leib,
denn wir genießen alle ein und dasselbe Brot." Wer zur
Kommunion gegangen ist, gehört dem himmlischen Vater
und seinen christlichen Brüdern und Schwestern, und zwar
mit seinem ganzen Sein.
In der Kommunion kommt das Opfer, das Christus in seiner
Liebe der Menschheit dargebracht hat, auf geheimnisvolle
Weise denen zugute, die bereit sind, sich das erlösende
Wirken Jesu Christi gefallen zu lassen. Dabei lässt sich das
Geheimnis der Gegenwart unseres Herrn bei der Kommunion mit dem Verstande nicht ergründen. Wenn Christi
Opfertod in der getrennten Darstellung seines Leibes durch
die Brot gestalt und seines Blutes durch die Weingestalt nur
sinnbildlich dargestellt wird, so gewinnt der Gläubige durch
den Empfang der verwandelten Speise an diesem Opfer Anteil. Die Gegenwärtigkeit des Opfers Christi hat dadurch eine
besondere Wirkung und Wirklichkeit, dass durch die Wand-
lungsworte des Priesters Brot und Wein wirklich in den
lebendigen Christus verwandelt werden. Diese wunderbare

Gnadenbezeugung unseres Herrn Jesus Christus bedeutet für dich, mein Junge (meine ... Name des Kommunionkindes), von heute an eine große Verpflichtung und Verantwortung. Nachdem du seinen Leib und sein Blut empfangen hast, bist du ein Teil von ihm. Ich wünsche dir, dass Gott, Jesus Christus, der Heilige Geist und die Heilige Jungfrau dir immer beistehen werden, damit du deiner gro-ßen Aufgabe jederzeit gerecht werden kannst.

Mein lieber ... (meine liebe ..., Name des Kindes)!
Liebe ... (Name der Eltern)!
Meine sehr verehrten Gäste!

Der Pate gratuliert
Dieser Tag ist für dich, mein lieber Kommunikant (meine liebe Kommunikantin), von ganz außerordentlicher Bedeutung. Schon die Art, wie deine Eltern den Tisch gedeckt und geschmückt haben, schon die Kleidung und Geschenke der Gäste zeigen dir deutlich, dass es sich um einen ganz besonderen Tag handelt. Heute hat sich etwas ereignet, das im Leben jedes Katholiken nur einmal vorkommt. Du bist zum ersten Male zur Kommunion gegangen. Zusammen mit vielen anderen hast du etwas erlebt, worin sich die Güte und Barmherzigkeit Jesu Christi so deutlich zeigt wie sonst kaum irgendwo. Du hast Leib und Blut des Herrn zu dir genommen, und er hat dich damit zu einem vollwertigen Mitglied der heiligen Kirche erhoben.

Sicherlich kannst du die wahre und letzte Bedeutung dieses Tages noch nicht begreifen. Erst später wird dir klar werden, wie wichtig er in deinem Leben war und ist. Eines aber verstehst du schon heute: dass diese Gnade Gottes den Menschen ihm gegenüber verpflichtet. Du kannst nach diesem Tage deiner ersten heiligen Kommunion nicht so tun, als ob es ihn nie gegeben hätte. Im Gegenteil. Du wirst dich überall daran erinnern müssen, ganz gleich, ob es in der Schule, zu Hause, auf der Straße oder sonst wo ist. Als Mitglied unserer Kirche bist du an ihre Ordnung und an ihre Heilslehre gebunden. Sie verlangt von dir den Gehorsam, den sie als stellvertretende Instanz Jesu Christi von dir verlangen darf. Du hast dich mit dem heutigen Tag, an dem du zu einem Mitglied in der Kirche Christi geworden bist, verpflichtet, ihr diesen Gehorsam entgegenzubringen. Hoffentlich wirst du dich immer daran erinnern. Denke auch immer daran, dass man die Menschen zwar belügen, betrügen und ihnen den Gehorsam verweigern kann, nicht aber Gott. Er kennt dich genau, er kennt deine Seele und weiß, was für ein Mensch du bist. Das Heil dieser Seele und das ewige Leben werden einmal davon abhängen, ob dieser Tag, ob diese deine erste heilige Kommunion in deinem Leben wirklich die Bedeutung erhalten haben, die ihnen zukommt. Deine Eltern und wir alle werden dir immer gerne helfen, wenn es nötig sein sollte. Aber auch wir sind nur Menschen, und letztlich hängt es von dir allein ab, ob du zu einem wirklichen Anhänger unseres Herrn Jesus Christus wirst.

Zur Konfirmation

Liebe Konfirmandin!
Liebe Verwandte und Freunde unseres Hauses!

Zunächst danke ich euch allen für euer Kommen und Mitwirken. Es freut uns, dass ihr hier seid, um den Ehrentag unserer ältesten Tochter mit uns zu feiern. Du, liebe … (Name der Konfirmandin), hast dich heute vor dem Altar zu deinem Glauben bekannt und stehst damit an einem bedeutungsvollen Punkt in deinem Leben. Bis heute haben deine Eltern und Paten die Pflicht gehabt, für dich einzustehen. **Die Mutter spricht**

Nun sollst du selbst deinen Weg gehen. Das soll nicht heißen, dass du dir nicht auch nach wie vor bei uns jeden Rat
holen darfst, aber entscheiden – in Glaubensdingen – musst
du nun selbst.

Rein äußerlich wird sich in deinem Leben nicht viel ändern,
denn du gehst nach wie vor in die Schule und bleibst im
Kreise deiner Familie. Wir wissen alle auch noch nicht,
wohin dich dein beruflicher Weg einmal führen wird. Doch
freuen wir uns, dass sich jetzt schon dein besonderes Interesse für Mathematik, Physik und Astronomie offenbart, so
dass man wohl sagen kann, es wird dich später zu den
naturwissenschaftlichen Gebieten ziehen. Aber noch etwas
Zeit hat es ja, bis du dich endgültig entscheiden musst.

Liebe …, erhalte dir dein fröhliches Gemüt, denn es hilft dir,
mit den Schwierigkeiten des Lebens besser fertig zu werden.
Der heutige Tag ist dein Ehrentag, und wir wollen ihn – bei
allem Ernst, den er erfordert – fröhlich verbringen.

Ich bitte euch, meine lieben Gäste, dazu beizutragen, dass
der heutige Tag unserer Konfirmandin noch lange als besonders schöner Tag in Erinnerung bleiben möge, und möchte
euch bitten, das Glas zu erheben auf eine glückliche, erfolgreiche Zukunft unserer lieben …

Mein lieber … (Name des Konfirmanden)!
Liebe Eltern, Verwandte und Freunde!

Der Onkel
spricht

Heute morgen durften wir in der Christuskirche miterleben,
wie du, lieber …, dich vor dem Altar zu deinem Glauben
bekannt hast. Und wir haben zum ersten Male mit dir
zusammen das Fest des heiligen Abendmahles gefeiert.

Dieses Bekenntnis zum christlichen Glauben vor der gesamten Kirchengemeinde war dein Eigener freier Entschluss.
Einen solchen Entschluss zu fassen und ihn auch öffentlich

zu bekräftigen ist heute gar nicht mehr so einfach. Ich weiß nämlich aus vielen Gesprächen, dass Jungen und Mädchen in deinem Alter häufig davor zurückschrecken, öffentlich Zeugnis abzulegen von ihrem Glauben.

Da mag es verschiedene Ursachen geben, über die wir hier nicht urteilen wollen. Vielleicht ist es auch Folge einer Zeit, in der Geld, Einfluss, Fortschritt und Wachstumsraten von vielen wichtiger eingestuft werden als Überzeugung und Glauben. Du hast dir aber aus freien Stücken den unbequemeren, den schwierigeren Weg ausgesucht. Und ich wünsche dir heute, dass dein künftiges Leben dir immer bestätigen wird, dass es auch der richtige war.

Mit dieser Entscheidung und dem Bekenntnis dazu ist in dem Buch deines Lebens eine neue Seite zu einem bedeutenden Kapitel aufgeschlagen worden. Und da fällt mir ein Vers von Melchior Vulpius ein, der in der Schlichtheit seiner Sprache und gleichzeitig in der Stärke seiner Ausdruckskraft dir so viel mehr und besser sagen kann, als ich es je ausdrükken könnte:

Nun schreib ins Buch des Lebens,
Herr, ihre Namen ein,
Und lass sie nicht vergebens
dir zugeführet sein.
Ach, präge jedem Kinde
dein Wort recht tief ins Herz,
Dass es, bewahrt vor Sünde,
dir dien' in Freud' und Schmerz.

du, der du selbst das Leben,
Der Weg, die Wahrheit bist,
Uns allen sollst du geben
dein Heil, Herr Jesu Christ.
(Melchior Vulpius: Buch des Lebens, 1609)

Lieber ..., der heutige Tag ist dein Ehrentag. Dir zu Ehren, in Achtung und Respekt vor deinem Mut, dich frei für deinen Glauben zu entscheiden und öffentlich zu bekennen, möchte ich euch alle bitten, das erste Glas zu leeren auf eine glückliche und erfolgreiche Zukunft unseres ... Sehr zum Wohle!

Verlobung

Meine lieben Gäste!

Ein Elternteil spricht

Unser frohes Beisammensein hat einen ganz besonderen Grund. Wir freuen uns von Herzen mit unserem lieben Brautpaar, das heute so glücklich ist. Wir selbst brauchen dem Paar also kein Glück mehr zu wünschen, wir wollen jedoch der Hoffnung Ausdruck geben, dass es von unbegrenzter Dauer sein möge. Die freundlichen Liebesgötter, die heute ihre unsichtbaren Bande um unsere ... und unseren ... (Namen des Brautpaares) schlingen, werden, davon sind wir alle überzeugt, diese Bande unlöslich knüpfen und werden später, als ebenso freundliche Ehegötter, immer um die beiden sein. Mir fällt ein Schillerwort ein, das für dieses Paar gesprochen scheint: „Nie hat zwei schön're Herzen die Natur gebildet füreinander – die Welt nie eine Wahl so glücklich noch gepriesen." Reicht euch die Hände, liebe Verlobte, so wie ihr nun immer Hand in Hand gehen werdet! Und ihr, liebe Freunde, erhebt mit mir das Glas auf unsere ... und unseren ...!

Liebe ..., lieber ... (Namen des Brautpaares)!
Verehrte Gäste!

Ich betrachte es als meine Freundespflicht, dem lieben, jungen Paar einige Worte mitzugeben, denn mich verbindet eine echte Freundschaft mit dem Bräutigam (mit der Braut). Wir haben viele gemeinsame Erinnerungen, viele Wünsche und Hoffnungen hatten wir gemeinsam. Freundschaft ist aber nie ganz uneigennützig. Das jedenfalls wurde mir klar, als ich von der Verlobung erfuhr und plötzlich dachte: „Was wird nun aus unserer Freundschaft, wo ... (Name der Braut/des Bräutigams) in sein/ihr Leben getreten ist?" Mittlerweile schäme ich mich für diesen Gedanken, denn ich weiß jetzt, dass ich meinen lieben Freund (Freundin) nicht verloren habe, sondern in ... (Name der Braut/des Bräutigams) eine Freundin/einen Freund dazugewonnen habe! Es ist mein großer Wunsch, dass die beiden so glücklich werden mögen, wie sie es verdienen, und dass ich als Freund Zeuge und Gefährte dieses Glückes sein darf.
Ich leere mein Glas auf euer Wohl, liebe Freunde.

Ein Freund des Bräutigams oder eine Freundin der Braut spricht

---

Liebes Brautpaar! Liebe Gäste!

Ich glaube, ich darf für uns alle sprechen und sagen, wie tief die lieben Worte von ... (Name) zu Herzen gegangen sind und dass sie genau das ausdrücken, was wir alle heute empfinden. So habe ich der Rede also auch nichts hinzuzufügen. Es ist mir jedoch ein inniges Bedürfnis, herzlich und aufrichtig zu danken für die guten und treffenden Worte, die mein Vorredner für uns und unser Brautpaar gefunden hat.
Das junge Paar und alle Gäste mögen mit mir ihre Gläser erheben, um sie auf eine glückliche Zukunft der Verlobten und unser aller Wohl zu leeren.

Vater (Mutter) der Braut (des Bräutigams) spricht

Hochzeit

Liebes Brautpaar! Meine lieben Gäste!

Der Brautvater spricht

Als meine Frau und ich uns vor ... Jahren das Jawort gaben, hatten wir wohl beide keine rechte Vorstellung davon, was das Leben alles an Überraschungen bieten kann, wie es Pläne über den Haufen zu werfen und den Menschen vor eine Situation zu stellen vermag, die er sich noch kurz zuvor nicht einmal auszumalen vermochte. Wir sind gewiss nicht weniger unwissend in die Ehe gegangen als ihr, mein liebes, junges Paar, und wir mussten schon bald die Erfahrung machen, dass unsere Ahnung vom Leben noch viel zu gering war, um es erfolgreich bestehen zu können. Also ging es darum, zu lernen und immer wieder zu lernen, und heute, viele Jahre später, hat sich noch immer nichts daran geändert. Der Vorgang der Lebenserfahrung und Lebenserfassung ist niemals abgeschlossen. Da er sich auf die sich ständig wandelnde Realität unseres Daseins bezieht, ist er ebenfalls ununterbrochen dieser Wandlung unterworfen. Kein Tag ist wie der vorhergegangene oder wie der nächstfolgende, jeder ist einmalig, und jeder bietet einmalige Gelegenheiten, das Leben begreifen zu lernen. Wer mit offenen Augen durch diese Welt geht, der wird eine unüberschaubare Menge immer wieder neuer Dinge zu sehen bekommen, die er alle zu jenem geistigen Bauwerk zusammenfügen muss, das man Bewusstsein nennt. Und dann, wenn es am Ende seiner Tage fertig zu sein scheint, muss er zu guter Letzt feststellen, dass es niemals damit zu Ende kommen kann.

Ihr, mein liebes Brautpaar, könnt auch schon auf eine Reihe dieser Bewusstseins- und Lebenserfahrungen zurückblicken. Und dennoch müsst ihr auf einer anderen Ebene noch einmal von vorne anfangen. Ihr müsst umdenken und umlernen, denn ihr seid von nun an nicht mehr allein, sondern eine enge menschliche Gemeinschaft, in der jeder vom anderen abhängig ist. Während bislang eure Eltern die Verantwortung für euch meist noch mit übernommen haben, müsst ihr sie von heute an selbst tragen. Keiner wird sich jemals aus irgendeiner Situation damit herausreden können, dass er sagt, er habe sich von einer Ehe ganz andere Vorstellungen gemacht. Die Ehe ist keineswegs ein Laboratorium für halbfertige Wissenshungrige, sie ist vielmehr ein ernstes und ernst zu nehmendes Arbeitsfeld für denjenigen, der es versteht, Verantwortung zu tragen. Wer dies nicht versteht, der sollte die Finger davon lassen und nicht sich und den anderen unnötiges Leid bringen. Von euch beiden, meine lieben Jungvermählten, erwartet man mit Recht, dass ihr euren Schritt wohl überlegt habt. Eure Eltern haben euch immer wieder auf die tausendfältigen Schwierigkeiten des Lebens hinzuweisen versucht und keine Gelegenheit ausgelassen, euch auf ein Leben zu zweit vorzubereiten. Sie haben es getan, indem sie euch schon früh lehrten, was es heißt, Verantwortung zu tragen und für einen anderen Menschen sorgen zu müssen.

Wir Älteren werden euch gerne beim Start ins neue Leben helfen, wenn ihr es wollt. Wir wissen nämlich, dass man nur dann mit dem, was man geschaffen hat, wirklich zufrieden sein kann, wenn man es selbst erreicht hat. Diese Zufriedenheit, die mehr wert ist als aller falsch verstandener Elternstolz, wünschen wir euch von ganzem Herzen.

Liebe Freunde!

Seit nun über zwei Jahrzehnten gehe ich in diesem gastlichen Hause als ältester Freund ein und aus, und deshalb drängt es mich heute und hier, ein paar Worte zu sagen.

Nun hat es sich wieder einmal begeben, dass ein „Er" eine

Ein Hochzeitsgast gratuliert

„Sie" fand, dass aus beiden eine Gemeinsamkeit werden will, aus der wiederum – wir hoffen und wünschen es jedenfalls herzlich – manch zarter Spross entspringen möge.

Die Tochter des Hauses kenne ich von Kindesbeinen an, und sie ist mir so lieb und ans Herz gewachsen, als ob es meine eigene wäre. Ich kann mit den Brauteltern empfinden, wie schwer es ihnen auf der einen Seite werden mag, ihr Kind nicht mehr im Hause zu haben, und wie glücklich sie auf der anderen Seite sind, nun auch ihre Tochter den Weg gehen zu sehen, den sie selbst gegangen sind. Der junge Ehemann ist uns auch seit längerer Zeit vertraut, und wir haben ihn als tüchtigen und aufrechten Menschen kennen gelernt. Wir wissen, dass er ein froher und aufgeschlossener junger Mann ist, der seine Sache gut versteht, und wir wünschen ihm, dass auch weiter alles gelingt, was er anpackt, so dass er seine junge Ehefrau und die künftigen Kinder nicht nur durch seine liebenswerte Art, sondern auch durch seinen wirtschaftlichen Erfolg zu einem harmonischen Dasein führt.

Geht euren Weg und seid glücklich, und alle eure Freunde werden neidlos danebenstehen und daran teilhaben.

Meine lieben Gäste!

Der Bräutigam dankt

Ich danke euch, dass ihr gekommen seid, um diesen schönsten Tag in unserem Leben mit uns zu feiern. Ihr habt uns dadurch nicht nur eure Treue und Anhänglichkeit bewiesen, ihr habt auch nach besten Kräften dazu beigetragen, die festliche Stimmung zu erhöhen. Gedichte, Festreden, die Hochzeitszeitung, ja, sogar richtige Theaterstücke habt ihr euch für uns ausgedacht, um sie uns meisterhaft vorzuspielen. Der Sinn dieser Feier liegt ja nicht nur darin, dass der heutige Tag angemessen gefeiert wird. Nein, er soll unauslöschlich und als kostbare Erinnerung in unserem Gedächtnis lebendig bleiben! Ihr, meine lieben Gäste, habt dafür gesorgt, dass diese Erinnerung bunt und fröhlich sein wird. Und dafür danken wir euch von ganzem Herzen. Ebenso aufrichtig und herzlich danken wir den lieben Eltern, die uns dieses Fest so feierlich und schön gestaltet haben.

Da ihr alle uns so viele Beweise eurer Liebe, Treue und Verbundenheit erbracht habt, fragen wir uns: „Wie können wir euch das alles danken?" Nun, wir hoffen von Herzen, dass wir uns alle bald in unserem neuen Heim zusammenfinden werden, damit wir als Gastgeber einen ganz kleinen Teil jener Dankbarkeit abtragen können, die wir euch allen gegenüber empfinden.

Liebes Brautpaar! Liebe Brauteltern!
Liebe Verwandte und Freunde!

Obwohl ich wohl einer der Jüngsten hier bin, möchte ich heute ein paar Worte an euch richten. Der heutige Tag ist ein Freudentag für uns alle, und entsprechend ist auch die Stimmung: fröhlich und lustig. Es ist aber auch ein Tag, der nicht nur dein zukünftiges Leben, liebe … (Name der Braut), ändern wird, sondern auch unser Familienleben. Bisher hatte ich immer jemanden, mit dem ich alle meine kleinen Sorgen besprechen konnte. Du hattest auch immer Zeit für mich, wenn es einmal mit der Mathematik oder den Sprachen nicht so ganz klappen wollte. Nun wohnst du nicht mehr hier. Du wohnst zwar, Gott sei Dank, nicht allzu weit von uns entfernt, aber dennoch: du hast jetzt deine eigene Welt, die dich sicher auch ganz ausfüllen wird. Du hast aber dafür gesorgt, dass unsere Familie größer geworden ist, so dass ich ja nun den langersehnten großen Bruder doch noch bekommen habe. Ich möchte schließen mit einem kleinen Gedicht. Es gilt wohl für uns alle, besonders aber für euch:

Der Bruder spricht

„Ins neue Jahr mit frischem Mut
als neuer Mensch zu neuen Dingen,
lasst alte Sorgen, sie tun nicht gut,
es gilt, die neuen zu bezwingen.
Und wenn einmal die Sorge drückt
und lustlos steht das Barometer,
so denkt daran: es gibt ein Glück
heut, morgen oder später."

In diesem Sinne wünsche ich euch, liebe …, lieber … (Namen des Brautpaares), ein langes Leben voller Glück und Sonnenschein!

Liebe Verwandte unseres Brautpaares!

Ein Familienmitglied spricht

Es liegt in der Natur der Sache, dass die so genannte „liebe Verwandtschaft" bei solch einem Fest meist etwas zu kurz kommt. Das bezieht sich nicht auf Essen und Trinken, denn da nehmen wir uns schon, was uns aufgetischt wird. Es bezieht sich vielmehr darauf, dass wir von der Ehre, als Onkel, Tante, Cousin, Cousine oder sonst irgendwie mit dem Brautpaar verwandt zu sein, insofern recht wenig haben, als niemand das Wort an uns richtet. Es braucht niemand zu befürchten, dass wir deshalb mit beleidigten Mienen davonziehen, dazu gefällt es uns viel zu gut, und dazu halten wir bei solcher Gelegenheit viel zu gern jenes berühmte Schwätzchen, das für uns Ältere meist die willkommene Gelegenheit bietet, Neuigkeiten und Infos auszutauschen. Also, wir bleiben. Aber gerade deshalb wollen wir es nicht versäumen, uns in das richtige Licht zu rücken und auf unser angestammtes Recht zu pochen, uns gerade dann auf irgendeine Weise in Erinnerung zu bringen, wenn man am allerwenigsten damit rechnet.

Der geheime Rat der vereinigten Verwandtschaft von Braut und Bräutigam hat mich als eines ihrer, wie man sagt, redegewandtesten Mitglieder damit beauftragt. Also an die Arbeit: Ehe, was ist das? Als ich vor wenigen Tagen mein Zitatenlexikon durchgeblättert habe, fand ich die verschiedensten, ja, sogar widersprüchlichsten Erklärungen dieses Begrifffes, was mit einiger Sicherheit darauf schließen lässt, dass es im Grunde niemand so recht weiß. So schreibt Herr Goethe in seinen „Wahlverwandtschaften" (schon wieder Verwandtschaft!) beispielsweise: „Die Ehe ist der Anfang und der Gipfel aller Kultur. Sie macht den Rohen mild, und der Gebildetste hat keine bessere Gelegenheit, seine Milde zu beweisen."

Im selben Werk schreibt derselbe Dichter aber an einer anderen Stelle: „Im Ehestand muss man sich manchmal streiten, denn dadurch erfährt man was voneinander." Trotz langer Überlegungen ist es mir bis zu diesem Augenblick nicht gelungen, diesen Widerspruch zu lösen. Ich habe in den vielen Jahren meiner eigenen Ehe immer nur erfahren müssen, dass man weder bei meiner lieben Frau noch bei mir von Milde sprechen konnte, wenn ein Streit ausgebrochen war. Im Gegenteil, es herrschte dann gewöhnlich eine Strenge, die mich jedes Mal an ein anderes Wort unseres Dichterfürsten erinnerte, das er im Jahre 1819, also lange, bevor ich anfing, meine eigenen Erfahrungen zu sammeln, dem Kanzler von Müller sagte: „Die Liebe ist etwas Ideelles und die Ehe etwas Reelles. Und nie verwechselt man ungestraft das Ideelle mit dem Reellen." Hier konnte ich ihm wenigstens folgen und kann es noch heute. Ich bin sogar in der selten glücklichen Lage, diesem Manne recht geben zu können, denn Liebe und Ehe scheinen, wenn man sie richtig betrachtet, mitunter sogar Gegensätze zu sein. Glauben Sie bitte nicht, dass ich unserem jungen Paare einen Schrecken einjagen will. Liebe ist Liebe und bleibt Liebe, aber Ehe bleibt auch Ehe, und sie bleibt es auch dann noch, wenn man es gerne einmal vergessen möchte. Das sagt uns Michel de Montaigne in seinem Werk „Gedanken" („pensees") sehr deutlich: „Mit den Ehen ist es wie mit den Vogelbauern, die Vögel, die nicht darin sind, wollen mit aller Gewalt hinein, und die, welche darin sind, wieder heraus." Aber leider, oder sagen wir besser glücklicherweise ist das gar nicht so leicht. Wenngleich manche auch heftig darum bemüht sind, nach dem Vogel-bauer-Prinzip zu leben, sie können es niemals zur allgemeinen Regel erheben. Denn wir normalen Sterblichen wehren uns mit Recht dagegen, dass man die Ehe zu einem Rummel-platz der Launen macht. Wir wollen uns das Gefühl dafür erhalten, dass eine einmal eingegangene Verpflichtung eben eine Verpflichtung ist, auch dann, wenn sich Schwierigkei-ten auftun, die man vorher nicht zu überblicken vermochte. Wir alle hoffen, dass auch ihr jenen Tag erleben werdet, an dem ihr aus dem sicheren Gefühl eines gemeinsam bewäl-tigten Lebens mit jener leichten Abgeklärtheit über die Fra-gen der Liebe und der Ehe sprechen könnt, wie ich es jetzt tue. Aber sammelt eure eigenen Erfahrungen! Glaubt mir bitte kein Wort! Ich kann irren. Und im Übrigen gehöre ich jener Gruppe von Menschen an, die aus Prinzip immer nur zu den Dingen raten, von denen sie selbst nicht überzeugt sind. Vergesst nicht: ein würdiger Vertreter eurer lieben Verwandtschaft!

Nachwort! Ich hoffe, dass ihr am Ende eures gemeinsamen Lebens die Weltliteratur um ein Ehezitat bereichern könnt. Wenn es euch nicht gelingt, dann schreibt in euer Tagebuch: „Unser Wissen ist Stückwerk."

1. Korintherbrief, Kapitel 13, Vers 9.

Liebes Brautpaar, liebe Hochzeitsgäste!

Wir kennen sicherlich alle jenen Vers Goethes, in dem es heißt:

Willst du immer weiter schweifen?
Sieh, das Gute liegt so nah.
Lerne nur das Glück ergreifen,
denn das Glück ist immer da.

Es spricht der Vater des Bräutigams

Es mag auf den ersten Blick eine etwas kühne Behauptung sein, das Glück sei immer da. Haben wir nicht alle im Laufe unseres Lebens schon oft die Erfahrung machen müssen, dass das Unglück zumindest nicht weniger selten ist als das Glück? Haben wir nicht schon oftmals beinahe verzweifelt nach ihm gesucht, ohne es zu finden? Und hat es uns nicht häufig gerade dann verlassen, wenn wir glaubten, es fest in unseren Händen zu halten? Aber der Dichter wird sich doch bestimmt etwas dabei gedacht haben, wenn er vom Glück sagt, es sei jederzeit gegenwärtig und der Mensch brauche nur danach zu greifen. Wenn das tatsächlich so ist, dann muss unsere Einstellung zum Glück falsch sein. Dann kann die Tatsache, dass es uns so oft enttäuscht hat, nur darauf beruhen, dass wir nicht verstehen, es zu finden, dass wir an ihm vorübergehen, ohne es zu wissen. Vielleicht warten wir allzu sehr darauf, dass das Glück ohne unser eigenes Zutun von sich aus an uns herantritt und sich uns anbietet. Aber dürfen wir das? Können wir wirklich erwarten, dass es uns in den Schoß fällt wie eine reife Frucht? Oder müssen wir uns nicht vielmehr darum bemühen, wie man sich im Leben normalerweise um alles bemühen muss, was es reicher und wertvoller machen kann?

Ich glaube, hier liegt gleichzeitig unser Fehler und das Geheimnis des Glückes. Wir erkennen es in den meisten Fällen nicht. Wir lassen uns zu sehr von den Schattenseiten unseres Lebens beeinflussen, um noch einen Blick für das Lichte und Klare zu haben. Wir tragen eine Brille, deren Gläser im Laufe unseres Lebens immer dunkler werden und die uns dadurch immer mehr nur seine finsteren Seiten zeigt, während sie unseren Blick gegen das Licht abstumpft und unempfindlich macht. Dann können wir natürlich vergeblich nach dem Glück suchen. Dann kann es uns sogar die Hand entgegenstrecken, ohne dass wir es überhaupt noch bemerken.

Ihr aber, die ihr heute am Anfang eures gemeinsamen Lebens steht, die ihr noch einen klaren und ungetrübten Blick für Liebe und Glück besitzt, ihr müsstet wissen, wo ihr sie zu suchen habt. Für euch müsste es ein Leichtes sein, das Glück ergreifen zu lernen, wie es Goethe sagt. Für euch darf es keinen Zweifel daran geben, dass das Glück immer da ist. Es liegt in einem einzigen Wort, in einer Geste, es findet sich in einer zärtlichen Bewegung und sogar im Schweigen. Wohin ihr auch schauen werdet, immer wird es euch in seinen unzähligen Verwandlungen erscheinen, und ihr braucht es nur zu nehmen. Aber gerade darin, dass es im Grunde so einfach ist, es zu finden, liegt die große Gefahr, dass man an ihm vorübergeht. Wenn die Rosen zu Tausenden auf dem Markt angeboten werden, übersieht man schnell ihren Reiz und die Mühe, die sie erfordern. Erst wenn sie selten geworden sind, sehnt man sie herbei. Nicht anders ist es mit dem Glück und mit der Liebe. Theodor Fontane hat es einmal so wunderbar und so einfach formuliert, dass ich euch seine Worte als letztes mit auf den Weg geben möchte: „Die Liebe lebt von liebenswürdigen Kleinigkeiten, und wer sich eines Frauenherzens dauernd versichern will, der muss immer neu darum werben, der muss die Reihe der Aufmerksamkeiten allstündlich wie einen Rosenkranz abbeten. Und ist er fertig damit, so muss er von Neuem anfangen."

Hochzeitsjubiläen

Zur silbernen Hochzeit

Ein Vierteljahrhundert ist ein langer Zeitraum! In der Ge- **Ein Gast spricht**
schichte der Völker haben sich während einer so langen
Reihe von Jahren gewaltige Veränderungen vollzogen.
Wenn die Gedanken unseres lieben Silberpaares heute zu-
rückwandern und hier und dort Rast machen an der langen,
gemeinsam zurückgelegten Wegstrecke, so werden sie sicher
dankbar sein für das Glück der Gemeinsamkeit, das ihnen
beschieden war. Die Höhen und Tiefen, die sie durchwan-
derten, standen unter dem freundlichen und trauten Stern
der Zweisamkeit, unter einem Stern, der auch noch das
tiefste Dunkel mild erhellte. Heute vor 25 Jahren erbatet ihr
den Segen des Himmels für euren Lebensbund, und der
Himmel hat euch seinen Segen nicht versagt. Auch das
mitunter Schwere hat sich als Segen erwiesen, denn es hat
das Gefühl der Zusammengehörigkeit in euch immer stärker
werden lassen. Das Schönste aber, das ein gütiges Geschick
euch bescherte, sind eure Kinder. In ihnen verkörpert sich
das Glück der vergangenen Jahre, auf ihnen ruht die Hoffnung der Zukunft.
Ich spreche gewiss im Sinne aller Anwesenden, wenn ich
euch zurufe: Möge euch das Leben weiter in reichem Maße
das zuteil werden lassen, was euer Herz erfreut und was euch
und eurer Familie zum Segen gereicht!

Liebes Jubelpaar! Liebe Gäste!

Tischrede zur silbernen Hochzeit

Wenn das Haus ... (Name des Silberpaares) Gäste einlädt, kommt sowieso jeder gern. Heute nun gibt es einen Anlass, der uns die angenehme Pflicht doppelt gerne erfüllen lässt. Lieber ..., liebe ..., es fällt uns recht schwer zu glauben, dass wir in euch ein Jubelpaar mit 25 Ehejahren sehen sollen. Das aber spricht wohl dafür, dass ihr die Zeit, die ihr nun gemeinsam auf diesem Erdenstern wandelt, doch in recht vernünftiger Weise verbracht haben müsst. Wie könnte man sonst so glatt e und zufriedene, fast strahlende Gesichter erblicken, wie könnte man sonst so wohlgeratene Kinder hier am Tische sehen? Man muss sagen: Es ist euch alles gut gelungen. Aber auch das stimmt sicherlich: Es ist euch nicht in den Schoß gefallen. Ihr würdet heute nicht dort stehen, wo ihr tatsächlich steht, wenn hier nicht ein gemeinsames Leben von vorbildlicher Zusammengehörigkeit vorgelebt worden wäre.

All eure Sorgen, all euren Kummer, alle Freuden haben viele aus unserer Runde miterlebt. Ihr aber seid immer die gleichen geblieben, unveränderlich in eurer Zuverlässigkeit, in der Fürsorge für eure Kinder und in der Hilfsbereitschaft für eure Freunde. Keiner hat jemals dieses Haus verlassen ohne guten Rat, wenn er ihn suchte, und ohne Hilfe, wenn er sie brauchte. Was soll es da wundernehmen, dass ihr selbst zufrieden und in euch gefestigt dem Leben gegenübersteht? Es ist eigentlich kein Wunsch, der euch gilt, sondern eher ein egoistisches Verlangen: Lebt weiter so, beglückt eure Freunde, beglückt eure Kinder, und lasst uns teilhaben an diesem harmonischen Zusammenleben, lasst uns unseren kleinen Beitrag leisten durch unsere Freundschaft, die uns mit euch auch weiterhin verbinden soll.

Hochverehrtes, liebes Jubelpaar!

Ein halbes Jahrhundert ist verstrichen, seit Sie sich die Hände reichten, um vor dem Traualtar den Bund fürs Leben einzugehen und einander Treue zu geloben. Zahllose junge Paare legen heute noch das gleiche Gelöbnis ab – doch längst nicht allen ist es beschieden, auch den fünfzigsten Jahrestag ihrer Hochzeit zufrieden und glücklich zu erleben und trotz dieser langen und oft schweren Wegstrecke eines gemeinsamen Lebens sich Ihrer Gesundheit und Rüstigkeit so zu erfreuen, wie Sie es können. In schönster Zweisamkeit und in tiefem Vertrauen zueinander haben Sie eine lange Strecke zurückgelegt. Sie wird gewiss nicht selten durch Schweres und Bitteres geführt haben, aber sicher hat auf ihr auch viel Sonnenschein gelegen. Freud und Leid wechseln nun einmal im menschlichen Leben so häufig wie strahlender Himmel und grau-düstere Wolken. Und nicht jeder Mensch kann sich in diesem steten Wechsel von Gutem und Schlechtem ein goldenes, fröhliches Herz bewahren. Wenn ich Sie aber heute so heiter und ruhig vor mir sehe, so kann ich gar nichts anderes sagen als: Sie beide haben sich Ihr goldenes Herz bewahrt, und so ist eigentlich ganz natürlich, dass Sie nun auch gemeinsam Ihre goldene Hochzeit feiern. Ihnen zu Ihrem hohen Festtag die herzlichsten Glückwünsche der Stadt/Gemeinde ... auszusprechen, ist für mich eine besondere Aufgabe – eine Aufgabe, die ich gern und mit großer Freude erfülle –, geschieht es doch wirklich nicht oft, dass zwei Menschen 50 lange Jahre miteinander glücklich sein können und füreinander einstehen, wann immer es das Schicksal verlangt.

Treue, echte Treue, liebes Jubelpaar, ist in unserer manchmal so seelenlosen und gefühlsarmen Zeit etwas sehr Seltenes geworden. Der Mensch unserer Tage, von Terminen gelenkt

Es spricht die Bürgermeisterin zur godenen Hochzeit

und der Uhr versklavt, scheint nur in der Jagd nach dem Geld und immer besseren Posten noch einen Sinn zu sehen und in seiner Freizeit nur noch mit billigen Vergnügen seine Befriedigung zu finden. Herzenstakt und menschliche Wärme sind in zahlreichen Ehen einer Oberflächlichkeit, ja, Gleichgültigkeit gewichen, die sich immer wieder verhängnisvoll auswirkt und die beiden Partner voneinander wegtreibt, statt dass ein tiefes und liebevolles Verständnis sie immer enger zusammenführt.

Wie ein Lichtblick wirkt deshalb ein Tag wie der heutige auf alle, die – wie ich – erleben dürfen, dass Treue kein leeres Wort ist! Jeder der zu Ihnen kommt, um Ihnen zu dem wunderbarsten aller Ehefeste zu gratulieren, sollte über Sie beide nachdenken und sich fragen, ob auch er 50 lange Jahre treu sein wird – er wird dann schnell erfassen, wie gut und fest Sie das Gelöbnis eingehalten haben, das Sie sich heute vor einem halben Jahrhundert gaben.

Aber nicht nur als Ehepaar haben Sie Ihre Pflicht – und mehr als Ihre Pflicht – getan. Auch als Bürger und Mitbürger sind Sie bis zum heutigen Tage den geraden Weg gegangen, selbst wenn ihn zuweilen Dornengestrüpp bedeckte oder wenn er steinig und hart war. Immer hilfsbereit und immer schaffensfroh haben Sie von Ihrer gemeinsamen Kraft noch anderen ein guten Teil abgegeben und sind als rechtschaffene Mitbürger Beispiel für andere gewesen. Dafür haben wir Ihnen zu danken, wir alle, die wir in unserer schönen Stadt ... leben! Für Ihren weiteren gemeinsamen Lebensweg aber wünschen wir Ihnen alles, was Sie sich selbst vom Schicksal erhoffen! Möge es Sie uns noch recht lange erhalten!

Geburtstage

Liebes Geburtstagskind! Liebe Gäste!

Heute vor ... Jahren bist du auf die Welt gekommen. Das war ein wahrer Glückstag für dich, wie sich im Laufe der Zeit mehr und mehr erwies. Wenn du nachdenklich zurückschaust auf deinen Lebensweg, wirst du mir beipflichten, denke ich. Gewiss, da war auch allerlei Hartes und Missliches, aber das wurde hundert Mal auf gewogen von allem Guten und Schönen. Wir alle sind in froher und gehobener Stimmung, weil wir uns über dein „Da-Sein" freuen dürfen und weil wir für würdig befunden wurden, einen Festtag mit dir zu feiern. Wir wollen hoffen, dass das neue Lebensjahr ebenso sonnig sein wird, wie alle verflossenen es waren.

Allgemeine Gratulation

Ich bin sehr gerührt über eure lieben Gaben und über die guten Worte und Wünsche, die ihr mir heute dargebracht habt. Soviel Liebe würde mich unbescheiden machen, wüsste ich nicht, dass ich all das Schöne gar nicht – zumindest nur zur Hälfte – verdient habe und alles nicht meiner Person, sondern eurer Hilfe verdanke. Ich will mein neues Lebensjahr mit dem guten Vorsatz beginnen, mich eurer Liebe wert zu erweisen. Bleibt meine treuen Freunde, steht mir zur Seite wie bisher, dann wird – mit eurem Beistand – gewiss etwas aus diesen guten Vorsätzen. Meinen lieben, guten Freunden sei gedankt; sie leben hoch!

Das Geburtstagskind dankt

Lieber Theo!

Humor ist bei einer fröhlichen Feier willkommen

Weißt du, welche zwei wesentlichen Dinge sich am 5. Mai 1965 ereignet haben? Einerseits hat jemand geschrien: „I'm the greatest!" und andererseits jemand: „Wäh!"

„I'm the greatest", hat Cassius Clay (heute Mohammed Ali genannt) geschrien, als er erneut seinen Boxweltmeistertitel gegen Sonny Liston bereits in der ersten Runde durch K.O.-Sieg für sich errungen hatte. „Wäh", hast du geschrien, als du auf die Welt gekommen bist. Damals war dieser Urschrei allerdings noch nicht Ausdruck deiner großen Begeisterung. Heute kennen wir alle deine ansteckende Begeisterungsfähigkeit und deine Lebensfreude.

Von Cassius Clay spricht heute kein Mensch mehr. Von dir sprechen wir dafür alle. Wir sagen heute: „You are the greatest!" In diesem Sinne möchten wir alle mit dir anstoßen, lieber Theo, auf deinen heutigen Geburtstag.

Lieber ... (Name des Sohnes)!

Ansprache des Vaters zum 18. Geburtstag des Sohnes

Dass dir dein Vater einen kleinen Vortrag hält, das bist du ja von früher her gewöhnt, wenn einmal ein ernstes Wort wegen zerbrochener Fensterscheiben oder mäßiger Zensuren in den Schularbeiten gesagt werden musste. Da hast du dort auf dem Stuhl in der Ecke gesessen. Inzwischen hast du schon lange keine Fensterscheiben mehr zerbrochen. Damals reichtest du mir etwa bis zur Hüfte, später bis zur Schulter, und heute bist du mir über den Kopf gewachsen. Von heute an, lieber Junge, brauchtest du eigentlich auf deine Eltern nicht mehr zu hören. Du kannst dein Leben selbst bestimmen und könntest es in die eigenen Hände nehmen. Deine Mutter und ich sind davon überzeugt, dass du etwas Ordentliches aus deinem Leben machen wirst. Wir sind sicher, dass du dir alle Entscheidungen wohl überlegst und dass du den Mut hast, dir eine Zukunft aufzubauen, und nicht vor Schwierigkeiten zurückschreckst. Du bist jetzt mündig. Wir haben dir von früh auf viel Selbstständigkeit gegeben. Du hast gelernt, auf eigenen Füßen zu stehen. Nun ist es auch offiziell so weit. So wollen wir denn, lieber Junge, auf deine Zukunft trinken.

Meine liebe Tochter!

Als dein Vater und ich dir als kleinem Mädchen eine Puppenstube zum Geburtstag geschenkt haben, haben wir uns gefragt: Wie lange wird dieses Spielzeug wohl ordentlich beisammenbleiben? Nun, du hast von Anfang an diese Stube gepflegt und in Ordnung gehalten. So hast du uns schon von klein auf gezeigt, dass du Pflichten und Verantwortung übernehmen willst. Wir konnten uns auf dich verlassen. Heute bist du mündig geworden. Das ist ein wichtiger Tag in deinem Leben; das ist ein einschneidendes Datum. Rein juristisch betrachtet bist du ab heute für dich selbst verantwortlich. Unser Rat steht dir aber auch weiterhin zur Verfügung. Vater und ich wollen dir heute auch sagen, dass wir stolz auf dich sind. Du hast immer deinen eigenen Weg gesucht und gefunden. Stubenhockerei war jedenfalls nichts für dich. Bei dem Stolz darüber, dass du nun endgültig in den Kreis der Erwachsenen eintrittst, beklemmt es uns ein wenig, dass du uns irgendwann einmal verlassen und einen eigenen Hausstand gründen wirst. Feiern wir also heute Abschied von deiner Kindheit. Wir wünschen dir Glück und Zufriedenheit in allem, was du dir vornimmst!

Die Mutter gratuliert zum 18. Geburtstag der Tochter

Lieber ... (Name des Geburtstagskindes)!

Die Partnerin spricht zum dreißigsten Geburtstag

Heute feiern wir deinen dreißigsten Geburtstag, also nicht irgendeinen, sondern einen runden, und von allen runden sicher einen der bedeutungsvolleren. Um es in der Sprache deines so überaus geliebten Fußballs zu sagen: Am dreißigsten wird zur Halbzeit gepfiffen. Es bleibt eine kleine Verschnaufpause, um sich die erste Halbzeit noch einmal vor Augen zu führen. Ziel erreicht oder nicht, Taktik richtig oder falsch, mit eigenen Leuten gut zusammengespielt, den Gegner unterschätzt, Spielplan eingehalten, wie oft ins Abseits gelaufen, Tore erzielt oder Eigentore geschossen, zu viel Kraft in falschen Spielzug investiert und so weiter, und so weiter. Und dann müssen die Überlegungen während dieser Halbzeit-Verschnaufpausen schnell umgesetzt werden, um gut gerüstet in die zweite Halbzeit starten zu können. Diese Halbzeit ist aber auch für uns, deine Mannschaftsangehörigen und Mitspieler, eine gute Gelegenheit, dir bei der Spielanalyse zu helfen.

Insgesamt betrachtet war es bislang kein schlechtes Spiel, auch wenn der Sieg noch lange nicht gesichert ist. Vom Start weg lief es so weit ganz gut, die herausgearbeiteten Chancen wurden im Wesentlichen gut verwertet, die Kondition reichte aus, und der Teamgeist half, die gegnerischen Attacken abzuwehren. Ein ansprechendes Spiel in der ersten Halbzeit mit einer ansprechenden mannschaftlichen Geschlossenheit. Der erreichte Torvorsprung müsste, wenn man ihn geschickt verteidigt und nicht übermütig wird, eigentlich ausreichen, um auch die zweite Halbzeit unbeschadet zu überstehen. Nun heißt es, beizeiten die Kräfte einzuteilen und für die zweite Hälfte gut auf die Kondition zu achten. Ja, es wäre vielleicht auch gut, sich mit dem Gedanken vertraut zu machen, dass man nicht unbedingt mit den jüngeren Leistungsträgern konkurrieren muss, sondern lieber Spielwitz und gewonnene Erfahrung in der etwas ruhigeren Gangart der Alt-Herren-Mannschaft optimal einsetzt. Auch wenn ich natürlich weiß, dass man mit dreißig noch lange nicht zum alten Eisen gehört.

Nun ist mir meine gesamte Geburtstagsrede zum Fußballkolleg geraten. Deine Familie will dich zu deinem Dreißigsten ermahnen, ein wenig mit deinen Kräften hauszuhalten, damit auch für die nächsten dreißig noch genügend Kraft und Freude übrig bleibt. Sie will dir sagen, dass sie auch weiterhin bemüht sein wird, mit großer mannschaftlicher Geschlossenheit dafür zu sorgen, dass der erreichte Platz auch langfristig gesichert wird. Und schließlich wollen wir natürlich, was nun um ein Haar tatsächlich völlig vergessen worden wäre, dir von ganzem Herzen alles Liebe und Gute zu deinem Geburtstag wünschen. Viel Glück, jede Menge Erfolg und vor allem Gesundheit!

Liebe ... (Name des Geburtstagkindes)!

Wir alle gratulieren dir heute ganz herzlich zu deinem dreißigsten Geburtstag. Ich habe mir sagen lassen, der dreißigste Geburtstag einer Frau sei noch unverfänglich genug, um auch in der Öffentlichkeit genannt zu werden. Von diesen dreißig Jahren haben wir beide allein schon fast neun Jahre, mit den Kindern zusammen schon sechs Jahre gemeinsam verbracht. Insgesamt betrachtet war dies eine gute Zeit. Irgendwie ist es uns immer wieder gelungen, anstehende Fragen beizeiten so zu besprechen, dass sie gar nicht erst zum großen Problem werden konnten. Da gab es wahrlich eine ganze Menge Fragen zu beantworten, wie in jeder jungen Partnerschaft, die immer wieder ernste Bewährungsproben zu bestehen hat. Und wenn ich es heute noch einmal recht

Der Partner spricht zum dreißigsten Geburtstag

überdenke, so sehe ich, dass die Rolle einer Frau in diesen Aufbaujahren ja gewiss die schwerere ist. Zumal dann, wenn mit der gemeinsamen Entscheidung für ein Kind auch gleichzeitig, zumindest für eine Übergangszeit, die Entscheidung gegen eine berufliche Weiterentwicklung der Frau gefallen ist. Einen Beruf einzutauschen – zudem noch einen, den man gerne und engagiert ausgeübt hat – gegen die neue Aufgabe als Mutter und Hausfrau bedarf schon einer großen inneren Überzeugung, damit am Schluss nicht nur Frust für alle Beteiligten übrig bleibt.

In unserer Familie ist von einem solchen Frust nichts zu spüren, im Gegenteil. Und dieses ist zum allergrößten Teil dein Verdienst, liebe .... Deiner guten Laune kann Halt nichts widerstehen, und das will ganz sicher etwas heißen bei den unterschiedlichen Temperamenten in dieser Familie. Irgendwie kriegst du uns immer wieder alle unter einen Hut. Und genau dies wollen die Kinder mit diesem Bild ausdrükken, an dem sie tagelang gearbeitet haben. Das war gar nicht so einfach, denn du solltest davon natürlich nichts wissen, das Bild sollte ja eine Geburtstagsüberraschung werden. Also, das in der Mitte auf dem Thron, das bist du. Die Leute drumherum sind dein Mann, deine Kinder, die Großeltern, die Tanten, Onkel, Freunde, Bekannte und Nachbarn. Sie haben alle Blumen und Geschenke in der Hand und gratulieren zum dreißigsten Geburtstag. Und wenn du jetzt ganz genau auf das Bild guckst, dann hängt ein kleines Kettchen mit einem großen Anhänger um deinen Hals. Das gibt es auch in echt, nämlich hier in diesem Kästchen. Wir hoffen, dass es dir Freude bereitet. Es soll dich immer an deinen dreißigsten Geburtstag erinnern und an uns alle, die dich lieben.

Liebe ... (Name des Geburtstagskindes)! Liebe Gäste!

Als wir heute Morgen im allerengsten Familienkreis unserem
Geburtstagskind zum Vierzigsten gratulierten und ihm an-
kündigten, dass heute Abend auf der Geburtstagsparty natürlich auch eine Ansprache nicht fehlen werde, bekam ich
als zusätzlichen Geburtstagswunsch mit auf den Weg: Wenn
es schon sein muss, dann mach's wenigstens kurz. Zum
Vierzigsten muss es einfach sein, liebe ..., denn was wäre
dieses Fest ohne Kommentar desjenigen, der sich fast ein Jahr
lang den Kopf darüber zerbrochen hat, was zur Feier dieses
Tages nicht nur an schönen Geschenken, sondern auch an
guten und lieben Worten, Wünschen und Ratschlägen mit-
zubringen wäre. Schließlich soll das Geburtstagskind ja wohl
versorgt und aufgemöbelt in das neue Lebensjahr entlassen
werden. Aber wunschgemäß will ich es kurz halten.

Der Partner spricht zum vierzigsten Geburtstag

Mit vierzig Jahren, so heißt es, habe man den Zenit des
Lebens erreicht. Viele haben wohl auch ein wenig Angst
davor, sich diesem Gipfel zu nähern. Das sind jene End-
dreißiger, die ihren Zustand bis zum abrupten Übergang zum
Fünfzigsten zu halten versuchen! Die Angst vor dem Gipfel
ist aber doch nur die völlig unbegründete Befürchtung vor
dem: „Von nun an geht's bergab". Alles Unfug! Denn wenn
man nach langem mühevollem Aufstieg einen Gipfel erreicht hat, nimmt man sich zunächst einmal genügend Zeit,
sich ausgiebig auszuruhen und ein wenig Ausschau zu halten. Die ganze Seilschaft feiert zusammen das erreichte Ziel,
so wie wir das heute auch tun wollen. Dann schaut man sich
in Ruhe einmal um, wie die Wegstrecke weiter verläuft. Und
siehe da, kein steiler Abstieg liegt vor einem, sondern ein
herrlicher Höhenwanderweg mit wunderschönen Ausblik-
ken nach vorne und zurück, mit besserer Weitsicht als beim
Aufstieg und mit weniger Zeitdruck. Man kann jetzt ruhig

durchatmen und sich gestärkt und wohlgemut auf die nächste Etappe begeben. Das, finde ich, ist doch ein prima Gefühl, zumal, wenn man so vertraute und verlässliche Weggefährten hat. Der große Kreis deiner Gäste am heutigen Tag, liebe ..., will dir zeigen, dass wir genauso fröhlich und zuversichtlich die nächste Etappe zusammen beginnen wollen, wie wir die vorangegangene beendet haben. Selbstverständlich können wir als bergerfahrene alte Hasen unsere Wegstrecken besser planen als die jungen Gipfelstürmer. Also nicht nur steil bergan und danach ebenso steil wieder hinunter, sondern gemächlich auf und gemächlich ab, notfalls auch mit Umwegen von Gipfel zu Gipfel, bis die Wanderung irgendwann einmal zu Ende geht.

Und damit du auch wohlgerüstet mit uns zur nächsten Etappe aufbrechen kannst, haben wir dir diese neuen Wanderschuhe besorgt. Aber die müssen natürlich erst noch eingelaufen werden. Und so gehört zu diesen Wanderschuhen noch ein Wochenende auf der Wiesbadener Hütte in der Silvretta, weil sich gerade von dort aus die Höhenwanderung zwischen den Gipfeln mit neuen Stiefeln besonders gut üben lässt. Wir gratulieren dir alle von Herzen zu deinem Geburtstag und freuen uns mit dir auf die nächste gemeinsame Etappe.

Lieber ... (Name des Geburtstagskindes)!

Die Partnerin spricht zum vierzigsten Geburtstag

Heute sind alle hier zusammengekommen, um dir von Herzen Glück und Segen zu wünschen zu deinem vierzigsten Geburtstag: die Familie, die Freunde und Nachbarn, die Vertreter vom Musikverein, vom Kegelclub und der Wandergruppe des Sportvereins. Wenn deine Frau in diesem Kreis der Gratulanten als erste das Wort ergreift, dann soll das endgültig mit dem langlebigen Vorurteil Schluss machen,

wir, die Frauen, hätten in unserer Familie immer das letzte
Wort. Alles nur Gerüchte, wie man jetzt sieht und vor allem
hört.

Was gibt man seinem Ehemann bei seinem Vierzigsten mit
auf den Weg, habe ich mich gefragt. Es müsste etwas sein,
was sein Hobby unterstützt, zur Gesundheit beiträgt und
gleichzeitig das Familienleben fördert. Schon erraten? Deine
Tochter und ich schenken dir zum Geburtstag dieses Bestimmungsbuch für seltene Pflanzen in Wald und Feld. Darauf
gekommen sind wir, als wir auf der letzten Wanderung
Anfang Mai durch die Wutachflühen so seltene Exemplare
wie den Alpenzwergbuchs, den rötlichen Schuppenwurz und
den Aronstab fanden. Die waren ja nun wahrhaftig nicht
leicht zu bestimmen, geschweige denn waren die lateini-
schen Bezeichnungen zu behalten. Wer weiß schon, dass
sich hinter dem Arum maculatum der Aronstab und hinter
der Lathraea squamaria der Schuppenwurz verbergen. Jedes
Mal schaust du ungläubig, wenn wir – endlich nach Hause
gekommen – in mühevoller Sucharbeit in den dicken Bestim-
mungsbüchern die unterwegs entdeckten Pflanzen ausfindig
gemacht zu haben glauben.

Aber das wird ja jetzt alles ganz anders, denn das neue
Bestimmungsbuch ist leicht und handlich und kann deshalb
zur ständigen Wanderausstattung gehören – und wie ich
dich kenne, wird es das auch –, wenn es nicht, wie zum
Beispiel der Fotoapparat, gerade dann wieder zu Hause liegen
geblieben ist, wenn man es vor Ort am dringendsten bräuch-
te. Wir hoffen, dass dir das Buch Freude macht und dich
ermuntert, das Schwergewicht deiner Hobbys auf die Botanik
zu verlagern. Denn unser Geschenk zu deinem vierzigsten
Geburtstag hat neben seinem offensichtlichen Sinn natürlich auch einen Hintersinn. Deine beiden Frauen, die alte
und die junge, wünschen dir zu deinem Geburtstag alles

Liebe. Bleib so, wie du bist, damit wir auch in Zukunft stolz auf dich sein können. Herzlichen Glückwunsch und auf dein Wohl.

Lieber Papa, liebe Gäste!

Der Sohn spricht zum fünfzigsten Geburtstag des Vaters

Die ganze Familie gratuliert dir herzlich zum Fünfzigsten. Wir wünschen dir Glück und Gesundheit und weiterhin viel Elan und Gelassenheit. Möge dir die Fähigkeit erhalten bleiben, dich selbst und alle anderen nicht allzu wichtig zu nehmen. Vor allem aber wünschen wir dir, dass Stress und Ärger im Büro endlich weniger werden und dir mehr Zeit und Ruhe bleiben, dich um die Familie, die Freunde und deine Hobbys kümmern zu können. Und schließlich wünschen wir dir, dass von all deinen Wünschen an das nächste Lebensjahrzehnt, den großen und den kleinen, möglichst viele in Erfüllung gehen. Aber da braucht man bei Widder-Geborenen (Geburtstag 21. März bis 20. April) ja ohnehin keine allzu großen Sorgen zu haben. Denn den Widdern sagt man nach, dass sie ihr Schicksal am liebsten selbst in die Hand nehmen, gemäß dem Motto: „Wer wagt, gewinnt". Und so steht dem Ehrgeiz und dem Erfolg eines Widders meist nur er selbst im Wege, wenn er nämlich zu viel wagt oder sich zu viel auflädt. Was also wünscht man einem Widder zum fünfzigsten Geburtstag? Hohes Risiko und damit ebenso hohe Gewinnchancen? Oder wünscht man Einsicht und Durchhaltevermögen, um mit weniger Risiko einen dafür umso andauernderen Erfolg zu erreichen, auch wenn es dann etwas länger dauert? Ich weiß, ich weiß – Geduld ist eines Widders stärkste Seite nicht, und deshalb wünsche ich dir die Energie, die Durchhaltekraft und vor allem die Gelassenheit, die du brauchst, um die gesteckten Ziele zu erreichen. Und ich wünsche dir das Glück, das man braucht, um große Chancen möglichst ohne hohes Risiko umsetzen zu können. Drittens die Kunst und die Zeit, immer richtig abwägen zu können, wann man sich selbst und anderen zu viel auflädt und dadurch sich oder andere überfordert. Und schließlich: Weiterhin so viel Impulsivität und Aktivität wie bisher, dann wird es uns allen ganz gewiss nie langweilig miteinander werden. Deine Frau, deine Kinder und deine guten Freunde sind heute hier zusammengekommen, um mit dir gemeinsam die ersten Schritte ins neue Jahrzehnt zu gehen. Wir wünschen dir von Herzen, dass die nächsten Jahre ähnlich glücklich, erlebnisreich und Erfolg versprechend werden wie die hinter uns liegenden. Kurzum, wir alle wünschen dir auch weiterhin eine schöne Zeit und die Kraft, sie aktiv zu gestalten und zu leben. Prosit!

Liebe ... (Name des Geburtstagskindes)!

deine Freunde wollen dir zum heutigen Geburtstag die herzlichsten Glückwünsche überbringen. Wir freuen uns, dass deine Gesundheit wieder so weit hergestellt ist, dass wir in vertrauter Runde hier zusammen feiern können. Denn dieses Jahr fing ja nicht so gut an für dich. Zuerst die Durchblutungsstörungen im rechten Bein und dann die verflixten Gallensteine. Zwei Eingriffe in einem Jahr sind nicht so ohne, und deshalb heißt unser erster und wichtigster Geburtstagswunsch an diesem Tag: Möge das nächste Jahrzehnt dich verschonen von allen körperlichen Beschwerden, von den großen und kleinen!

Ein Freund spricht zum sechzigsten Geburtstag

Und daran schließt sich auch gleich unser zweiter Wunsch an, der Wunsch nämlich, dass der Wettergott uns immer dann gnädig gesinnt sein möge, wenn wir zu unserer jetzt schon traditionellen Samstagswanderung zu einem schönen Wandertag aufbrechen.

Unser dritter Wunsch hängt mit dem Inhalt dieses Kartons zusammen. Er enthält, vielleicht hast du es ja schon erraten, als gemeinsames Geschenk von uns allen die Trachtenjacke, die du dir schon so lange für die Wanderungen gewünscht hast. Wir hoffen natürlich, dass dir diese Jacke auch wirklich gefällt. Und wir hoffen, dass sie dir noch viele Jahre gute Dienste leisten wird. Schließlich gibt es noch einen allerletzten Wunsch all deiner Freunde zu deinem heutigen Geburtstagsfest: Wir wünschen dir und uns, dass wir viele schöne Stunden zusammen in dieser vertrauten Runde verbringen und alle besonderen Feste gemeinsam feiern können. Und dass wir immer ganz bewusst und dankbar diese gemeinsame Zeit nutzen.

Schule und Ausbildung

Mein lieber ... (Name des Abiturienten/der Abiturientin)!

Die Großmutter gratuliert zum bestandenen Abitur

Zum bestandenen Abitur möchten Großvater und ich dir von ganzem Herzen gratulieren. Wir sind stolz und glücklich, dass du die schweren Prüfungen alle mit Erfolg bestanden hast.

Heute muss ich ehrlich gestehen, dass ich manchmal dieses ganze neuartige System nur noch schwer verstanden habe. Im Laufe der Zeit habe ich mich zwar daran gewöhnt, dass die gute alte Oberstufe nun Sekundarstufe II oder Kollegstufe heißt. Ich habe mich daran gewöhnt, dass es keine normalen Fächer mehr gibt, sondern Leistungskurse und Grundkurse. Ich fand es aber kaum noch verständlich, dass es keinen normalen Stundenplan mehr gibt. Und schließlich, dass es statt der guten alten sechs Noten von „sehr gut" bis „unge-

nügend" nun plötzlich Punktzahlen von „Null" bis „Fünf-
zehn" gibt, die – so sagt man – viel genauer und gerechter
die Leistungen eines Schülers bewerten sollen.

Mag sein, dass wir schon etwas altmodisch sind und deshalb
die früheren klaren Regelungen und Aussagen bevorzugen,
allein schon deshalb, weil sie übersichtlicher und verständlicher waren. Leichter ist das alles aber dadurch sicher nicht
geworden. Denn wenn schon bei der Auswahl der Kurse und
der Lehrer darauf geachtet werden muss, dass das abschließ-
ende Punktekonto einen möglichst hohen Stand aufweist,
um überhaupt einen Studienplatz zu ergattern, dann hat das
nur noch wenig mit unserem alten, ehrwürdigen Gymnasi-
um zu tun.

Aber irgendwie hast du dich durch dieses Labyrinth nun
erfolgreich durchgekämpft und dein Abitur bestanden. Vergessen wir heute also alle Kursverzeichnisse, Leistungsfächer,
Makro-Lernziele und Teilpunkte ... und wie diese neuen
Bezeichnungen noch alle heißen mögen. Wichtig ist, dass
du dir damit die Voraussetzung geschaffen hast, studieren zu
können.

Wir wissen, dass es nicht einfach ist, am gewünschten Ort
den gewünschten Studienplatz zu erhalten. Zumal dann,
wenn im angestrebten Fach die Zahl der Studienplätze bei
weitem nicht ausreicht, um alle Bewerber zufriedenzustel-
len. Aber du sollst dich auf deinem Weg nicht irremachen
lassen. Nutze die Zeit bis zum Studienbeginn intensiv. Vielleicht gelingt es dir, bevor du die weitere theoretische Ausbildung fortsetzen kannst, ein wenig praktische Erfahrung
zu sammeln. Ein Praktikum in einem Betrieb wäre ja gerade
für einen angehenden Betriebswirtschaftler eine hervorragende Vorbereitung und Ergänzung.

Zunächst aber sollst du dich ein wenig von den Strapazen
der Prüfungszeit erholen. Du hast uns erzählt, dass ihr mit

der Clique eine Radtour unternehmen wollt. Großvater und ich wollen zu den Reisekosten mit diesem Schein ein wenig beisteuern. Herzliche Gratulation zum bestandenen Abitur, lieber …, und auch weiterhin viel Erfolg.

Meine liebe … (Name der Tochter)! Liebe Gäste!

Der Vater spricht anlässlich des bestandenen 1. Juristischen Staatsexamens

Der heutige Tag deines bestandenen Staatsexamens ist für dich, liebe …, von entscheidender Bedeutung. Er zeigt, dass du in überdurchschnittlich kurzer Zeit mit einem guten Resultat durch das Examen gingst. Nun warten die Jahre als Referendarin auf dich, und du wirst dich danach entscheiden müssen, ob du in den Staatsdienst gehst oder den Weg der freien Juristerei wählen willst. Ich bin sehr glücklich darüber, dass du die Wahl zwischen diesen beiden Wegen noch nicht getroffen hast, denn die Referendarjahre, in denen du zum ersten Mal mit der juristischen Praxis konfrontiert wirst, werden dir neue Erkenntnisse vermitteln, die du mit deinen eigenen Anlagen in Einklang bringen musst. Das scheint mir der rechte Weg, in diesem so ehrenwerten und verantwortungsvollen Beruf das Bestmögliche zu leisten. So wie wir dich kennen, hast du das Jurastudium nicht aus der Überlegung heraus begonnen, eines Tages eine pensionsgesicherte Beamtin zu sein. Lass mich deshalb heute sagen – ich spreche zugleich im Namen deiner Mutter, deiner Geschwister und wohl auch der Gäste: Bleibe klar in deinen Entscheidungen und Anschauungen, dann kann nichts schief gehen. Wir wünschen dir für die Zukunft alles Gute.

Meine liebe ... (Name der Tochter)! Liebe Gäste!

Heute ist ein entscheidender Tag für dich, du hast dein großes Ziel erreicht, und deshalb hoffe ich – vielleicht gesellschaftlich nicht ganz korrekt –, dass die Gäste Verständnis dafür haben, dass ich dich zuerst angesprochen habe. Vielleicht liegt darin auch etwas Vaterstolz.

Als gestern Abend dein Telegramm kam mit dem lakonischen Text: „Es ist geschafft. ...", haben wir, deine Mutter und ich, lange nicht einschlafen können und immer wieder an die sieben Jahre denken müssen, die du studiert hast – und die nicht immer leicht waren.

Wir sind nicht so begütert, dass wir dir einen monatlich ausreichenden Scheck hätten schicken können, obwohl wir es gerne getan hätten. Du hast durch gute Leistungen immer wieder Stipendien erhalten und hast die Semesterferien genutzt, durch Arbeiten ein finanzielles Polster für die Studienmonate zu schaffen. Das nicht leicht erkaufte Studium macht uns ebenso stolz wie der erfolgreiche Abschluss.

du gehst nun in den Beruf. Es wird wiederum einiger Jahre bedürfen, bis du nach den theoretischen Fähigkeiten, die du erworben hast, das notwendige praktische Wissen besitzt, das dich befähigen wird, zum Nutzen aller tätig zu sein. Der Weg wird mindestens ebenso schwer sein wie das Studium selbst, du wirst vielleicht mit Neid, Missgunst und Intrigen zu kämpfen haben, das menschlich-berufliche Zusammenleben will ebenso erkämpft sein wie das fachliche Wissen. Lasse dich von dieser meiner eher negativen Zukunftsprognose, die ich gerade am heutigen Tage in deinem Interesse ausspreche, dennoch nicht abschrecken. Wir alle sind sicher, dass du auch diesen dritten Lebensabschnitt meistern wirst, und ich bitte euch alle, mit mir das Glas auf die Zukunft unserer Tochter zu leeren.

Rede des Vaters anlässlich des Doktor-Examens

Rund ums Wohnen

Liebe Handwerker! Liebe Gäste!

Die Ansprache
des Bauherrn
zum Richtfest
Seit wir den ersten Spatenstich getan, ist einige Zeit vergangen. Was ist nicht alles seitdem geschehen! Wir haben über den Plänen gesessen, jeden Fortschritt verfolgt und gesehen, wie uns jeder aufgesetzte Stein dem Ziel näherbrachte. Bis ein Haus steht, gibt es viele Sorgen. Materialien wurden teurer, Krankheit raubte uns wertvolle Arbeitskraft, Regentage oder Frostzeiten verursachten Verzögerungen. Zum Schluss aber hat alles dank Ihres Einsatzes, liebe Handwerker, doch noch pünktlich geklappt. Sie haben mich oft auf der Baustelle gesehen. Vielleicht haben Sie zuerst gedacht: „Was will der denn so oft hier? Uns kontrollieren?" Aber ich hoffe, Sie haben schließlich in meinen häufigen Besuchen das Interesse gesehen, das ich Ihrer Arbeit und unserem Bau entgegenbringe. Erkennen Sie bitte in unserer Zusammenkunft und in der „Batterie" der Getränke und der Speisen ein Zeichen unserer Dankbarkeit für Ihre Arbeit.

Ein Haus ist fast vollendet. Das ist ein stolzer Anblick. Wir haben alles im Bilde festgehalten, damit wir uns später noch oft daran erinnern können, wenn dieses Haus schon lange seinen Zweck erfüllt, wenn es uns ein Heim geworden ist. Sie werden bald an eine neue Baustelle ziehen und Ihr Werk von vorne beginnen. Das ist Ihr Beruf. Ich finde, es ist ein wunderbarer Beruf, und ich habe bei meinen Besuchen auf der Baustelle vieles von Ihnen gelernt. Dem Architekten, der den Plan entworfen und bis ins Kleinste durchdacht hat, den Handwerkern, die dem Ganzen mit viel Mühe Gestalt gegeben haben, widme ich das erste Glas. Allen zum Wohl!

Meine lieben Gäste! Liebe Männer vom Bau!

Zunächst Ihnen, lieber Meister ..., herzlichen Dank für den Richtspruch. Ach wär's doch nur so gewesen, wie Sie es beschrieben haben:

„... Und – im Nu – ist's Haus perfekt."

Der Bauherr spricht zum Richtfest eines Fertighauses

Dass es nicht so war, lag ja nicht an den hier tätigen Handwerkern. Unser heiliger Bürokratius hatte Halt so seine liebe Müh und Not, den ausgefallenen Wunsch eines Bauwilligen erfüllen zu helfen, der ausgerechnet nach einem Fertighaus in einer ansonsten nach herkömmlicher Art gebauten Siedlung verlangte.

Manchmal, wenn die Formulare immer noch nicht ausreichten und zur angeforderten Erklärung nach DIN-Vorschrift X noch das Zusatzschreiben zur Y-Norm fehlte, habe ich mich gefragt, warum um Gottes willen haben wir uns nur für ein Fertighaus entschieden?

Aber endlich war es so weit. Das Fundament stand, und wir warteten sehnsüchtig auf den Tag, wo die ersten Montagewagen mit den Handwerkertrupps vorfahren sollten. Dieser Augenblick war für uns Laien allerdings nicht gerade ermutigend. Wir kannten zwar das fertige Abbild unseres künftigen Hauses aus dem Prospekt und vom Musterbau her. Wir konnten uns allerdings nicht vorstellen, dass aus diesem Wust von Wandteilen, Brettern, Balken, Platten, Leisten, Schrauben und Dübeln so schnell dieses Haus herauswachsen würde, dessen Richtfest wir bereits heute mit Ihnen hier feiern können.

In Ihrem Richtspruch, lieber Meister ..., klingt – wenn ich es richtig herausgehört habe – ein wenig Wehmut mit über die Art und Weise, wie man heute baut: rationell und schnell. So schnell jedenfalls, dass der beschäftigte Handwerker überhaupt kein Verhältnis mehr zu „seinem" Haus findet. Wo er sonst fast ein ganzes Jahr lang Tag für Tag und Stein für Stein seine Arbeit der Vollendung entgegenwachsen sah, erfolgt heute die Endmontage der vorfabrizierten Einzelteile in wenigen Tagen oder Wochen.

Der Wandel in unserer hoch technisierten Umwelt hat eben auch vor dem altehrwürdigen Bauhandwerk nicht Halt gemacht. Das soll aber nun beileibe nicht heißen, dass dadurch altes Brauchtum zu kurz kommen soll. Unser Richtfest wird wie eh und je gefeiert. Ich darf Sie daher alle sehr herzlich einladen, tüchtig zuzugreifen und jetzt mit uns einen ersten kräftigen Schluck auf die bisher geleistete Arbeit zu trinken:

„Zimmerleute sollen leben -
und die Maurer auch daneben,
die da bauen Kirch und Haus.
Steckt der Kranz erst auf der Spitze,
schwenken wir den Hut, die Mütze,
halten einen frohen Schmaus!"

Liebe Freunde!

Der Bauherr spricht vor dem ganzen privaten Helferkreis

Alle fleißigen Helfer darf ich heute auf unserer zünftigen Richtfestfeier im „Hirschen" ganz herzlich begrüßen. Wir wollen euch mit dieser Einladung unseren bescheidenen Dank für eure uneigennützige und tatkräftige Hilfe in den vergangenen Wochen und Monaten aussprechen.

… (Name der Ehefrau) und auch ich wissen aber, dass wir damit längst nicht alles wieder gutmachen können, was ihr für uns getan habt. Euer Rat und eure Hilfe bis zum heutigen Tag haben uns dem ersehnten Ziel eines eigenen Hauses ein gutes Stück näher gebracht.

Eigentlich noch viel mehr: Ohne eure Hilfe wäre es uns vielleicht gar nicht gelungen, ganz sicher aber sehr viel schwerer gefallen, ein solches Projekt überhaupt erst in Angriff zu nehmen. Wo das Geld knapp ist – wie bei uns allen –, ist man auf die Hilfe jedes einzelnen Verwandten, Freundes und Bekannten angewiesen.

Aber das ist manchmal schneller gesagt als getan. Jeder von uns hat einen Beruf, der ihn einen ganzen Arbeitstag lang ausfüllt und belastet. Sich danach einen Ruck zu geben, an der Baustelle freiwillige Überstunden zu leisten oder am Wochenende die notwendige Erholung einer strapaziösen, weil meist ungewohnten, harten körperlichen Arbeit zu opfern, ist eigentlich schon viel zu viel, wenn man es sich selbst abfordern will oder muss. Wie viel mehr bedeutet es aber, wenn man diese zusätzlichen Strapazen auch noch freiwillig für andere übernimmt?

Ihr habt uns kräftig geholfen. Ihr wart immer da, wenn plötzlich Not am Manne war. Auch dann zum Beispiel, als wir bis zu den Knien im Matsch steckend schnell den verspätet angekommenen Wagen mit Baumaterial abladen mussten. Erinnert ihr euch noch?

Heute ist der Rohbau fertig. Noch ein paar Monate, und wir können euch bei der Einweihungsparty als frisch gebackene Hausherren begrüßen. Bis dorthin wird es sicher noch einige Anstrengungen und Aufregungen geben. Aber ich bin sicher, dass wir sie wie die zurückliegenden meistern werden. Nicht zuletzt deshalb, weil ich weiß, dass ihr auch künftig zu uns steht. Es gibt kein besseres Gefühl in hektischen und schwierigen Tagen als das Bewusstsein, verlässliche Freunde um sich zu haben.

Hierauf wollen wir heute anstoßen, auf unsere Freundschaft und die gelungene Arbeit. Wer so hart arbeiten muss, darf auch tüchtig feiern. Ich wünsche Guten Appetit, aber zunächst Prosit, Prosit auf unser aller Wohl!

Trauerreden

Lieber ... (Name des Schwagers)! Liebe Kinder!

Der Bruder spricht zum Tode der Schwester
Irgendwie kann ich es immer noch nicht fassen. Unsere liebe ... (Name der Verstorbenen) ist tot.

Dabei haben wir alle die ganze Zeit über mit ihr gehofft, dass sie den Kampf gegen ihre Krankheit doch noch gewinnen könnte. Und sie hat ja auch, jedes Mal wenn wir sie besuchten, voller Hoffnung und Überzeugung davon erzählt, dass sie schon bald wieder zu Hause sein werde.

Manchmal frage ich mich, ob sie uns eigentlich damit nur ein wenig trösten wollte. Ich weiß es nicht.

Aber ich weiß, dass der behandelnde Arzt schon nach der ersten schweren Operation nur noch wenig Hoffnung hatte. Der plötzliche Tod durch eine Embolie habe ihr aber sehr viel erspart, hat mir der Arzt gestern Nachmittag gesagt.

Und deshalb sollten wir bei allem Schmerz und aller Trauer doch wenigstens dankbar sein dafür, dass ihr eine lange, schmerzvolle Leidenszeit erspart wurde.

Nur 48 Jahre alt ist ... geworden. 48 Jahre, von denen sie über die Hälfte in rastlosem Einsatz für ihre geliebte Familie sorgte und rackerte. Ihr Mann und ihre Kinder waren ihr ganzer Lebensinhalt, und nichts war ihr zu mühsam, damit es allen gut ging. Aus Liebe und Sorge um die anderen hat sie wohl sich selbst am meisten vergessen und die Vorzeichen der Krankheit nicht wahrgenommen.

Manchmal habe ich versucht, ihr das ganz vorsichtig zu sagen, so wie es vielleicht der ältere Bruder einmal sagen darf. Aber davon wollte sie nichts hören.

Und so war es wohl viel zu spät, als sie endlich zum Arzt ging, nachdem die Schmerzen so groß geworden waren, dass sie sie nicht mehr ertragen konnte. Aber auch darüber hat sie erst gesprochen, als es gar nicht mehr anders ging.

Selbst in dieser Zeit wollte sie alle schonen und schützen, die sie liebte und die ihr nahestanden.

Uns bleibt in dieser schweren Zeit vor allem eines: so zusammenzuhalten und füreinander einzustehen, wie sie es uns ihr ganzes Leben lang vorgelebt hat. Unsere liebe ... wird uns sehr fehlen. Aber in unserer Erinnerung wird sie weiterleben mit ihrer Liebe, ihrer Fürsorge und ihrer großen Menschlichkeit. Ihr Leben für andere soll uns stets aufs Neue erinnern und verpflichten.

Ihr Lieben!

Unsere Oma ist gestorben.

Noch vor einem guten halben Jahr haben wir alle ganz stolz und vergnügt ihren 84. Geburtstag gefeiert. Und keiner, der sie nicht näher kannte, hätte ihr damals die „84" geglaubt, so munter hat sie noch mitgefeiert.

Der Enkel spricht zum Tode der Großmutter

Aber nun hat sie vor fast fünf Wochen den zweiten Schlaganfall bekommen. Zuerst haben wir alle geglaubt, dass sie sich vielleicht doch wieder so schnell erholen würde wie nach dem ersten vor fast 10 Jahren. Aber die Ärzte haben uns eigentlich von Anfang an keine Hoffnung mehr machen wollen. Es wäre schon fast ein Wunder, haben sie gesagt, dass sie überhaupt noch lebe.

Und so hatten wir alle gerade noch Zeit, sie zu besuchen. Ich weiß nicht, ob ihr es genauso erlebt und empfunden habt wie ich. Sie konnte sich ja nun nicht mehr bewegen und auch nicht mehr sprechen. Aber jedes Mal, wenn ich bei ihr war und ihre Hand hielt, hatte ich das Gefühl, dass sie mich erkannte. Dass sie froh war, wenn jemand bei ihr war. Und ich glaube, es war gut, dass alle sie noch einmal besucht haben. Denn so hatte sie es sich früher immer gewünscht. Vorgestern ist sie nachts ganz friedlich eingeschlafen. Wir alle haben sie lieb gehabt und sind sehr traurig, dass sie nicht mehr da ist. Aber wir hatten viel Zeit, mit unserer Oma zu leben und zu reden und auch, von ihr Abschied zu nehmen. Denn wir haben sie in ihren letzten Stunden nicht allein gelassen.

Für die schöne lange Zeit und die kurze, schwere, aber für uns alle letztlich doch sehr bewusste Zeit des Abschiednehmens sollten wir dennoch froh und dankbar sein.

Morgen werden wir unserer Oma auf dem Friedhof das letzte Geleit geben. Ihre Grabstätte wird – so wollte sie es – neben der von Opa liegen, der ja schon fast zwanzig Jahre tot ist. „Dann holen wir eben die ganze Zeit später wieder nach", hat Oma manchmal gesagt, wenn sie von dem so frühen Tod ihres Mannes erzählte. Weil sie in ihrer christlichen Überzeugung ganz fest daran glaubte, dass mit dem Tode eben nicht alles zu Ende ist. Unsere liebe, gute Oma ist tot. Aber in unserem Gedächtnis wird sie weiterleben. Da bin ich mir ganz sicher.

Liebe, verehrte Anwesende!

Ein Trauergast ergreift das Wort Unbarmherzig hat das Schicksal hineingegriffen in unsere Mitte. Der liebste und heiterste Mensch, der treueste Freund, den wir je besaßen, wurde uns durch einen Unfall entrissen. Die Lücke, die er hinterlassen hat, wird sich niemals schließen. In dieser vertrauten Umgebung werden wir stets an ihn erinnert. Wir geben uns ganz dieser Erinnerung hin, denn, wenn sie auch schmerzlich ist, so lässt sie doch unseren … aufleben, als sei er niemals von uns gegangen. Wir wollen uns darum im gemeinsamen Gedenken an den Verstorbenen noch fester zusammenschließen, als dies bisher der Fall war. Wir wollen einander mit der Liebe begegnen, die wir unserem … nicht mehr geben können!

Liebe ... (Name der Witwe)! Liebe Freunde!

Unser ... (Name des Verstorbenen) wusste, als er vor wenigen Tagen das Krankenhaus verließ, dass ihm nicht mehr viel Zeit verblieb. Er hat diese Zeit bis zur letzten Stunde genutzt. Er wollte noch alles so regeln, wie er es vor seiner unheilbaren Krankheit bereits geplant hatte. Vor allem hat er uns, seine Freunde, gebeten, seinen Angehörigen eine große Trauerfeier zu ersparen: keine offiziellen Reden, keine Trauerkleidung, keine Kränze und Blumen. Er hat dabei an uns alle gedacht, wie er es auch tat, als er noch lebte. Wir wollen daraus lernen.

In Würde zu leben ist schwer, in Würde zu sterben beispielhaft. Er hat beides verstanden.

Für einen toten Freund im engsten Kreise

Reden im Betrieb

Wenn eine Firma sich erweitert, ein neues Gebäude einweiht oder anlässlich des 25. Jubiläums zu einer Feier lädt, werden eigentlich immer Ansprachen gehalten. Zur jährlichen Betriebsfeier wird es sich kein Betriebsinhaber oder Vorgesetzter nehmen lassen, über die Zukunft des Unternehmens zu referieren. Auch die Einstellung und Freisprechung von Auszubildenden oder eine Meisterfeier sind Veranstaltungen, bei denen Reden vorgetragen werden. In einem kleineren Rahmen werden Geburtstagskinder gewürdigt und langjährige Mitarbeiterinnen und Mitarbeiter geehrt. Auch Kolleginnen und Kollegen, die in den Ruhestand treten, werden meist feierlich verabschiedet. Und bei Trauerfällen wird erwartet, dass einer aus dem Kreis der Kollegen oder der Vorgesetzte ein paar Worte spricht.

Anlässe im Betrieb

Sehr geehrter Herr Direktor ...,
sehr geehrte Mitarbeiterinnen und Mitarbeiter
der Firma XY!

Ein Geschäfts-
partner spricht
ein Grußwort
anlässlich eines
Firmenjubiläums

Zum 20-jährigen Bestehen Ihrer Firma überbringe ich Ihnen als Lieferant von all unseren Mitarbeiterinnen und Mitarbeitern die besten Glückwünsche.

Unsere Geschäftsbeziehungen sind nur unwesentlich jünger als 20 Jahre. Auch wir können in einem halben Jahr unser 20-jähriges Jubiläum feiern. Somit sind unsere Firmen praktisch gleich alt und miteinander – auch durch einander – groß geworden.

In den vielen Jahren der intensiven Zusammenarbeit konnte ich viele positive Erfahrungen mit Ihrer Firma machen. Insbesondere hat mich beeindruckt, mit welcher Weitsicht der Gründer Samuel Muster die Firma geführt hat. Als starke Persönlichkeit ist es ihm gelungen, Freiräume zu schaffen. Freiräume für die Mitarbeiterinnen und Mitarbeiter, die zu Kreativität und unternehmerischem Denken verhelfen und so motivierte Personen zum Erfolg führen. Der unternehmerische Erfolg war damit logische Folge einer Topmannschaft. Diese Leistung ist bestimmt in großem Maße auf den Inhaber und Geschäftsführer Samuel Muster zurückzuführen. Samuel Muster ist es in vorbildlicher Weise gelungen, den „menschlichen Faktor" umzusetzen und ihm die nötige Bedeutung zu geben. Diese Fähigkeiten bewundere ich an Ihnen, Herr Muster. Sie sind für uns ein Ansporn, ebenbürtige Leistungen für Sie zu erbringen.

Für die Zukunft wünsche ich Ihnen, sehr geehrter Herr Muster, sowie Ihren Mitarbeiterinnen und Mitarbeitern weiterhin viel Erfolg. Als Zeichen unserer Dankbarkeit für die gute Zusammenarbeit und als Erinnerung an diese Jubiläumsfeier möchte ich Ihnen eine kleines Geschenk überreichen. Ich habe Ihnen hier ein ...

Neujahrsansprache des Chefs

Meine sehr geehrten Damen und Herren,
liebe Mitarbeiterinnen und Mitarbeiter!

„Jahre lehren mehr als Bücher", sagt der Volksmund. Er hat Recht! Wir können aus den Büchern unseres Betriebes eine Menge Zahlen herauslesen, die als Aktiva oder Passiva der vergangenen zwölf Monate schwarz auf weiß festgehalten wurden. Nur schwer herauslesen aber können wir aus diesen Büchern die Leistungen des Einzelnen während des Jahres, das nun hinter uns liegt. Als Leiter der Firma kenne ich diese Leistungen jedoch – und danke Ihnen dafür! Wenn man sich in unserem Haus umschaut, dann sieht man mehr, als Bücher verraten können. Sie alle haben auch im verflossenen Jahr getan, was Sie konnten, um die Aufwärtsentwicklung des Betriebes weiter zu fördern.

Ein Rückblick auf das Jahr und auf die Leistungen der Mitarbeiter

Wenn es dabei mitunter zu kleinen Problemen oder Ärgernissen gekommen ist, die im Zuge der Weiterentwicklung nicht zu vermeiden waren – wir wollen sie vergessen und uns jetzt nur noch der recht beachtlichen Erfolge freuen!

Jeder von Ihnen weiß, wie schwierig es heutzutage ist, sich im Konkurrenzkampf am Markt zu behaupten. Wenn wir uns auch im letzten Jahr behauptet haben, dann war das keine Glückssache, sondern es lag einzig und allein an Ihnen! Jede Stunde fleißiger Arbeit an der Verladerampe, am Fließband, an der Schreibmaschine und nicht zuletzt im Außendienst hat ihren Lohn eingebracht und Früchte getragen. Sie hat uns aber gleichzeitig auch noch enger miteinander verbunden als eine große Gemeinschaft, in der jeder seine

Pflichten erfüllt – zum Nutzen aller! „Das vorige Jahr war immer besser!" – heißt das zweite Sprichwort, über das es sich lohnt nachzudenken. Es ist ein Zitat, das einen gewissen Pessimismus ausdrückt. Lassen wir diesen Pessimismus bei uns aber gar nicht erst aufkommen! Sagen wir lieber optimistisch: Das vergangene Jahr war gut, aber die kommenden zwölf Monate sollen noch erfolgreicher werden! An jedem Schreibtisch, vor jeder Werkbank und überhaupt in jeder Abteilung der Firma wollen wir so denken und handeln, um auch in Zukunft Ergebnisse erzielen zu können, mit denen wir zufrieden sind.

Und noch ein drittes Zitat gibt es, das ich hier anführen möchte! Es heißt: „Das Jahr hat ein weites Maul und einen großen Magen!" Es weist uns darauf hin, dass wir auf unseren Lorbeeren nicht ausruhen dürfen, dass uns neue Aufgaben erwarten und dass wir diese Aufgaben bewältigen müssen, wenn wir nicht wollen, dass die Zeit uns überrundet und schlägt. Nun gut, meine Damen und Herren, stopfen wir dem kommenden Jahr das Maul und füllen wir ihm den Magen. Wir wollen das ja nicht deshalb tun, weil wir der Zukunft trotzen müssen, sondern wir wollen es tun, weil wir alle den Wunsch haben, in Sicherheit und Wohlstand zu leben. Ich danke Ihnen noch einmal dafür, dass Sie auch in den vergangenen zwölf Monaten Ihre Pflicht und oft mehr getan haben – jeder Einzelne im Dienst am Ganzen.

Sehr verehrte Damen und Herren!
Liebe Mitarbeiterinnen und Mitarbeiter!

Als hier Anfang der 50er Jahre unser neu erstandenes Geschäftshaus auf den Trümmern des alten, dem Kriege zum Opfer gefallenen Gebäudes errichtet wurde, dachte niemand von uns bei der Einweihung daran, dass einmal die Verkaufsräume unserer Firma nicht mehr den Ansprüchen genügen würden. Über Erwarten schnell hat sich unsere Firma zu einem Großunternehmen entwickelt und sich am Markt einen guten Namen erworben. Deshalb war es eigentlich nur eine Frage der Zeit, wann die Pläne für eine Vergrößerung unserer Geschäftsräume in Angriff genommen werden mussten. Von den Sorgen und Mühen um den Bau des alten Hauptgebäudes wissen heute nur noch wenige aus unserer Firma etwas: wie schwer es war, Baumaterial und Einrichtung zu beschaffen, wie schwer es war, die Finanzierung sicherzustellen, und wie groß die Zweifel waren, ob und wie wir überhaupt am Markt bestehen könnten. Unsere kühnsten Hoffnungen von damals haben sich erfüllt. Voller Stolz können wir nun die Erweiterung unserer Geschäfts- und Arbeitsräume in froher Runde begehen. Ich möchte hier mit Dankbarkeit noch einmal der vorbildlichen Zusammenarbeit aller damit Beauftragten gedenken. Nicht nur dem Architekten, der Bauleitung und den Bauarbeitern danke ich, sondern auch Ihnen, die Sie in den Zeiten der räumlichen Enge am Arbeitsplatz, aber auch in den Zeiten des Um- und Ausbaus viele sicherlich oft nicht leichte Situationen mit Humor und Fassung getragen haben.

Herr ..., der für die Hausverwaltung verantwortlich ist, muss hier besonders lobend erwähnt werden. Er hat für eine reibungslose Zusammenarbeit gesorgt; ihm dafür zu danken ist mir ein Bedürfnis.

Der Inhaber spricht zur Geschäftserweiterung

Lassen Sie mich heute bei dieser Gelegenheit noch kurz auf die Aufgaben eingehen, die in den nächsten Monaten auf uns zukommen. Unsere Stellung am Markt, unsere Kontakte zu Lieferanten und Kunden müssen täglich neu erobert und verteidigt werden. Die Konkurrenz schläft nicht, der Absatz ist wegen der konjunkturellen Lage nicht mit den von uns in den Vorjahren gewohnten Zuwachsraten auszudehnen. Deshalb möchte ich Sie heute alle bitten, sich auch in Zukunft wie in den vergangenen Jahren aktiv für die Ziele unserer Firma einzusetzen. Die hohen Investitionskosten für diesen Erweiterungsbau sind ein Wechsel auf die Zukunft, den wir einlösen müssen.

Heute aber soll der Frohsinn zu seinem Recht kommen. Ich wünsche allen recht schöne Stunden und fordere die Jungen unter uns und die sich jung fühlen auf, recht eifrig das Tanzbein zu schwingen. Ich erhebe mein Glas und trinke auf den Erfolg und auf das weitere Wachsen unseres Unternehmens. Auf Ihr Wohl, meine Damen und Herren!

Verehrte Festgemeinde!

Der Unternehmer spricht zur Einweihung eines neuen Gebäudes

Dank allen, die an der Errichtung des vor uns stehenden Gebäudes beteiligt waren! Es ist für mich ein Eigentümliches Gefühl, hier von dieser Stelle aus den Blick auf eine Fabrikationshalle zu lenken, die vor gut einem Jahr noch nicht vorhanden war, die auf einem Boden steht, der vor so kurzer Zeit noch von grünem Rasen bewachsen war.

Dass wir hier und heute einen weiteren Zweig unseres Unternehmens in Betrieb nehmen können, ist unser aller Verdienst. Durch Ihre verantwortungsvolle Arbeit entstand hier ein hochmodernes Werk. Ihr Können hat es bewerkstelligt, dass nicht nur der Bautermin eingehalten, sondern auch sämtliche Maschinen aufgestellt werden konnten.

Durch die Planung unserer Betriebsdirektion, die jeden einzelnen, der eine Maschine bedienen wird, in den letzten Monaten zur Ausbildung in befreundete Betriebe geschickt hat, ist es gewährleistet, dass am Montag die Produktion anlaufen kann.

Das ist ein Erfolg, auf den wir alle stolz sind. Die Betriebsleitung hat sich entschlossen, für die Übergangszeit von drei Monaten, in der vielleicht noch nicht das wünschenswerte Resultat erzielt wird, eine Lohnerhöhung von … zu bewilligen. Möge dieser Entschluss, der, wie Sie verstehen werden, nur schwer „verkraftet" werden kann, die Freude an der Arbeit noch mehr erhöhen. Die Anlagen im Erdgeschoss, die zahlreiche Duschen und Einzelbäder enthalten, sowie eine großräumige Kantine stehen allen Betriebsangehörigen zur Verfügung. Ich bitte Sie, nun alle mit mir auf das Gelingen unserer künftigen, gemeinsamen Arbeit anzustoßen.

Liebe Mitarbeiterinnen und Mitarbeiter!

Herzlich willkommen zu unserer kleinen Betriebsfeier. Ich freue mich, dass Sie meiner Einladung gefolgt sind, die Ihnen ein paar Stunden Ferien vom Arbeitsalltag bringen soll. Es freut mich, dass Sie gute Laune mitgebracht haben. Damit sind wir alle bestens dafür gerüstet, diesen Tag so richtig zu genießen. Trotz steigender Arbeitsbelastung ist unsere Gemeinschaft in den letzten Jahren noch enger zusammengewachsen. Für Ihre Treue zu der Firma und für Ihren Einsatz im Berufsalltag möchte ich Ihnen heute sehr herzlich danken. Diese kleine Feier soll uns heute einmal unbeschwert und fröhlich ein paar Stunden auch außerhalb des Betriebes zusammenführen. Lassen Sie uns daher die Gläser erheben auf die gute und dauerhafte Gemeinschaft in unserem Betriebe, zu der auch der heutige Tag beitragen möge.

Rede des Chefs zur Betriebsfeier

Sehr verehrte Damen und Herren!
Liebe Betriebsangehörige!

Jahre lehren mehr als Bücher", sagt der Volksmund. Und der Volksmund spricht nur allzu wahr, meine Damen und Herren! Wir können aus den Büchern unseres Betriebes eine Menge Zahlen herauslesen, die als Aktiva oder Passiva der vergangenen zwölf Monate schwarz auf weiß festgehalten wurden. Nur schwer herauslesen aber können wir aus diesen Büchern die Leistungen des einzelnen während dieses Jahres, das nun hinter uns liegt. Als Leiter der Firma kenne ich diese Leistungen jedoch sehr genau – und danke Ihnen dafür! Wenn ich mich in unserem Haus umschaue, wenn ich die neuerworbenen Maschinen und sonstigen Produktionsanlagen betrachte und wenn ich dann vor diesen Anlagen auch neue Gesichter bemerke, dann sehe ich mehr, als Bücher verraten können. Sie alle haben auch im vergangenen Jahr Ihr Bestes für den Betrieb gegeben.

Wenn es dabei mitunter zu kleinen Reibereien oder Ärgernissen gekommen ist, die im Zuge der Weiterentwicklung oder Umorganisation nicht zu vermeiden waren – möchte ich Sie auffordern, sie zu vergessen und sich jetzt nur noch der recht beachtlichen Erfolge zu freuen!

Jeder von Ihnen weiß, wie schwierig es heutzutage ist, sich im Konkurrenzkampf am Markt zu behaupten. Wenn wir uns auch im letzten Jahr behauptet haben, dann war das keine Glücksache, sondern es lag einzig und allein an Ihnen! Jede Stunde fleißiger Arbeit an der Verladerampe, am Fließband, an der Schreibmaschine und nicht zuletzt im Außendienst hat ihren Lohn eingebracht und Früchte getragen. Sie hat uns aber gleichzeitig auch noch enger miteinander verbunden und zu einer großen Gemeinschaft gemacht, in der jeder seine Pflichten erfüllt – zum Nutzen aller! „Das vorige

Jahr war immer besser!" – heißt das zweite Sprichwort, über
das es sich lohnt nachzudenken. Es ist ein Zitat, das einen
gewissen Pessimismus ausdrückt – lassen wir diesen Pessimismus bei uns aber gar nicht erst aufkommen! Sagen wir lieber
optimistisch: Das vergangene Jahr war gut, aber die kommenden zwölf Monate sollen noch erfolgreicher werden! An
jedem Schreibtisch, vor jeder Werkbank und überhaupt in
jeder Abteilung der Firma wollen wir so denken und handeln, um auch in Zukunft Ergebnisse erzielen zu können, mit
denen wir zufrieden sind … Erfolge, die uns und unseren
Lieben dienen und unsere gemeinsame Existenz sichern!
Und noch ein drittes Zitat gibt es, das ich hier anführen
möchte! Es heißt: Das Jahr hat ein weites Maul und einen
großen Magen! Und es weist uns darauf hin, dass wir auf
unseren Lorbeeren nicht ausruhen dürfen, dass uns neue
Aufgaben erwarten und dass wir mit diesen Aufgaben fertig
werden müssen, wenn wir nicht wollen, dass die Zeit uns
überrundet. Nun gut, meine Damen und Herren, stopfen wir
dem kommenden Jahr das Maul und füllen wir ihm den
Magen. Wir wollen das ja nicht nur deshalb tun, weil wir der
Zukunft trotzen müssen, sondern wir wollen es tun, weil wir
alle den Wunsch haben, in Sicherheit und Wohlstand zu
leben. Ich danke Ihnen noch einmal dafür, dass Sie auch in
den vergangenen zwölf Monaten Ihre Pflicht und oft mehr
als Ihre Pflicht getan haben – jeder einzelne im Dienst am
Ganzen.

Liebe Mitarbeiterinnen und Mitarbeiter!
Verehrte Ehrengäste!
Meine sehr geehrten Damen und Herren!

Der PR-Chef
spricht zum 25.
Jubiläum
einer Firma

Es ist ein Gefühl von Freude und Stolz, das mich am heutigen Tage bewegt: Unsere Gesellschaft feiert ihr 25-jähriges Bestehen. Ich heiße Sie alle recht herzlich zu diesem Jubiläum willkommen.

Unsere Firma ist ein echtes „Kind der 68er". In jenem denkwürdigen Jahr gegründet, als in Deutschland junge Leute reihenweise auf die Straßen gingen, um gegen das Establishment zu protestieren und den „Mief von tausend Jahren aus den Talaren" zu blasen, in jenen revolutionären Zeiten legten wir den Grundstein für dieses Unternehmen.

Es war ein gewagter Schritt. Zwar befand sich die Wirtschaft im Westen Deutschlands noch auf aufsteigendem Kurs, doch waren die Märkte schon gut besetzt mit Unternehmen, die sich wie wir auf Herstellung und Vertrieb von Reinigungsmitteln konzentrierten. Wir waren gleichwohl der Überzeugung, bestehen zu können, weil wir sicher davon ausgingen, dass sich Qualität auch in einem dicht besetzten Markt würde durchsetzen können. Meine sehr geehrten Damen und Herren: Das heutige 25. Jubiläum ist der eindrucksvolle Beweis für die Richtigkeit unserer Annahme. Seit einem Vierteljahrhundert produzieren wir Qualitätserzeugnisse, die marktführend sind im hochpreisigen Marktsegment. Dieser Erfolg kommt nicht von ungefähr! In Anlehnung an die bewegten 68er Jahre möchte ich Ihnen sagen, dass es ein „revolutionäres" Produkt war und ist, mit dem wir den Markt gewinnen konnten. Hergestellt von qualifizierten Mitarbeiterinnen und Mitarbeitern, vertrieben von erfolgreichen Außendienstmitarbeitern und an den Mann und die Frau gebracht dank fairer Partner im Großhandel wie im Einzelhandel, können wir heute zufrieden feststellen, dass unsere Gesellschaft sicher im Markt verankert ist.

Trotz dieser Erfolge dürfen wir uns keineswegs zufrieden und satt zurücklehnen. Der Markt ist deutlich rauer geworden, insbesondere in Zeiten konjunktureller Schwäche. Auch wir müssen weiter hart arbeiten, um unsere Erfolge zu konsolidieren und neue Kunden zu gewinnen.

Wenn mir in dieser Feierstunde gleichwohl nicht bange ist um die Zukunft der Firma, dann deshalb, weil ich weiß, dass wir in Ihnen allen, die Sie heute zur Jubiläumsfeier gekommen sind, Freunde, Partner und Mitarbeiter haben, auf die wir zählen können.

Ich freue mich daher, Sie alle beim 25. Jubiläum unserer Gesellschaft willkommen heißen zu können, sage Ihnen Dank für die zurückliegenden Jahre der Gemeinsamkeit und gebe zugleich der Hoffnung Ausdruck, dass wir auch in den vor uns liegenden Jahren weiterhin so erfolgreich und partnerschaftlich zusammenarbeiten werden.

Ich lade Sie nun ein, in froher Runde unsere Gäste zu sein. Das Büfett ist hiermit eröffnet!

Sehr geehrte Gäste!
Liebe Mitarbeiterinnen und Mitarbeiter!

Wir haben uns hier zu einer Feierstunde zusammengefunden, um das 50-jährige Bestehen unseres Unternehmens zu feiern. Am heutigen Tage sind genau 50 Jahre seit der Gründung vergangen, in denen sich unser Betrieb aus kleinsten Anfängen heraus zu einem ansehnlichen und anerkannten Unternehmen entwickelt hat. Mit Stolz darf ich heute darauf hinweisen, dass der Name unserer Firma sich in der engeren und weiteren Umgebung unserer Heimat eines guten Rufes erfreut. Im Rückblick lässt sich heute sagen, dass die vergan-

Der Firmenchef spricht zum 50. Betriebsjubiläum

genen Jahre, trotz aller Rückschläge und Schwierigkeiten, doch eine schöne Zeit waren. Den Grundstock für unser Unternehmen in seiner heutigen Form legte mein Vater. Auch wenn es ihm nicht vergönnt war, den Aufstieg unseres Betriebes, so wie er ihn sich immer gewünscht hatte, mitzuerleben, hat er doch von Anfang an die Weichen für die künftige Entwicklung gestellt. Für ihn lag der wesentliche Faktor zum Gedeihen eines Unternehmens im Guten Betriebsklima, in der vertrauensvollen Zusammenarbeit aller Mitarbeiterinnen und Mitarbeiter.

Aber nicht nur dieses Rezept hat uns Vorangebracht. Auch seine Empfehlung, nach meiner Schulentlassung eine Lehrzeit in einem anderen Betrieb zu absolvieren, hat sich ausgezahlt. So darf ich heute, bei unserem 50. Betriebsjubiläum, nicht nur das Andenken meines Vaters in Erinnerung rufen, sondern auch in Dankbarkeit der Herren ... und ... gedenken, die mir nach seinem Tode durch wertvollen Rat und finanzielle Unterstützung in den schweren Jahren zur Seite standen. Ohne ihren Beistand und dem aus reicher Erfahrung stammenden Wissen wäre die Entwicklung unseres Unternehmens sehr viel schwieriger und langwieriger verlaufen. So wuchs denn unser Betrieb heran, gewann an Substanz und konnte sich bei ständiger Vollbeschäftigung zu seiner jetzigen Größe entwickeln. Viele fleißige Hände waren nötig, dieses Ziel zu erreichen. Ich bin dankbar, diesen schönen Erfolg noch erleben zu dürfen.

Mein Dank in diesem Augenblick gilt ganz besonders unserem bewährten und geschätzten Geschäftsführer, Herrn ..., der mir seit vielen Jahren als rechte Hand zur Seite steht. Auch meinen übrigen Mitarbeiterinnen und Mitarbeitern sage ich Dank für ihre Mithilfe; sie haben durch ihre aufopferungsvolle Mitarbeit am Gedeihen unseres Unternehmens erheblichen Anteil. Danken möchte ich ebenfalls meinen

Kunden, die uns viele Jahre hindurch die Treue gehalten haben und deren Vertrauen zu rechtfertigen weiterhin unser Bestreben sein wird.

Durch zuverlässige Arbeit und in fortschrittlichem Geist weiter zu wirken sei unser aller Anliegen. Das anschließende gemütliche Beisammensein soll uns nach arbeitsreichen Tagen einige Stunden der Freude und der Erholung bringen.

Ausbildung

Liebe junge Kolleginnen und Kollegen!

Als Betriebsrat darf ich Sie im Namen aller Kolleginnen und Kollegen unseres Betriebes hier herzlich willkommen heißen. Sie haben sich aus einer großen Zahl von Bewerberinnen und Bewerbern durch einen harten Eignungstest für Ihre Ausbildungsstellen qualifiziert. Mit diesem Eignungstest haben Sie die erste Aufgabe Ihres beruflichen Lebens erfolgreich gelöst. Wir alle und besonders die für Ihre Ausbildung Verantwortlichen hoffen, dass es uns gelingt, Ihnen so viele Fertigkeiten und so viel Wissen zu vermitteln, dass Sie das Ausbildungsziel erfolgreich meistern werden. Wenden Sie sich an uns, wenn Sie in den ersten Tagen Schwierigkeiten haben, auch dann, wenn Sie glauben, nicht am richtigen Ausbildungsplatz eingesetzt zu werden. In unserem großen Betrieb gibt es viele Möglichkeiten, hier rechtzeitig notwendige Änderungen herbeizuführen.

In jedem Falle ist der Betriebsrat dazu da, Ihnen zu helfen, und wir sind sicher, dass wir es wohl auch in den meisten Fällen können. Auch für Verbesserungsvorschläge sind wir dankbar. Und wir freuen uns, wenn Sie uns sagen, dass es Ihnen hier gefällt. In dieser Bestätigung könnten wir sehen, dass der Einsatz Ihrer Ausbilder und Ihrer Interessenvertreter richtig war.

Rede des Betriebsrates zur Einstellung von Auszubildenden

Sehr geehrte Damen und Herren!

Der Vorsitzende des Prüfungsausschusses spricht zur Freisprechung von Auszubildenden

Mir ist in diesem Augenblick zumute, als hätte ich in jedem von Ihnen – wie bei allen Prüflingen – Menschen mit zwei Gesichtern gesehen. Das eine lernte ich vor der Prüfung kennen, das zweite, nachdem das Ergebnis „bestanden" bekannt gegeben wurde. Als Sie zur Prüfung kamen, waren Sie angespannt oder aufgeregt, konzentriert oder nervös, und nun schauen Sie mir so froh und gelöst in die Augen. Jetzt ist die schwere Belastung für Sie vorbei, dass man sich schon allein deshalb mit Ihnen freuen muss. Aber es gibt für uns ja einen viel gewichtigeren Grund zur Freude. Der Kreis fachkundiger Werktätiger Ihres Berufes ist durch Sie um etliche Mitglieder gewachsen. Was gute Wertarbeit ist, das hängt ja nicht nur von Maschinen oder gutem Werkzeug ab, nein, es hängt vor allem von der Eignung der Menschen ab, die sie bedienen und damit umgehen. Und wenn Sie auch auf der Leiter des Lernens noch nicht auf den oberen Sprossen angelangt sind, dann haben Sie doch schon eine wichtige Sprosse im mittleren Bereich erklommen. Wer diese Kletterpartie überstanden oder besser gesagt bestanden hat, der wird beim Weiteren Klettern nicht mehr vor so unüberwindlichen Schwierigkeiten stehen. Wir hoffen sogar, dass Ihnen allen die Prüfung den Mut und den Ansporn gibt, sich für weitere Prüfungen, für weiteres Lernen zu entscheiden.

Sie haben in Ihrer Ausbildungszeit und in diesen Prüfungen erfahren, dass Ihnen Ihr Lehrbetrieb, Ihre Ausbilder, Ihre Prüfer helfen wollen voranzukommen. Ich bin deshalb sicher, dass Sie in den Stolz über das bestandene Examen auch die Dankbarkeit einfließen lassen gegenüber all den Menschen, denen Sie es zu verdanken haben, beruflich weiter gekommen zu sein.

Im Namen des Prüfungsausschusses beglückwünsche ich Sie

zur bestandenen Prüfung. Sie haben den Willen gezeigt, im Beruf etwas zu leisten. Liefern Sie nun den Beweis auch an Ihrem Arbeitsplatz. Dazu viel Erfolg!

Sehr geehrte Damen und Herren!
Liebe Kolleginnen und Kollegen!

Dank der Auszubildenden

Diese Feier ist für uns der Abschluss unserer Ausbildungsjahre. Wir wollen nicht verhehlen, dass wir diesen Tag lange herbeigesehnt haben. Sie alle haben sich große Mühe mit uns gegeben und oft auch dann noch Geduld gezeigt, wenn wir eine Sache nach der dritten Erklärung noch immer nicht verstanden hatten. Nicht nur unser Ausbildungsleiter, Herr ..., sondern auch viele Kolleginnen und Kollegen hatten auch dann noch ein verständnisvolles oder tröstendes Wort für uns, wenn wir einmal nahe am Verzweifeln waren. Das war ganz besonders in den ersten Monaten unserer Lehrzeit nötig, als es uns doch recht schwer gefallen ist, uns von der Vormittagsschulzeit auf die Ganztags-Ausbildungszeit umzugewöhnen. Sie alle haben uns mit vielen kleinen Tricks und manchmal auch mit besonderen Tipps geholfen. Am meisten geholfen hat uns, dass durch die gute und vertrauensvolle Zusammenarbeit zwischen unseren Ausbildern und unseren Lehrern in der Berufsschule Theorie und Praxis so nahtlos verknüpft worden sind. Wir sind alle sehr froh, dass wir die Prüfungsklippen heil überstanden haben. Ich danke Ihnen allen im Namen meiner Mitlehrlinge, dass Sie uns dabei geholfen haben. Die meisten von uns werden in ihrem Ausbildungsbetrieb weiterarbeiten. Wir hoffen, dass wir das Gelernte an unseren neuen Arbeitsplätzen gut umsetzen können und dass Sie uns auch in Zukunft dabei helfen dazuzulernen.

Sehr geehrte Jungmeister! Meine Damen und Herren!

Ein Altmeister spricht zur Freisprechung von Jungmeistern

Wir haben uns hier zur Freisprechung von 42 Jungmeistern zusammengefunden, um ihnen unsere herzliche Gratulation und unsere besten Wünsche für eine erfolgreiche Laufbahn auszusprechen. Wer etwas gelernt hat und seine handwerkliche Kunst versteht, hat einen festen Platz in dieser Welt.

Die Grundsätze des Handwerkslebens, die noch immer Gültigkeit haben und zum Gedeihen des gesamten handwerklichen Berufsstandes beitragen, sind auch heute noch: qualifizierte Arbeit, Solidarität im Wettbewerb, Gemeinsinn und Teamgeist in der handwerklichen Organisation und im politischen Gemeinwesen, sorgfältige Anleitung und Ausbildung des Nachwuchses.

Die Verpflichtung, die Ihnen mit dem Meistertitel auferlegt wird, ist im eigentlichen Sinne des Wortes die Verpflichtung gegenüber sich selbst, der Gemeinschaft, in der Sie leben, und Ihren Mitarbeitern gegenüber. Führen Sie die Betriebe in fortschrittlichem Geist! Arbeiten Sie mit an den Lebensfragen unseres Berufsstandes, und verbinden Sie den Begriff des ehrbaren Handwerksmeisters mit dem des ehrbaren Kaufmanns. Der Handwerksmeister muss heute nicht allein Meister im Guten, alten Sinne sein, er muss wendig und aufgeschlossen und ein sich den modernen Gegebenheiten anpassender Unternehmer sein. Nur unter solchen Voraussetzungen wird er erfahren, dass das Handwerk noch immer eine solide Grundlage hat und damit die Voraussetzung für den „goldenen Boden".

Das Rüstzeug, das Ihnen Ihre Lehrmeister in gründlicher Ausbildung mitgegeben haben, kann die Grundlage für eine günstige Weiterentwicklung sein, die mit der Beendigung der Ausbildung nicht abgeschlossen sein darf. Sie ist zum Beispiel verbunden mit der Verpflichtung, die fachlichen Kenntnisse nun wiederum der nächsten Generation im Sinne der alten Meister zu vermitteln.

Das Handwerk ist noch immer ein wichtiger Faktor im Leben von Stadt und Land und zugleich Träger des Mittelstandes. Es ist aus dem Leben nicht fortzudenken und wird auch im Zeitalter der zunehmenden Automatisierung bestehen. Die Wertarbeit eines Handwerks gehört zu den notwendigen Grundlagen auch in unserer technisierten Zeit. Einige von Ihnen sind bereits im Betrieb des Vaters tätig und werden später diesen Betrieb übernehmen. Andere haben es sich zur Aufgabe gemacht, selbstständig ein Handwerksunternehmen aufzubauen. Wieder andere haben die Absicht, auch als Meister in abhängiger Stellung bei einem größeren Betrieb ihr Können einzusetzen. Mit der Überreichung der Urkunden sind Sie nunmehr freigesprochen und vom Lernenden zum Lehrenden geworden. Seien Sie sich stets der Würde Ihres Berufes bewusst. Der Unterstützung unserer Handwerkskammer und der handwerklichen Organisationen im Berufsleben dürfen Sie sicher sein. Lassen Sie im Ringen um Anerkennung im beruflichen Wettbewerb den Berufskampf nicht zum Konkurrenzkampf werden.

Meine sehr verehrten Damen und Herren!
Liebe Jungmeisterinnen und Jungmeister!

Das Weiterkommen im Leben hängt sicherlich von manchen Faktoren ab, auch von solchen, die von außen einwirken. Aber es kommt doch letzten Endes entscheidend darauf an, dass der einzelne mit Interesse, Fleiß, Verantwortungsbewusstsein und durch Leistung und Bewährung in größere Aufgaben hineinwächst. Jeder sollte dazu seine eigenen Kräfte weiterentwickeln, und inso weit gilt immer noch der alte

Rede des Vertreters der Industrie- und Handelskammer zur Meisterfeier

Satz: „Jeder ist seines Glückes Schmied." Ich bin davon überzeugt, dass Ihre Ausbildungs- und Gesellenzeit, die Sie jetzt durch Ihre Meisterprüfung beendet haben, Ihnen das Gefühl dafür vermittelt hat, wie wichtig es ist, die Zusammenhänge im Betrieb und in der Wirtschaft zu erkennen. Sie werden eingesehen haben, dass es nicht genügt, erworbene Handfertigkeit und theoretisches Wissen mechanisch anzuwenden, sondern dass es gilt, das eigene Können und die erlangten Fähigkeiten sinnvoll in das betriebliche und wirtschaftliche Geschehen einzuordnen. Dass es wichtig ist, die Bereitschaft und Beweglichkeit aufzubringen, sich veränderten Situationen und neuen technischen sowie anderen Produktionsmethoden anzupassen, geistig beweglich zu bleiben und den Schritt zu neuen Zielen und Aufgaben zu wagen. Man kann also auch, ja man soll sich sogar ruhig etwas zutrauen. Auch wird nur der die Chance wahrnehmen, die das Leben für ihn bereithält – und dies gilt insbesondere für Sie nach diesem bedeutungsvollen Abschluss Ihrer Ausbildung –, der die Zusammenhänge, und ich möchte ganz bewusst sagen, auch die größeren Zusammenhänge richtig begreift. Das heißt, dass Sie, liebe Jungmeisterinnen und Jungmeister, sich nicht beschränken dürfen auf das allerengste spezialisierte Fachwissen, sondern den Blick offen halten müssen für den größeren Rahmen, für alle Umstände, die für Beruf und Leben von Bedeutung sind. Das ist sicherlich keine leichte Aufgabe, denn die schnellen und immer schnelleren Fortschritte unseres wissenschaftlichen und technischen Zeitalters begünstigen die Spezialisierung. Natürlich muss demzufolge jeder zunächst in seinem ureigensten Fach auf der Höhe bleiben und sich dies durch laufende Weiterarbeit und Fortbildung erhalten.

Ich bin davon überzeugt, dass Ihre Tüchtigkeit, Ihr Fleiß und auch Ihre Liebe zum Beruf, zu dessen selbstständiger Aus-

übung Sie nun die schwierigste Prüfung erfolgreich abgeschlossen haben, Ihnen auch in Zukunft genügend Zeit
bieten, um auch die anderen Seiten unserer modernen Gesellschaft zu beachten und daran aktiv teilzunehmen. Es sind
nicht nur die Fragen der zukünftigen Weiterentwicklung
unserer Volkswirtschaft, sondern ebenso sehr die Probleme
der großen und kleinen Politik, in deren Rahmen Sie versuchen werden und versuchen müssen, Ihren Beruf nicht nur
im Interesse des steigenden eigenen Wohlstandes, sondern
auch im Interesse der Gesellschaft auszuüben. Wie stellt sich
nun heute das Berufsbild des Handwerks der hoch industrialisierten, technisierten und automatisierten Arbeitswelt dar?
Es ist sicher richtig, dass die moderne Wirtschaft zur Befriedigung der Nachfrage der Öffentlichkeit nach Massengütern
rationeller und automatisierter Großunternehmen bedarf.
Das sollte aber nicht zu dem Fehlschluss verleiten, dass das
Handwerk in einer auf Massenverbrauch ausgerichteten
Konsumgesellschaft nicht mehr seinen festen Platz behaupten würde.
Das ist allein schon deshalb mit Sicherheit nicht richtig, da
einerseits trotz hochentwickelter Maschinen nicht jede
menschliche Tätigkeit durch maschinelle Fertigung ersetzt
werden kann und andererseits ein nicht zu unterschätzender
individueller Geschmack sich nicht mit maschinell fertig
gestellten Produkten begnügt. Die Arbeit des Handwerks – in
welcher Branche auch immer – trägt trotz aller technischen
Hilfsmittel immer noch ein Stück der Persönlichkeit dessen,
der sie geleistet hat.
Die Liebe zum Detail, die das handwerkliche Schaffen vor
allem anderen besonders hervorhebt, hat auch heute noch
ihren hohen Marktwert und wird ihn auch in Zukunft behalten. Zwar haben strukturelle Veränderungen in der einen
oder anderen Branche des Handwerks stattgefunden. Das

bedeutet jedoch nicht, dass das Handwerk seinen goldenen Boden, wie man immer so schön sagt, verloren habe. Es bedeutet lediglich, dass ebenfalls im Bereich des Handwerks jener Umstellungsprozess stattfindet, der auch in der gesamten Volkswirtschaft im Sinne einer Umstellung der Produktionsgewohnheiten auf die Erfordernisse der Technisierung vor sich geht. Das bedeutet für das Handwerk nicht, dass es insgesamt betrachtet von maschinellen Einrichtungen abgelöst werden wird, sondern nur, dass die vorhandenen Hilfsmittel zur Ausübung des Handwerks verbessert worden sind. Zwar hat in den letzten Jahren die Anzahl der Betriebe und die Anzahl der Beschäftigten etwas abgenommen, aber es hat sich gleichzeitig gezeigt, dass trotz der rückläufigen Zahlen der Umsatz im Handwerk in den vergangenen 10 Jahren überproportional erhöht werden konnte. Ich bin davon überzeugt, dass sich dieser Trend fortsetzen wird. Deshalb vertraue ich darauf, dass auch in Zukunft das Handwerk als ein Garant für einen gesunden Mittelstand in unserer Gesellschaft erhalten bleibt. Ein gesunder Mittelstand ist aber nicht zuletzt Voraussetzung für eine gute gesamtvolkswirtschaftliche Entwicklung.

Sie, verehrte Jungmeisterinnen und Jungmeister, die Sie heute mit der Überreichung des Meisterbriefes nicht nur formal mehr als bisher in die Verantwortung des Wirtschaftslebens eingetreten sind, werden – dessen bin ich sicher – mit allen Ihren Kräften auf die Erreichung dieses gemeinsamen Zieles hin mitarbeiten.

Ich spreche Ihnen hier, zugleich auch im Namen der ... (Kammer, Organisation), meine herzlichsten Glückwünsche zur Erreichung Ihrer Meisterwürde aus.

Geburtstage

Liebe Frau ... (Name der Mitarbeiterin)!

Zu Ihrem heutigen Geburtstag darf ich Ihnen zugleich im Namen aller Kolleginnen und Kollegen meine herzlichen Glückwünsche aussprechen und Ihnen diesen Strauß überreichen. Das ist in dieser Abteilung ein schöner, alter Brauch. Sie sind gewissermaßen unser Nesthäkchen, weil Sie erst seit vier Monaten hier tätig und damit noch in der Probezeit sind. Nun ist eine Probezeit ja durchaus eine beiderseitige Angelegenheit. Nicht nur wir versuchen zu erfahren, ob Sie unseren Anforderungen gerecht werden. Auch Sie sollen natürlich prüfen, ob der Arbeitsplatz und die Kolleginnen und Kollegen Ihren Erwartungen entsprechen. Das gilt selbstverständlich nicht nur für den betrieblichen Alltag, sondern auch für das gemeinsame Feiern. Und dazu gehört bei uns immer der Geburtstag. An diesem Tag wollen alle Kolleginnen und Kollegen Glück, Erfolg und Gesundheit wünschen für das neue Lebensjahr, und sie wollen sich bedanken für die harmonische Zusammenarbeit in den letzten vier Monaten. Verbunden mit diesem Dank ist der Wunsch, dass die Zusammenarbeit bestehen bleiben und sich auch weiterhin ähnlich angenehm und kollegial gestalten möge. Der Nachmittag gehört bei uns traditionsgemäß dem Geburtstagskind, seiner Familie und seinen Freunden. Das heißt, dieser halbe freie Tag ist das Geburtstagsgeschenk des Betriebes an seine Mitarbeiter, und ich hoffe, dass Sie das bei der Bilanz Ihrer Erwartungen aus der Probezeit auf der Habenseite verbuchen werden. Ich darf Ihnen, liebe Frau ..., also nochmals von Herzen zum Geburtstag gratulieren, Sie besonders an diesem Tag noch einmal in unserer Gemeinschaft willkommen heißen und Ihnen viel Freude an Ihrem heutigen Geburtstag wünschen.

Der Chef gratuliert zum Geburtstag einer Mitarbeiterin

Lieber Herr ... (Name des Mitarbeiters)!

Der Chef gratuliert zum Geburtstag eines Mitarbeiters

Wie wir alle wissen, ist es guter Brauch in unserer Firma, über all der täglichen Arbeit mit ihrem Ärger und Stress die wichtigen Gedenk- und Feiertage nicht zu vergessen. Zu den wichtigen Tagen gehören auch die Geburtstage. Und wenn es sogar dann noch ein runder ist, wie der fünfzigste bei unserem Herrn ..., dann gibt es gleich mehrfach Grund zum Feiern. Lieber Herr ..., zu Ihrem fünfzigsten Geburtstag, zum vollendeten halben Jahrhundert, wünschen wir alle, die Betriebsleitung und alle Kolleginnen und Kollegen, Ihnen von ganzem Herzen Glück und Segen, vor allem aber Gesundheit für die Zukunft. Nun will ich in meinem heutigen Geburtstagsglückwunsch nicht alles vorwegnehmen, was in zwei Jahren bei Ihrem dann fünfundzwanzigsten Betriebsjubiläum gesagt werden kann und soll. Aber zwei Dinge will ich doch hervorheben: Auch wenn man schon lange zum Inventar gehört, gehört man noch lange nicht auch zum alten Eisen. Und zum zweiten: Wer bei aller Belastung und Hektik im Betrieb nie die Nerven verliert, immer Rat weiß und mit trockenem Witz und Humor oft auch die brenzligsten Situationen rettet, hilft den Alten und Jungen im Betrieb. Den Alten hilft es, nicht zu vergessen, wie man es eigentlich richtig macht, und den Jungen zeigt es, wie man es gar nicht erst falsch macht. Kurzum, lieber Herr ..., wir alle wissen, dass wir an Ihnen immer einen verlässlichen Mitstreiter und Partner hatten, und wir hoffen, dass wir diesen Partner in der gleichen Frische und Gesundheit wie bisher noch lange haben werden.

Heute, an Ihrem fünfzigsten Geburtstag, wollen wir Ihnen für die hinter uns liegende, gute gemeinsame Zeit danken und Ihnen gleichzeitig alles Gute wünschen für die noch vor uns liegende. Die Firmenleitung überreicht Ihnen einen

Bildband vom Taunus, den Sie ja besonders lieben. Vielleicht inspiriert Sie die eine oder andere Aufnahme von einem noch unbekannten Winkel zu einem erholsamen Ausflug. Und um die Planung einer solchen Unternehmung ein wenig zu erleichtern, haben wir in diesem Umschlag einen Geldbetrag beigefügt. Beides soll Sie an Ihren fünfzigsten Geburtstag erinnern und an uns alle, die noch einmal herzlich gratulieren und nun ein Glas auf Ihr Wohl trinken.

Liebe ... (Name der Kollegin)!

deine Mitarbeiter aus der Redaktion wünschen dir zu deinem vierzigsten Geburtstag Glück, Gesundheit und Erfolg und – wie wir alle hoffen – noch viele gute Jahre harmonischer und produktiver Zusammenarbeit im Team. „Team" soll auch das Stichwort meiner kurzen Gratulationsrede sein. Stimmung und Erfolg im Team hängen davon ab, dass alle über der eigenen Tagesarbeit das gemeinsame Ziel nicht aus den Augen verlieren. Das ist gar nicht so einfach, wie es sich immer anhört. Denn es bedeutet Mitdenken auch über die eigene Kompetenz und Zuständigkeit hinaus. Es bedeutet vielleicht Abschied von lieb gewordenen Gewohnheiten und Bequemlichkeiten, verfestigten Rollenverteilungen, eingefleischten Denk- und Ablaufschemata. Eine solche Teamarbeit muss erst einmal erlernt und ständig verteidigt werden gegen Gleichgültigkeit, gegen Routine, gegen Egoismen. Jeder im Team muss daran mitwirken, in seinem eigentlichen Arbeitsfeld, aber auch darüber hinaus. Natürlich wissen alle schon längst, auf was ich hinauswill.

du, ..., vertrittst in unserem Team die Fraueninteressen mit Vehemenz. Lange, bevor Parteien und Regierungen Frauenbeauftragte ernannten, Kandidatenlisten frauenfreundlich nachbesserten und Wahlprogramme „entmannten", hast du

Ein Kollege gratuliert zum 40. Geburtstag einer Kollegin

das Team in der täglichen Arbeit immer wieder darauf gestoßen, wo nicht nur fachlich, sondern gewissermaßen schon rein umgangssprachlich der Gleichberechtigungsgrundsatz verletzt wurde. Du hast es verstanden, Sensibilität dafür zu wecken, dass sich gerade in der Sprache besonders verräterisch geschlechterspezifische Rollenfixierungen niederschlagen und damit althergebrachte Auffassungen und Gewohnheiten verfestigt bleiben. Ich will ja heute gar nicht verhehlen, liebe ..., dass wir uns am Anfang alle ein wenig amüsiert haben. Dann gab es einen Zeitpunkt, zu dem uns die ständige Anmahnerei schlicht auf die Nerven ging – vielleicht hat da ja ein wenig das schlechte Gewissen mitgewirkt. Heute ist es eigentlich für alle im Team selbstverständlich, dass jeder Beitrag daraufhin untersucht wird, ob, und wenn ja, wo sich die alten Klischees wieder einmal eingeschlichen haben: Das fängt beim Kochbuch an und geht über die technischen Ratgeber bis hin zum Redenbuch. Dies ist in erster Linie dein Erfolg, liebe .... In dieser ganz wesentlichen Frage hast du das Team geformt und dazu beigetragen, zumindest in einem Teilbereich einen alten männlichen Zopf abzuschneiden. Und wenn ich die vielen Jahre nichts dazugelernt hätte, würde ich jetzt sagen, dass das ganze Team in dieser Frage in „mann"-schaftlicher Geschlossenheit hinter dir steht und dass wir alle hinter deiner Auffassung „wie ein Mann" stehen.

Heute gratulieren wir der streitbaren Kollegin zum Geburtstag und hoffen, dass Engagement und Überzeugungskraft dir und uns auch im kommenden Lebensjahr erhalten bleiben. Noch einmal: Im Namen der ganzen Redaktion alles Gute und Prosit, auf dein Wohl!

Sehr verehrter Herr ... (Name des Chefs)!

Alle Kolleginnen und Kollegen gratulieren Ihnen herzlich zu Ihrem heutigen Geburtstag. Zwar wollen alle Ihnen selbst die Hand schütteln, das versteht sich ja von selbst. Reden aber soll am besten nur einer, haben wir uns gedacht. Sonst bliebe ja keine Zeit mehr für die angenehmen Seiten eines solchen Geburtstages: Ich meine natürlich den traditionellen Umtrunk. Aber für ein paar Worte soll die Zeit schon reichen. Sie, lieber Herr ..., feiern heute Ihren 48. Geburtstag. Das ist ein gutes Alter, manche sagen, das sei die produktivste Zeit in einem Berufsleben. Wahrscheinlich deshalb, weil man noch jung genug ist, um innovativ und kreativ zu sein, und schon alt genug, um sich dabei nicht durch Alltagsroutine behindern zu lassen. Wahrscheinlich hat man auch inzwischen gelernt, sich seine Zeit besser einzuteilen und damit auch seine Kräfte. Gerade in unserer Branche ist das ja lebenswichtig, wenn uns nichts mehr einfällt, sind wir raus aus dem Geschäft. Und deshalb kommt es bei uns besonders auf erfolgreiches Teamwork an, was voraussetzt, dass keine Zeit vertan wird mit überflüssigen Regularien und brotlosem Bürokratismus. Sie haben es in den Jahren unserer Zusammenarbeit verstanden, das Team zu motivieren und zu inspirieren. Dass darüber hinaus auch die menschlichen Kontakte nicht zu kurz gekommen sind, beweist am besten wohl die Tatsache, dass bei uns Geburtstage nicht als betriebliche Pflichtübung absolviert, sondern gemeinsam gefeiert werden. Heute nun sind Sie an der Reihe. Ihr Team gratuliert Ihnen herzlich zum 48. Geburtstag. Wir wünschen Ihnen und uns weiterhin eine erfolgreiche Zusammenarbeit, immer gute Einfälle und zündende Ideen für ein sattes Auftragspolster und – last but Not least – dieses gute Klima, ohne das alles andere wahrscheinlich gar nicht mehr so gut gedeiht.

Ein Mitarbeiter gratulieren dem Chef

Als Geburtstagsgeschenk überreichen wir Ihnen diesen alten Stich einer Segelpartie auf der Alster. Er soll einen guten Platz in Ihrem Büro erhalten, damit Sie über aller Arbeit doch wenigstens hin und wieder an Ihr Hobby und die Freizeit erinnert werden.

Herzlichen Glückwunsch von uns allen!

Ehrung von Mitarbeiterinnen und Mitarbeitern

Lieber Herr ..., liebe Kolleginnen und Kollegen!

Worte des Geschäftsführers zum Jubiläum eines Lagerhalters

Ein seltenes Fest hat uns heute alle hier zusammengeführt: das 25. Firmenjubiläum unseres lieben Herrn ... Was sind 25 Jahre?

Ein Nichts – im Meer der Zeit
Eine gute Spanne im menschlichen Leben
Fast die Hälfte im Berufsleben
Sehr, sehr viel aber im Dienste einer Firma.

Meine Gedanken, lieber Herr ..., gehen heute zurück auf den Tag, als Sie jung, voller Tatendrang direkt von der Schulbank in unsere Firma eintraten. Sehr schnell haben Sie sich hochgearbeitet und sind Stufe für Stufe aufgestiegen zu dem Posten des Lagerleiters, den Sie heute innehaben.

Sie waren immer ein fleißiger, tüchtiger Mitarbeiter und in Ihrer Arbeitsfreude unseren jüngeren Kollegen ein gutes Vorbild.

Ihr Fleiß und Ihr Streben haben Ihnen auch den Erfolg gebracht. Das, was Sie für Ihre Familie und sich erarbeitet haben, ist nicht vom Himmel gefallen, sondern mit viel Mühe und großer Sparsamkeit von Ihnen erworben worden.

Dennoch: Sie haben trotz aller Arbeit, trotz allen Einsatzes für die Firma, auch noch Zeit für Ihre Familie und Ihre Hobbys gefunden. So, wie Sie in Ihrem Familienkreise der geschätzte Vater und Onkel sind, so haben auch wir Sie als einen fröhlichen, immer hilfsbereiten Mitarbeiter kennen gelernt.

So möchten wir alle hoffen, dass wir noch recht lange zusammenarbeiten werden und dass Sie Ihren Frohsinn behalten und gesund bleiben.

Im Namen der Geschäftsleitung der Firma darf ich Ihnen als Anerkennung für Ihre 25-jährige Einsatzfreude eine Erinnerungsgabe überreichen und darf Sie, liebe Mitarbeiterinnen und Mitarbeiter, bitten, sich zu erheben, die Gläser zu ergreifen und mit mir anzustoßen auf das Wohl von Herrn .... Auf Ihre Zukunft in Gesundheit und Glück!

Liebe Mitarbeiterinnen und Mitarbeiter!

Heute dreht sich alles um unsere liebe Frau ...! Wir schätzen uns glücklich, dass wir Frau ... seit nunmehr zwanzig Jahren zu unserer Firma gehörig wissen. Frau ... war während all der Jahre ihres Wirkens bei uns der ruhende Pol. Immer gleich blieb sie in ihrer Zuverlässigkeit, Pflichterfüllung und in ihrer unerschütterlichen Ruhe und Zuversicht. Sie ist ein Vorbild für uns alle, nicht nur für mich!

Eine Jubilarin wird geehrt – der Betriebsleiter spricht

Meine liebe Frau ..., diese kleine Feier ist also ein Freudenfest, und ich will mich kurz fassen, um der Festfreude einen umso breiteren Platz zu machen. Seien Sie nicht zu bescheiden, sondern seien Sie sich dessen bewusst, dass wir heute einzig und allein um Ihretwillen zusammen sind. Also nochmal: Herzlichen Glückwunsch und viel Freude an Ihrem Ehrentag heute!

Lieber Kollege ...!

Was unser großer Humorist Wilhelm Busch einmal in Worte fasste, ist natürlich schon vorher erkannt, aber nur selten so treffend, kurz und witzig formuliert worden: „Eins, zwei, drei, im Sauseschritt läuft die Zeit; wir laufen mit." Und eins, zwei, drei sind auch 25 Dienstjahre vorbei! Die Strecke, die Sie, lieber Kollege ..., in diesen vergangenen 25 Jahren Ihres Lebens zurückgelegt haben, war nicht immer eine leichte Strecke – wir wissen das. Aber Sie haben sie zurückgelegt, mit Diensteifer und voller Treue zur Sache, ohne zu stolpern – und ich darf sagen, dass man Ihnen den langen Lauf durchaus nicht ansieht!

Fünfundzwanzig Dienstjahre – das heißt: 25 Jahre angefüllt mit Verantwortung und Pflichten! Aber es heißt auch: 25 Jahre vorbildlicher Leistung und mit vielen schönen und lohnenden Erfolgen, zu denen ich Ihnen heute herzlich gratulieren möchte!

Wenn man als junger Dienstanfänger noch am Anfang der Laufbahn steht, dann macht man sich meistens kaum Vorstellungen von den zahllosen kleinen und großen Mühen, die vor einem liegen. Man denkt nur daran, rasch vorwärts zu kommen, und ist von einer Begeisterung erfüllt, deren Feuer bei manchem nur zu schnell wieder erlischt. Diese Begeisterung, lieber Kollege ..., haben Sie sich erhalten, und diese Begeisterung für unsere Aufgaben ist auch ein Grund dafür, dass Sie mit den Schwierigkeiten unseres Dienstes ein Vierteljahrhundert lang ohne weiteres fertig geworden sind! Mit unermüdlicher Ausdauer und anerkennenswerter Einsatzbereitschaft haben Sie 25 Jahre Staatsdienst geleistet und dabei sicher oftmals persönliche Opfer bringen und private Nachteile in Kauf nehmen müssen. Sie haben sie in Kauf genommen in dem Wissen, der Allgemeinheit zu dienen!

Und so waren Sie und sind auch noch heute ein Vorbild für die jüngeren Beamten und Beamtinnen, die von Ihnen gewiss viel gelernt haben. Heute sind wir zusammengekommen, um Ihnen für Ihren nimmermüden Einsatz, Ihre Treue zur Verwaltung und für Ihre menschliche und hilfsbereite Haltung als Kollege aufrichtig zu danken! Und wir sind zusammengekommen, um Ihnen, lieber ..., für die nächste Teilstrecke Ihrer Laufbahn als Beamter der ... (Behörde) einen guten neuen Start und einen glatt en Lauf zu wünschen!

Im Namen der ... (Regierung) darf ich Ihnen hiermit diese Urkunde überreichen – als Anerkennung Ihrer Verdienste und zur Erinnerung an Ihren heutigen Ehrentag als Jubilar!

Sehr verehrter Herr ...! Meine Damen und Herren des Kollegiums!
Liebe Schülerinnen und Schüler!

Als der englische Admiral Lord Nelson im Oktober des Jahres 1805 seine Kriegsschiffe in die Schlacht von Trafalgar führte, rief er seinen Offizieren zu: „England erwartet, dass jeder Mann seine Pflicht tun wird!" In diesem Kampf wurden die französische und die spanische Flotte vernichtend geschlagen. In diesem Kampf fiel aber auch der Mann, für den Pflichterfüllung eine Sache der Ehre war: Admiral Nelson. Dieses Beispiel aus der Geschichte zeigt uns, was wir unter Pflichterfüllung zu verstehen haben. Ich rede damit nicht einem falsch verstandenen Heldentum das Wort. Ich meine vielmehr, dass Pflichterfüllung eine Sache der einmal eingegangenen Verpflichtung ist. Welcher Art diese Verpflichtung auch immer sein mag, ihre unbedingte Verwirklichung ist ein Beweis menschlicher Stärke. Niemand wird glauben, dass Pflichterfüllung immer eine einfache Angelegenheit sei. Unser Beispiel beweist es. Aber gerade weil sie das nicht ist,

Rede des Schullleiters zum Dienstjubiläum eines Lehrers

liefert sie einen guten Maßstab zur Beurteilung eines Menschen. Der Beruf des Lehrers mag für viele, insbesondere für junge Menschen, ein Beruf ohne besondere Schwierigkeiten sein. Man beendet seine Schulausbildung, besucht die Fachhochschulen bzw. Universitäten, in denen man sich das erforderliche Wissen aneignet, macht noch ein paar Prüfungen und zehrt ab diesem Augenblick von dem, was man weiß und was man gelernt hat. Man hat nichts anderes mehr zu tun, als Jahr für Jahr den erlernten Stoff weiter zu geben und im Übrigen seiner Freizeitbeschäftigung nachzugehen.

Wenn es so wäre, hätten wir uns heute nicht zu dieser kleinen Feierstunde zusammengefunden. Dann hätten wir auch keinen wirklichen Grund, einen Mann zu ehren, der nun schon ... Jahre in diesem Beruf tätig ist. Oder es wäre zumindest nichts anderes als eine Gewohnheitssache. Das aber ist es gerade nicht. Es geht nicht darum, ein paar unverbindliche Worte zu sprechen, sondern es geht darum, einem Mann Dank zu sagen, der seit vielen Jahren immer wieder aufs Neue seine Pflicht erfüllt. Wir alle kennen Herrn ... (Titel und Name) als jemanden, auf den Verlass ist. Die einen als Kollegen, die anderen als ihren Lehrer. Diese Verlässlichkeit erstreckt sich jedoch nicht nur darauf, dass er morgens pünktlich zum Unterricht kommt, dass er zu Hause die Arbeiten korrigiert und während eines Schulausflugs die ihm anvertrauten Schüler beaufsichtigt. Ich meine eine Verlässlichkeit, die ihn zu einem guten und beliebten Lehrer macht. Ich meine die Verlässlichkeit, die uns jederzeit hinter seiner Arbeit als Lehrer seine erzieherische Verantwortung spüren lässt. Der junge Mensch, der ihm in die Hand gegeben wird, ist für diesen Mann nicht in erster Linie ein Wesen, das mit Wissen möglichst voll gestoppft werden muss. Vielmehr bedeutet er für ihn so etwas wie ein junges Bäumchen, das es auszurichten und zu biegen gilt.

In den ... Jahren, die Sie, Herr ..., jetzt unserem Lehrkörper angehören, konnte ich oftmals die Feststellung machen, dass Sie über die Sorgen und Nöte der jungen Menschen, die Sie unterrichteten, immer bestens unterrichtet waren. Ich glaube, den Grund hierfür zu wissen. Wirkliche Erziehung ist nur dann möglich, wenn man den einzelnen Menschen kennt, wenn man sich mit seinen geheimen Wünschen und persönlichen Schwierigkeiten befasst. Diese Überzeugung haben Sie während Ihrer bisherigen Tätigkeit als Erzieher nach besten Kräften erfolgreich verwirklicht. Es konnte daher nicht ausbleiben, dass Sie nicht nur von Schülern, sondern auch von jüngeren Kollegen immer wieder um Rat gefragt wurden und gefragt werden.

Ich wünsche Ihnen, verehrter Herr Kollege, zum heutigen Tage alles Gute. Ich wünsche Ihnen für Ihr weiteres Leben und die Ausübung Ihres Berufes Erfolg und Zufriedenheit. Und ich wünsche uns, dass Sie noch recht lange an dieser Schule wirken mögen.

Sehr geehrter Herr Kollege ... (Name des Beförderten)! Meine Damen und Herren!

Wir sind heute hier zusammengekommen, um Ihnen, verehrter Herr Kollege, für die Arbeit, die Sie in den ... Jahren Ihrer Zugehörigkeit zu unserer Behörde geleistet haben, zu danken.

Wir haben Sie als einen Menschen kennen- und schätzen gelernt, der mit Einsatz und Verantwortungsfreude seine Aufgaben erfüllt. Zwar kann jeder, der seinen Beruf ernst nimmt, auf seinem Gebiet seinen Mann stehen. Erst das Wissen um die Verantwortlichkeit für den ihm übertragenen Aufgabenbereich aber macht ihn zu einem besonders wertvollen Mitarbeiter. Erst dieses Wissen versetzt ihn in die

Der Vorgesetzte spricht zur Beförderung eines Beamten

Lage, mehr zu sehen und demzufolge auch mehr zu geben als jene, für die ihre Arbeit nichts weiter als eine zum Broterwerb notwendige Tätigkeit ist. Verantwortungsgefühl sowie das Gefühl für Wahrheit und Gerechtigkeit gehören zu den wertvollsten menschlichen Eigenschaften. Leider lehrt die Erfahrung immer wieder, dass viele ganz nach Belieben damit umgehen. Sie bedienen sich ihrer, wann und wo es ihnen gefällt, und vergessen sie, wenn ihnen gerade danach zumute ist. Das Wissen um die eigene Verantwortlichkeit entspricht dem Wissen um die Aufgabe, die einem in der Gemeinschaft der Menschen gestellt ist. Wer sie sich bewusst gemacht hat und in diesem Bewusstsein lebt, erhebt sich über die große Masse derjenigen, die keine klare, positive Stellung innerhalb der menschlichen Gesellschaft bezogen haben. Die Verantwortung ist unteilbar, das bedeutet, man kann sie nicht hier empfinden und dort nicht. Der verantwortungsbewusste Mensch wird sich der Tragweite seiner Aufgabe immer bewusst sein, gleich welcher Art sie auch sein mag.

Solch einen Menschen, verehrter Herr Kollege ..., sehe ich in Ihnen. Ich bin froh, dass ich Sie zu unseren besten und tatkräftigsten Mitarbeitern zählen kann. Und ich bin erfreut darüber, dass ich Ihnen an diesem Tage eine verdiente Anerkennung zuteil werden lassen darf. Ich spreche hiermit Ihre Beförderung zum ... aus und verbinde damit die Hoffnung, dass Sie uns auch weiterhin Ihre ganze Kraft zur Verfügung stellen. Ich beglückwünsche Sie zu dieser Beförderung von ganzem Herzen und wünsche Ihnen für Ihre weitere Arbeit guten Erfolg.

Verabschiedung von Mitarbeiterinnen und Mitarbeitern

Meine sehr verehrten Damen und Herren!
Liebe Mitarbeiterinnen und Mitarbeiter!

Der Anlass, aus dem wir uns heute versammelt haben, ist für unseren Betrieb (Behörde) ein Ereignis etwas wehmütiger Natur, denn mit dem heutigen Tage verlässt uns unser verehrter Mitarbeiter, Herr ..., um, wie es so schön heißt, in den wohlverdienten Ruhestand einzutreten. Schmerzlich trifft uns das Ausscheiden dieses bewährten und erfahrenen Mannes, groß wird die Lücke sein, die er in seinem Schaffensbereich wie auch im Kreise seiner Mitarbeiter hinterlässt. Weiß doch ein jeder von uns, der das Glück hatte, mit diesem zuverlässigen und tatkräftigen Kollegen zusammenzuarbeiten, welch eine Fülle von Erfahrung, Gewissenhaftigkeit und Einsatzbereitschaft für das Unternehmen (Behörde) sich im Laufe der Jahre hier segensreich ausgewirkt hat. Auch für unseren Herrn ... selbst mag dieser Lebensabschnitt, der das Fehlen der lieb gewordenen Tätigkeit mit sich bringt, nicht so ganz leicht zu bewältigen sein. Und trotz aller dieser, ich möchte sagen, traurigen Reminiszenzen hat dieses Abschiednehmen unseres Mitarbeiters etwas Natürliches, Versöhnliches.

Der Chef spricht zur Verabschiedung eines Mitarbeiters bei Erreichen der Altersgrenze

Eines möchten wir noch sagen, verehrter Herr Kollege: dass Ihr Rat noch gebraucht wird, dass wir froh sein werden, Sie als guten Geist und Berater noch hinter uns zu haben, wenn die Situation es verlangt. Sie bleiben uns ja nahe. Und wir hoffen, dass Sie uns nicht ganz vergessen werden über Ihrem neuen Feierabendda sein, das Ihnen nun endlich die Gelegenheit geben wird, all das zu tun und zu unternehmen, wozu der Beruf Ihnen bisher keine Zeit gelassen hat. „Nach getaner Arbeit ist gut ruh'n" heißt ein Sprichwort. Aber ich möchte sagen: So rüstig, wie ich Sie heute in unserer Mitte sehe, wird noch kein Bedürfnis zum Ruhen bei Ihnen vorhanden sein.

Und so möchten wir Ihnen wünschen, dass Ihnen noch viele frohe Tage im Kreise Ihrer Familie bei Gesundheit und Zufriedenheit vergönnt sein mögen. Ich will diese kleine Feierstunde nicht abschließen, ohne der Hoffnung Ausdruck zu geben, dass Sie auch weiterhin innerlich mit dem Wohl und Wehe unseres Betriebes (Behörde) verbunden bleiben mögen, wie auch Ihr Vorbild unserer Jugend zum Ansporn im Gedächtnis bleiben soll. Treten Sie in Ihren neuen Lebensabschnitt ein in dem sicheren Bewusstsein, dass Sie sich bei uns für alle Zeiten Vertrauen und Sympathie geschaffen haben, was Ihnen eine Kraftreserve für kommende Zeiten sein möge. In diesem Sinne reiche ich Ihnen, sehr verehrter Herr ..., die Hand zum Abschied, der ja kein Abschied ohne Wiedersehen ist, und bitte Sie, uns alle in guter Erinnerung zu behalten!

Meine sehr verehrten Damen und Herren!

Der Leiter spricht zur Verabschiedung langjähriger Mitarbeiter

Als Leiter der Firma ... (oder des Amtes für ...) habe ich Sie heute hierher gebeten, weil es eine Stunde des Abschieds ist. Des Abschieds von einigen Mitarbeiterinnen und Mitarbeitern, die sich um unsere Firma (unser Amt) sehr verdient gemacht haben und uns nun verlassen, um nach einem arbeitsvollen Berufsleben den Lohn ihres Schaffens zu genießen: Freizeit, so viel Sie wollen. Und Sie haben sie sich verdient!

„Ein guter Abend kommt heran, wenn ich den ganzen Tag getan!" heißt es bei Goethe. Unsere Kollegen ... (es folgen die Namen der ausscheidenden Mitarbeiter) haben – um mit Goethe zu sprechen – den ganzen Tag getan. Ihr Tagewerk ist ihnen sicher nicht immer sehr leicht gefallen, so manchen

Tropfen Schweiß mögen sie in all den Jahren vergossen, und so mancher Verdruss mag ihnen ihre Pflichten sauer gemacht haben. Aber sie haben treu und redlich durchgehalten, sie haben immer wieder von neuem in die Hände gespuckt und ihre Aufgaben so erfüllt, wie man es von ihnen erwartete. Und oft genug haben sie diese Aufgaben besser erfüllt, als es verlangt wurde.

„Courage ist gut, aber Ausdauer ist besser – Ausdauer, das ist überhaupt die Hauptsache", sagt Theodor Fontane. Unsere hoch geschätzten Kollegen, für die der heutige Tag der letzte in unserer Gemeinschaft ist, haben Ausdauer bewiesen – und beweisen uns damit, dass es sich lohnt, ausdauernd und zäh zu arbeiten. Diese kleine Feier, aus der heraus sie nun in einen guten Lebensabend treten und ihre verdiente Ruhe genießen werden, ist der Beweis dafür. Sie haben ihr Ziel erreicht und können mit dem stolzen Bewusstsein von uns gehen, dass sie ihren Verpflichtungen gegenüber dem Beruf immer und gut nachgekommen sind. Es ist ihnen nichts geschenkt worden, aber ich bin überzeugt, dass sie sich auch gar nichts hätten schenken lassen!

Sie, die Sie uns heute verlassen, sollen wissen, dass Sie uns fehlen werden! Gewissenhaftigkeit und Treue, in unserer allzu schnelllebigen Zeit zwei rare Güter, sind nicht so leicht zu ersetzen. Darum werden wir uns Ihrer immer wieder gern erinnern, und wir werden uns freuen, wenn Sie uns Ihre Wertschätzung und unserer Firma (unserem Amt) Ihre Verbundenheit bewahren.

Wir bitten Sie auch, sich nun nicht etwa für überflüssig zu halten, denn wir wissen ja am besten, dass Sie es nicht sind! Aber wir wissen auch, dass Sie Ihren Feierabend eben bitter nötig haben als Menschen, die lange Jahre ihre Pflicht getan haben. Von nun an brauchen Sie sich nicht mehr zu plagen, um hundert berufliche Probleme zu lösen – von nun an brauchen Sie nicht mehr von morgens bis abends an der Maschine zu stehen (im Büro zu sitzen), sondern können Ihr Leben so einrichten, wie Sie es sich immer erträumten. Von morgen an können Sie sich noch mehr Ihren Lieben widmen, die Sie ebenso nötig brauchen, wie wir Sie immer gebraucht haben. Sie werden Ihren Angehörigen manche schöne Stunde bereiten können, Sie werden auch Ihre Hobbys pflegen und nach Herzenslust Rosen züchten, Briefmarken sammeln oder mit Ihren Enkelkindern auf Abenteuersuche gehen können! Wir danken Ihnen für Ihre Treue und Ihre Kollegialität – wir alle! Und wir alle wünschen Ihnen von Herzen: einen recht frohen und segensreichen Feierabend!

Verabschiedung einer Mitarbeiterin (Pensionierung)

Liebe Frau Huber!

17 Jahre lang waren Sie jetzt bei uns tätig. Wir sind heute zusammengekommen, um Abschied von Ihnen zu nehmen, da Sie in den Ruhestand treten.

Für Sie ist es ein Abschied von der Pflicht – gelegentlich auch von Mühsal, aber wohl auch von der Freude am Beruf. Sie brauchen nun nicht länger fünfmal in der Woche hier zu sein, sondern können frei über den Tag verfügen. In der Tat, ein neuer Lebensabschnitt beginnt für Sie.

Es ist kein immer nur leichter Lebensabschnitt, der jetzt kommen wird. Sie müssen die Gestaltung des Tages noch stärker selbst in die Hand nehmen. Wir alle jedoch wissen, wie engagiert sie handarbeiten. Nun werden Sie Ihr Hobby, liebe Frau Huber, noch weiter perfektionieren können. Ihre Familie und Ihre Freunde werden sicher viel Freude an den von Ihnen angefertigten Geschenken zu Weihnachten und zum Geburtstag haben. Diese wunderschöne Freizeitbeschäftigung wird Ihnen den Übergang ins Rentnerleben erleichtern.

Doch welche Stationen haben Sie bei uns im Beruf durchschritten? Zuerst waren Sie in der Abteilung … Doch bereits nach zwei Jahren wurden Sie zur Leiterin befördert, aufgrund Ihrer Fähigkeiten und Ihrer ausgezeichneten Fachkenntnisse. Diese Abteilung haben Sie mit Weit- und Umsicht geführt, und ich weiß, dass die teilweise jüngeren Mitarbeiterinnen und Mitarbeiter in Ihnen fast eine zweite Mutter gefunden haben. Und eine Mutter lässt man ungern ziehen. Ganz besonders möchte ich Ihren großen Einsatz, aber auch Ihre Loyalität im Zusammenhang mit dem EDV-Projekt hervorheben. Sie haben sich, wie jüngere Mitarbeiterinnen und Mitarbeiter, für die moderne Technik interessiert und rasch den Zugang gefunden. Ich kann mich noch gut erinnern, wie Sie mir kurz nach der Umstellung einmal gesagt haben: „Ich kann mir gar nicht mehr vorstellen, dass es ohne Computer auch gehen würde!"

Ihre Nachfolgerin, Frau Vera Schönenberg, kann Sie wohl – nach einer Einführungsphase – fachlich ersetzen. Persönlich kann kein Mensch ersetzt werden. Ihre Fröhlichkeit, Ihr ansteckendes Lachen und Ihre ausgleichende Gerechtigkeit werden uns fehlen.

Herzlichen Dank nochmals für alle Jahre der Treue und des Einsatzes. Als kleines Zeichen unserer Wertschätzung überreiche ich Ihnen im Namen der gesamten Belegschaft eine …

Für den neuen Lebensabschnitt wünsche ich Ihnen nochmals alles Gute, viel Gesundheit und Lebensfreude. Und darauf wollen wir nun gemeinsam anstoßen. Zum Wohl, Frau Huber.

Trauerreden

Liebe Trauerversammlung!

Der Chef für seinen Mitarbeiter

Wir nehmen Abschied von ... (Name des Verstorbenen). Der hier zur letzten Ruhe bestattet werden soll, war einer von uns, ein guter und hilfreicher Kollege und Mitarbeiter.

Sein Denken und Wirken galten nie nur sich selbst, sondern uns allen. Oft ordnete er dabei sein Interesse dem gemeinsamen Interesse unter. Stets war er zu jeder Arbeit und zu jeder Hilfe bereit.

Wenn wir auf sein kurzes Leben zurückblicken, so müssen wir bekennen, dass es voller Arbeit gewesen ist. Ja, er hat viel gearbeitet und auch viel erreicht. Schon als ganz junger Mann ist er mit Aufgaben und Verantwortungen betraut worden, die sonst älteren vorbehalten bleiben. Er hat stets mehr getan als seine Pflicht und ist dadurch zum Vorbild für alle und zum unersetzlichen Mitarbeiter geworden.

Was vergangen, kehrt nicht wieder,
aber – ging es leuchtend nieder,
leuchtet's lange noch zurück.

So wird das Leben und Wirken unseres Kollegen ... noch lange als leuchtendes Vorbild in uns lebendig bleiben.
Ruhe in Frieden!

Rede für einen Vorgesetzten

Viel zu früh hat das Schicksal zugeschlagen und unseren hochverehrten Chef und väterlichen Freund aus unserer Mitte gerissen, aus seinem Werk, dem seine ganze Kraft und Liebe galten.

Sein Wirken war für uns alle segensreich, sein Name wird überall in der Welt gern genannt.

Sein Tod bedeutet für uns einen tiefen Schmerz, aber gleichzeitig auch eine ernste Mahnung, ihm nachzueifern und in seinem Sinne weiter zu arbeiten. Das versprechen wir hiermit.

Hochverehrte Frau ... (Name der Witwe)!
Verehrte Trauergemeinde!

Wir sind bestürzt und fassungslos, dass Ihnen der Mann, dass euch Kindern der Vater und uns einer der treuesten und besten Mitarbeiter mitten aus der vollen Schaffenskraft eines noch so jungen Lebens gerissen wurde.

Tödlicher Betriebsunfall

Der Verunglückte, Herr ..., war schon seit ... Jahren in unserem Betrieb. Als Lehrling kam er zu uns (es folgt kurzer Überblick über seinen beruflichen Werdegang). Eine solche ungewöhnliche Karriere war der gerechte Lohn für eine ebenso ungewöhnliche Leistung, für eine seltene Betriebstreue, gepaart mit hoher Intelligenz und einer nie erlahmenden Einsatzfreude an jeder Stelle, an der er stand. Und er nahm oft genug eine Stelle ein, die ihn gefährdete, die gar nicht zu seinen Berufsaufgaben zählte, an die er sich aber von seinem Pflichtgefühl hingerufen fühlte. Das ist ja die Tragik jener Tatsache, dass es immer die Besten trifft. Weil sie sich stets bis zum Letzten einsetzen, weil sie immer eigenhändig zupacken müssen, auch oder gerade wenn Gefahr für Leib und Leben droht, eine Gefahr, die auch angesichts eines fast bis zur Vollkommenheit entwickelten Unfallschutzes nicht völlig auszuschließen ist.

Ich weiß nicht, was ich Ihnen, hochverehrte Frau ..., Ihren Kindern und den übrigen Angehörigen als Worte des Trostes sagen soll. Ich sehe mit Ihnen nur die furchtbare Tragik und den unersetzlichen Verlust. Eines jedoch kann ich Ihnen versichern: Für mich und den Betrieb ist es eine selbstverständliche Dankespflicht, dass wir alles tun werden, um den Angehörigen wenigstens in äußerer, materieller Hinsicht den schweren Verlust zu erleichtern. Und eine Ehrenpflicht wird es für uns alle sein, das Andenken dieses Toten dadurch zu wahren, dass wir ihm nachzueifern suchen. Nachzueifern in jener Pflichterfüllung, Einsatzbereitschaft und Treue, die er uns vorgelebt hat.

Hochverehrte Hinterbliebene!
Liebe Trauergemeinde!

Trauerrede Wie man es auch bezeichnen mag, ob als Gott, Schicksal,
Anlässlich des Zufall: Es ist und bleibt etwas, das zu begreifen für uns
Todes eines Menschen unmöglich ist. Welche Macht auch immer über
Kollegen Tod und Leben entscheidet, sie folgt einem Willen oder einer Gesetzmäßigkeit, die wir nicht verstehen. Unzählige Fragen bleiben unbeantwortet, unsere Vorwürfe finden keine Erwiderung, und unser Weinen und Hadern scheint ins Nichts gerichtet zu sein. Das ausgesprochene oder aber unausgesprochene „Warum" ist ein Zeichen dafür, dass wir keine Gründe erkennen und keine Erklärung finden können. Dennoch aber wollen wir versuchen, nicht eine Macht oder ein Gesetz zu verfluchen, das wir nicht kennen, allenfalls ahnen. Der Tod dieses Mannes scheint für uns Lebende so unsinnig und unbegreifbar, dass wir versucht sein könnten, ihn als absurd zu bezeichnen. Er riss ihn mitten aus einem ausgefüllten, vollen und segensreichen Leben. Er löste ihn binnen weniger … (Minuten, Stunden, Tage etc.) aus unserer Gemeinschaft, ohne ihm einen Rückweg zu lassen. Er nahm ihn unwiderruflich von uns und stellte uns vor die schwere Aufgabe, in Zukunft ohne ihn auszukommen. Es ist ein ebenso alter wie wahrer Satz, dass das Leben weiter geht. Es wird auch jetzt, nach seinem Tode, nicht damit aufhören,

von uns Lebenden das zu verlangen und uns das zu gewähren, was es für richtig hält. Es wird nicht danach fragen, wie wir ohne ihn zurechtkommen, und vielleicht ist das auch gut so. Denn wir werden alle Kraft brauchen, um einen Teil jener Arbeit mitzuübernehmen, die er nicht beenden durfte. Herr ... (Titel und Name des Verstorbenen) war ... (Anzahl) Jahre lang im Dienst unseres Staates tätig. Sein Wissen, sein Können und seine menschliche Reife haben ihm zu einer Achtung und Anerkennung verholfen, die weit über dem Durchschnitt liegt. Wann und wo er auch immer Dinge in die Hand nahm, durfte man sicher sein, dass sie nach bestem Wissen im Interesse unseres Staates und zum Wohle der Bürger ausgeführt wurden. Es war undenkbar, dass dieser Mann vor einer schwierigen Aufgabe oder einem unüberwindbar scheinenden Problem die Waffen gestreckt hätte. Er stellte an sich selbst Anforderungen, die manchmal geradezu übermenschlich schienen. Dennoch aber wurde er ihnen gerecht, nicht nur einmal, sondern während all der vielen Jahre, in denen er als ... tätig war.

Er gehörte zu jenen Kollegen, die sowohl als Vorgesetzte als auch als Untergebene das uneingeschränkte Vertrauen ihrer Mitarbeiter bzw. Vorgesetzten besitzen. Dieses Vertrauen kam nicht von ungefähr, sondern war die Folge einer beispielhaften Zuverlässigkeit in allen Angelegenheiten. Aus diesem Grunde ist es mir als Kollege und als Mensch ein aufrichtiges Bedürfnis, diesem Manne Dank zu sagen. Dank dafür, dass er für uns alle ein so guter Wegbegleiter war. Dank dafür, dass er für jeden von uns nicht nur ein offenes Ohr, sondern auch ein offenes Herz hatte. Dank dafür, dass er sein Leben in den Dienst einer Sache gestellt hat, an deren Verwirklichung wir Tag für Tag arbeiten: für einen Staat, dessen Grundsätze des Rechtes, der Gleichheit und der Sicherheit mehr sind als Begriffe, die auf einem Stück Papier stehen.

Dieser Staat verliert in … (Name des Verstorbenen) einen wertvollen Mitarbeiter, und wir verlieren in ihm einen unserer besten Kollegen. Wir werden ihn nicht vergessen.

Liebe Kolleginnen und Kollegen!

Gedenkrede auf einen verstorbenen Arbeitskollegen

Eigentlich sollte ich meine Rede beginnen mit den altbekannten Worten: „Ein trauriger Anlass führt uns zusammen". Aber das will ich nicht, denn es wäre nicht im Sinne unseres Verstorbenen. Er, der stets Heitere, immer Bescheidene, würde lächelnd den Finger an die Lippen legen, wenn er mich hörte, und würde sagen: „Nicht so, mein Freund!" Unser lieber … war ein gläubiger Mensch und ohne Furcht vor dem Tod. Und der Himmel hat ihm ein sanftes Einschlafen gegönnt. Wir brauchen also nicht um seinetwillen zu trauern, vielmehr um unseretwillen. Die Lücke, die er hinterlassen hat, wird sich schwer schließen, das wissen wir alle. Wir wollen deshalb geloben, diese Lücke in seinem Sinne auszufüllen. Das können wir am besten dadurch, dass wir ihm nacheifern in unserer menschlichen und kameradschaftlichen Haltung zueinander und dass wir unsere Arbeit genauso gut und gewissenhaft tun, wie er das stets tat.

Erhebt euch, liebe Freunde, und leert still mit mir eure Gläser auf das Andenken an unseren lieben …

Reden im Verein

Gründungen

Meine sehr geehrten Damen und Herren!
Liebe Mitbürgerinnen und Mitbürger!

Wer in den letzten Tagen aufmerksam die Presseberichterstattung verfolgt hat, wird festgestellt haben, dass offenbar die Gemeindeverwaltung den Ausbau der Ortsdurchfahrt vorantreiben will. Ohne dass die vielen, oft geäußerten Bedenken der Anlieger entsprechend gewürdigt worden sind, soll nunmehr im Hauruck-Verfahren die Planung durchgezogen und mit dem Bau der Straße möglichst noch in diesem Jahr begonnen werden. Es kommt nun darauf an, vor dem endgültigen Planfeststellungsverfahren noch einmal die Auffassung aller betroffenen Anlieger zu verdeutlichen. Deshalb freut es mich ganz besonders, dass Sie heute hier erschienen sind, um zusammen in einer Bürgerinitiative der Gemeindeverwaltung den Willen ihrer Bürgerschaft darzulegen.

Lassen Sie mich aber zu Beginn noch einmal kurz alle die Punkte zusammenfassen, die wir gegen den geplanten Ausbau der Ortsdurchfahrt bereits in der Vergangenheit angeführt haben. Unser Dorf ist eine der wenigen ursprünglich gebliebenen Gemeinden im südlichen Landesteil. Nunmehr läuft es Gefahr, wie an vielen anderen schlechten Beispielen in unserem Lande bereits vorexerziert, einer planerisch möglicherweise perfekten Reißbrettaktion geopfert zu werden. Der Hinweis der Planer, es erfolge keine Beeinträchtigung des Landschaftsbildes, ist allenfalls vom grünen Tisch her verständlich. Wer die örtlichen Verhältnisse aber kennt, wird diese Aussage – bei viel gutem Willen – noch als Zweckopti-

Gründung einer Bürgerinitiative gegen eine Ortsdurchfahrt

mismus durchgehen lassen. Wenn eine Reihe von Vorgärten ganz oder teilweise verschwindet, ein dem Denkmalschutz unterliegender Seitentrakt eines jahrhundertealten Hofes abgerissen werden muss, ein Schlachthaus beseitigt wird, neue hohe Stützmauern gebaut werden müssen und sich statt einer dem alten Dorfbild angepassten, schmalen Straße ein neun Meter breiter Asphaltlindwurm breit macht, dann ist dies ein schwer wiegender, nicht mehr gut zu machender Eingriff in eine historisch gewachsene Gemeinschaftsstruktur. Wir müssen uns fragen, warum eigentlich keine neue Verkehrszählung und Lärmmessungen der Planung zugrunde gelegt werden? Die vorliegenden Werte von vor fünf Jahren sind völlig überholt und unrealistisch. Wären neue Werte vorhanden, wäre auch die Rechnung einfacher, weil es nur noch zwei Möglichkeiten gäbe: Entweder ist der Verkehr zu groß und die Lärmbelästigung zu stark für einen Kurort, dann braucht man eine Ortsumgehung, oder sie sind es nicht, dann reicht eine Reparatur der alten Ortsdurchfahrt ohne tief greifendere Einschnitte. Warum aber dann auf jeden Fall beides gebaut werden soll, bleibt ein mit jeweils einer Million DM doch zu teuer bezahltes Geheimnis einer Gemeinde, der finanziell ohnehin das Wasser bis zum Halse steht. Fast alle Bewohner des Unterdorfes haben mit erheblichen eigenen Mitteln ihre Anwesen dem Fremdenverkehr erschlossen. Ihre Bemühungen werden unterlaufen durch die örtliche Verkehrssituation. Vor allem aber durch den Kiestransport, der nicht selten nach wenigen Tagen die erholungssuchenden Kurgäste wieder vertreibt. Ein Ausbau der Ortsdurchfahrt bringt hier keine Abhilfe, im Gegenteil. Kiestransporter, die im Akkord fahren, werden die bessere Verbindung noch häufiger und noch schneller nutzen. Eine gut ausgebaute Straße wirkt wie ein Magnet auf andere Fahrzeuge, wenn sie dadurch die Schwierigkeiten einer anderen

Strecke umgehen können. Und wer will eigentlich verhindern, dass bei Erschließung eines neuen Kiesvorkommens der Verkehr dann ebenfalls über die neu ausgebaute Straße führt? Den Optimismus des Ortsvorstehers in Ehren, aber da es sich hier um eine Landesstraße handelt, schafft es ja bereits heute die Ortsverwaltung nicht, den Kiesverkehr zumindest zeitlich oder akustisch so einzuschränken, dass die Kurgäste nicht „aus den Betten fallen". Lärm von morgens sechs bis abends sechs, über die Mittagszeit und nicht selten auch noch am Samstag Vormittag. Eine neue Ortsdurchfahrt wird das Problem nicht beseitigen, sondern es zusätzlich verstärken. Manchmal drängt sich einem der Verdacht auf, dass die schlechteste Lösung vor allem deshalb gesucht wird, weil im Vergleich zu anderen Lösungen mit weniger lautstarken Einsprüchen gerechnet wird. Bezeichnend und beschämend ist, dass die betroffenen Bürger erst jetzt gehört werden sollen, nachdem die Verwaltung bereits zugestimmt hat und der Baubeginn praktisch schon festliegt. Ein Beispiel dafür, wie man in einer Demokratie mit Bürgern nicht umspringen sollte, wenn man nicht von Amts wegen Resignation und Staatsverdrossenheit weiterzüchten will. Liebe Bürgerinnen und Bürger, ich bitte Sie im Namen der Gründer unserer Initiative, die Ihnen vorliegende Resolution zu unterzeichnen. Wir werden sie dann der Presse zugänglich machen und dem Gemeinderat übermitteln.

Sehr geehrte Damen und Herren!

Betrachtet man die Stellung des Verbrauchers am Markt und seine Rechtsstellung im Vergleich zum Anbieter und Produzenten, so kann man sie nur als katastrophal bezeichnen. Alle, die dies leugnen, verweisen zur Stützung ihrer Behauptungen darauf, dass nicht nur in der Theorie, sondern auch

Gründung eines Verbraucherschutzvereins

in der Praxis immer noch Angebot und Nachfrage den Preis bestimmen. Wer dies behauptet und ohne Einschränkung der Bevölkerung einzureden versucht, ist entweder dumm oder bösartig. Selbst die Verfechter einer reinen Wirtschaftstheorie haben nie behauptet, dass die These des so genannten vollkommenen Marktes in die Wirklichkeit umgesetzt werden könne. Nur in diesem theoretischen Denkmodell und nur da sind Verbraucher gleichberechtigte Marktpartner und Arbeitnehmer gleichgewichtig an den Ergebnissen des Produktionsprozesses beteiligt. Dieses theoretische Denkmodell der Wirtschaftswissenschaft kann allerdings nicht in die Praxis umgesetzt werden. Infolgedessen gibt es faktisch auch keine Partnerschaft zwischen Verbrauchern und Anbietern auf dem Markt. Es gibt vielmehr mächtige Wirtschaftsunternehmen, die ihre ökonomische, gesellschaftliche oder auch politische Macht rücksichtslos zur Gewinnmaximierung ausnutzen. Das heißt, die Preisgestaltung in unserem Wirtschaftssystem unterliegt in den meisten Bereichen nicht, wie so oft behauptet wird, dem freien Spiel von Angebot und Nachfrage. Der Unternehmer verlangt in den Bereichen, in denen unzureichender Wettbewerb besteht – und das ist nicht nur auf dem Öl- oder Stahlmarkt so, sondern auch bei vielen Gütern des täglichen Bedarfs –, vielmehr den Preis, den er auf Grund seiner Markt- und Machtposition durchsetzen kann. Er muss dabei nicht fragen, ob der Verbraucher überhaupt bereit ist, diese Summen zu zahlen, oder aber, ob er diese Summen überhaupt zahlen kann. Dies fällt den organisierten Unternehmen umso leichter, als sie einer Vielzahl von individuellen Verbrauchern gegenüberstehen, die nicht organisiert sind. Dem Einzelunternehmen, dem verflochtenen Großkonzern oder aber auch dem weltumspannenden multinationalen Unternehmer steht somit der Marktpartner Verbraucher oft uninformiert, meist unkritisch und in der Regel durch eine intensive Werbung irregeführt gegenüber. Wer dann noch von einem Marktgleichgewicht bzw. Von Partnerschaft spricht, verschließt die Augen vor der wirtschaftlichen Wirklichkeit.

Deshalb wollen wir mit der Gründung eines Verbraucherschutzvereines dafür sorgen, dass dem organisationswilligen Verbraucher eine Institution angeboten wird, die Verbraucherschutz betreibt und nicht – entsprechend der bisherigen Praxis – noch vom Staat öffentlich subventioniert und als Alibi für ein nicht bestehendes Partnerschaftsverhältnis benutzt wird. Wir wollen mit unserem Verein sinnvollen Verbraucherschutz betreiben und gehen daher von folgenden Grundsätzen aus:

Erstens: Die notwendigen Gesetze müssen nicht nur geschaffen und in die Tat umgesetzt werden, ihre Einhaltung muss auch überwacht werden.

Zweitens müssen die Rechte des Verbrauchers gegenüber allen Anbietern von Waren und Dienstleistungen sowohl auf dem privaten als auch auf dem öffentlichen Sektor durch einen aktiven Rechtsschutz gewahrt werden.

Drittens ist eine Intensivierung der Aufklärung des weit hin uninformierten Verbrauchers nötig. Im schulischen und außerschulischen Bereich sowie durch Rundfunk, Fernsehen und Zeitung muss die Stellung des Verbrauchers am Markt gestärkt werden.

Viertens dürfen öffentliche Mittel zur Subventionierung privater Initiativen im Bereich der Verbraucherberatung, -information und des Verbraucherschutzes nur noch dann gewährt werden, wenn deren Arbeit auf vorstehend genannten Grundsätzen beruht, wenn sie sich ausschließlich mit Verbraucherschutzfragen beschäftigt.

Lassen Sie uns auf dem hier skizzierten Wege den Versuch einer Zusammenarbeit wagen. Grundidee unserer Arbeit soll das ehrenamtliche Prinzip sein. Wenn jeder aus unserem Kreis seine erworbenen Fachkenntnisse und Erfahrungen einsetzt, werden wir ohne größeren bürokratischen Aufwand die berechtigten Belange der Verbraucher formulieren, Aktionen vorbereiten und so die politisch Verantwortlichen auf Fehlentwicklungen rechtzeitig hinweisen können. Nur so wahren und schützen wir die Rechte der Verbraucher.

Gründung eines Heimatvereins

Liebe Heimatfreunde,
meine sehr geehrten Damen und Herren!

Dank für alle, die die Gründung ermöglicht haben

Der Zweck unserer Zusammenkunft ist die Gründung eines Vereins mit dem Ziel der Pflege und Förderung alten Kulturgutes und der Liebe zu unserer schönen Heimat. Die Damen und Herren, die sich dieser Aufgabe seit längerer Zeit gewidmet haben und mit großem Idealismus darangingen, im alten Rathaus ein kleines heimatkundliches Museum und lokales Archiv einzurichten, verdienen unsere besondere Anerkennung für die vorbildlich geleistete Arbeit. Ihnen verdanken wir auch den Plan zur Gründung dieses Vereins. Insbesondere ist die Tätigkeit von Herrn Studienrat ..., der seit Jahren mit der Sammlung alten Volksgutes und heimatkundlicher Schriften hervorgetreten ist, lobend zu erwähnen. Seine weit über unsere engere Heimat hinaus bekannt gewordenen heimatkundlichen Schriftenreihen haben einen solchen Anklang gefunden, dass sie zur Zeit vergriffen sind. Darüber hinaus haben wir auch dem Herrn Landeskonservator ..., dem Landschaftsverband und unserer Stadtverwaltung für die bisherige großzügige Unterstützung unserer Vorarbeit zu danken.

Die Mitarbeitergruppe setzt sich aus den Damen ..., und den Herren ... (Aufzählung der beteiligten Personen) zusammen, von denen sich alle bereit fanden, leitende Funktionen im Vorstand zu übernehmen. Ich hoffe, dass sich noch weitere Damen und Herren bereit finden werden, den Kreis unserer Mitarbeiter zu vergrößern. Ich appelliere besonders an die jüngeren Jahrgänge, ihr Interesse an dieser wertvollen Arbeit zu bekunden.

Für die zweckgebundene, überaus großzügige Stiftung der Firma ... wollen wir unseren Dank in der Form zum Ausdruck bringen, dass wir dem Leiter dieses Unternehmens, Herrn ..., die Ehrenmitgliedschaft in unserem Verein antragen. Die Stiftung soll für die Renovierung unseres alten Wehrturms, die Restaurierung alter Heimatbilder und für die Öffentlichkeitsarbeit verwendet werden. Wir sind dankbar für jede finanzielle Unterstützung nicht nur aus dem Kreise der Mitglieder, und wir bitten deshalb in diesem Zusammenhang über die als Beitrag festgesetzte Summe von DM ... hinaus um großzügige Spenden.

Auch bei der geplanten Sammlung alten Kultur- und Volksgutes appellieren wir an die Großzügigkeit unserer Mitglieder und der Bürger unserer Stadt. So manches alte, für den Besitzer wertlose Stück, das bislang auf Dachböden oder in Abstellkammern verstaubt, kann für unsere Zwecke von großem Wert sein. Ich denke hier besonders an alte Truhen, Vasen und andere Kunstgegenstände, Spinnräder und handwerkliche Arbeiten aller Art aus unserer Heimat.

In diesem Zusammenhang sei erwähnt, dass das Landesdenkmalamt bereits unseren Anregungen nachgekommen ist, Pläne zur Wiederherstellung unserer zum Teil noch erhaltenen Stadtmauer zu entwickeln. Unsere weiteren Ziele bestehen darin, durch Vortragsreihen über Heimatkunde das Interesse der gesamten Bevölkerung zu wecken und zu fördern. Das Museum soll an allen Nachmittagen geöffnet sein und ebenfalls dazu beitragen, Einblicke in die jahrhundertealte Tradition unseres Heimatgebietes zu gewähren. Darüber hinaus sind sonntägliche Wanderungen in die Umgebung geplant, die, unter der Führung von Herrn Studienrat ... als bestem Kenner unserer Heimatgeschichte, allen zu schönen Erlebnissen werden dürften. Ferner sollen Ausstellungen moderner und alter handwerklicher Kunst sowie Kunstausstellungen alter und moderner Heimatbilder allen Bürgerinnen und Bürgern das Wesentliche unserer Arbeit näher bringen. Hier seien insbesondere unsere jungen Talente aufgerufen, durch Bilder mit landschaftlich reizvollen Motiven eine Gegenüberstellung zu alten Landschaftsbildern unserer Heimat zu versuchen.

Nachdem ich Sie, meine Damen und Herren, mit den Plänen und Zielen unseres Vereins bekannt gemacht habe, bitte ich Sie, unsere Bestrebungen tatkräftig zu unterstützen und nunmehr die Wahl unseres Vorstandes vorzunehmen. Als ersten Vorsitzenden haben wir den alten Heimatfreund, Herrn ..., vorgeschlagen, als seine Stellvertreterin Frau ...

Einweihungen

Sehr geehrter Herr Bürgermeister!
Verehrte Gäste, liebe Tierfreunde!

Die Vorsitzende des Tierschutzvereins spricht zur Einweihung eines Tierheims

Mit dem heutigen Tage sind wir bei unserem Bemühen, dem Tierschutz auch in unserer Stadt (Gemeinde) zum Durchbruch zu verhelfen, einen entscheidenden Schritt weiter gekommen. Was bisher in privater Initiative an vielen getrennten Stellen unserer Stadt erfolgte, kann jetzt besser zentral erledigt werden. Das hat nicht nur Vorteile für unsere vielen ehrenamtlichen Helfer, die nun ihre Arbeit besser aufeinander abstimmen können. Das hat auch nicht zu unterschätzende Vorteile für alle Bürger, die unseren Rat oder unsere Hilfe benötigen. Sie wissen jetzt genau, wo sie uns schnell und jederzeit erreichen können. Dies alles wäre nicht möglich gewesen ohne die großzügige Unterstützung unserer Stadt. Daher danke ich Ihnen, sehr geehrter Herr Bürgermeister, sehr herzlich für die Unterstützung unseres langjährigen Anliegens. Sie haben durch eine wahrhaft unbürokratische Meisterleistung in kurzer Zeit die Entscheidungsgremien unserer Stadt zu ihrem positiven Entscheid über unser neues Tierheim veranlasst. Ich will aber auch von unserer Seite lobend erwähnen, dass es keine nennenswerten Widerstände gegen dieses Projekt gegeben hat.

Dieses neue Tierheim soll mehrere Funktionen gleichzeitig erfüllen. Es soll nicht nur eine Zufluchtstätte für kranke, alte oder ausgestoßene Tiere sein. Es soll auch eine Begegnungsstätte für jene Menschen sein, die sich aus der Verantwortung für das Tier einen neuen Hausgenossen suchen wollen. Ob Hund oder Katze, ob Vogel oder Meerschweinchen, hier sind genügend Tiere, die noch ein neues Zuhause suchen.

Deshalb soll dieses Heim auch ein Mahnzeichen für unsere Bürgerinnen und Bürger sein. Es soll sie auffordern, die lebendige Kreatur nicht als Spielzeug oder kurzen Zeitvertreib anzusehen. Ein kleiner Hund unter dem Weihnachtsbaum ist niedlich und possierlich anzusehen, für den Beschenkten und das Tier aber nur dann eine Freude, wenn es nicht ein paar Tage später hier bei uns eingeliefert oder einfach nur irgendwo ausgesetzt wird. Wer sein Tier lieber aussetzt, als auf den Urlaub zu verzichten, wer nicht bereit ist, ihm jene Bedingungen einzuräumen, die ein Tier zum Leben braucht, der soll sich keines anschaffen.

Ein Rundgang in unserem Tierheim zeigt Ihnen, dass diese Mahnung auch heute immer noch oft in den Wind gesprochen ist – leider. Wer die vielen Tiere bei uns hier sieht, muss sich betroffen fragen, welches Maß an Verantwortungslosigkeit, teilweise auch an Brutalität sich eigentlich Menschen unserer Zeit gegenüber wehrlosen Geschöpfen herausnehmen. Hier Hilfe zu leisten, aufklärend zu wirken, dass Tiere ein Teil unseres Lebens sind und auch ein Recht auf angemessenen Lebensraum besitzen, ist Aufgabe unserer Arbeit in diesem neuen Tierheim. Wir danken allen, die an seiner Errichtung tatkräftig mitgeholfen haben. Sie alle lade ich zu dem nun beginnenden Rundgang ein. Vielleicht gelingt es uns, auch Sie für die aktive Unterstützung des Tierschutzgedankens heute als neue Freundin oder neuen Freund zu gewinnen. Seien Sie uns herzlich willkommen.

Sehr geehrter Herr Landrat!
Sehr geehrter Herr Bürgermeister!
Sehr geehrte Damen und Herren!
Liebe Sportlerinnen und Sportler!

Der Vorsitzende des Turnvereins spricht zur Einweihung einer Turnhalle

Als Friedrich Ludwig Jahn 1811 den ersten Turnplatz auf der Hasenheide in Berlin eröffnete, ging es dem Vater der Turnbewegung in Deutschland nicht nur um die sportliche Betätigung. Er sah in dem kameradschaftlichen Zusammenschluss von Turnern auch ein burschenschaftliches, ein vaterländisch-nationales Element, als dessen Vorkämpfer er zeitlebens hervortrat. Turnvater Jahn hätte sich kaum träumen lassen, dass aus den früher so heiß bekämpften Zusammenschlüssen Abertausende von Vereinen entstanden sind, die mit Millionen von Mitgliedern heute Spitzen- oder auch Breitensport betreiben. Was früher als burschenschaftliche oder vaterländische Idylle bekämpft oder auch nur belächelt wurde, ist heute aus unserem gesellschaftlichen Leben nicht mehr wegzudenken. Sport ist heute weder Voraussetzung noch Alibi für nationale Bewusstseinsbildung. Es ist sicher auch nicht Therapie für gelangweilte oder zivilisationsgeschädigte Wohlstandsbürger, die nichts mehr mit sich anzu-

fangen wissen. Sport, im Guten und vernünftigen Sinne
betrieben, lehrt den Menschen Selbstüberwindung, zielbe-
wusstes Handeln, Fairness und – sofern er in Vereinen betrieben wird – Kameradschaftlichkeit. Hier erfährt der Mensch
auf eindrucksvolle Weise etwas von dem tiefen Zusammenhang zwischen Willen und Leistung, zwischen körperlichem
Training und Geisteskraft, der uns schon aus der Antike
überliefert ist. Alles dies ist im besten Sinne des Wortes
Vorsorgemedizin: Medizin gegen die bei unserer Lebenswei-
se unausbleibliche Gefährdung der Kräfte von Körper und
Geist. „Mens sana in corpore sano", nur in einem gesunden
Körper wohnt ein gesunder Geist, sagten die Römer. Sie, die
letztlich doch den Gefahren und Verlockungen ihrer Zivili-
sation erlagen, wussten, dass sportliche Betätigung, körper-
liche Ertüchtigung und geistige Freiheit in unlösbarem Zusammenhang miteinander verknüpft sind. Viele Menschen
in unseren Tagen haben sich diese alten Erfahrungen zunut-
ze gemacht. Der Breitensport, nicht nur in den Vereinen, hat
sich immer weiterentwickelt. Die Zahl derer nimmt zu, die
auf den sonntäglichen Frühschoppen verzichten und stattdessen auf dem Trimmpfad, im Schwimmbad oder auf der
Waldwiese ihr mangelndes Wochenpensum an Bewegung
nachzuholen trachten.

Mit dieser neuen Turnhalle eröffnen wir eine weitere Möglichkeit, sich sportlich zu betätigen. Sie ist eine dringend
notwendige Ergänzung zu den bereits vorhandenen Einrichtungen in unserer Stadt. Notwendig deshalb, weil die bisherigen Belegungspläne der vorhandenen Sporteinrichtungen
bereits voll ausgebucht und viele Vereine und andere Inter-
essenten in ihren Spiel- und Trainingsmöglichkeiten doch
stark eingeengt sind. Sie alle wissen, dass es manche Probleme zu lösen und Schwierigkeiten der verschiedensten Art zu
überwinden gab, bis der Startschuss für diese neue Turnhalle

gegeben werden konnte. Dass es dennoch in dieser verhältnismäßig kurzen Zeit gelang, ist das Verdienst all derjenigen, die uns nach Kräften unterstützt haben. Bei dieser Gelegenheit darf ich Herrn Landrat ... sehr herzlich für die großzügige Bezuschussung durch den Landkreis danken. Ebenfalls den Dank aller hier vertretenen Vereine möchte ich Herrn Bürgermeister ... aussprechen, der sich tatkräftig dieses Planungsvorhabens und seiner Finanzierung angenommen hat. Nicht zuletzt danke ich all den Damen und Herren, die dabei mitgeholfen haben, den Bau dieser Halle zu ermöglichen. Bereits jetzt zum Zeitpunkt ihrer Einweihung ist die Turnhalle sozusagen ausgebucht. Die vielen Anfragen und Belegungswünsche durch unsere Vereine und Sportgruppen haben gezeigt, dass mit dem Bau dieser Halle ein lange bestehender Engpass beseitigt werden konnte.

Ich lade Sie, meine sehr verehrten Damen und Herren, sehr herzlich im Namen der ... Vereine zum anschließenden Schauturnen ein. Danach folgt ein Freundschaftsspiel der Hockeyjugend aus den Vereinen ... und .... Im Anschluss daran sind alle Räume der Halle und alle Einrichtungen bis ca. ... Uhr zur Besichtigung freigegeben. Nutzen Sie diese Gelegenheit, möglicherweise fällt Ihnen dabei ein, dass Sie sich gerade vor kurzem vorgenommen haben, sich doch endlich einmal wieder sportlich zu betätigen. Wenn diese neue Halle dazu beiträgt, dass Sie Ihren Vorsatz in die Tat umsetzen, dann haben sich die hohen Investitionen bereits heute voll bezahlt gemacht.

Ich danke Ihnen.

Versammlungen, Vereinsverwaltung

Liebe Mitbürgerinnen und Mitbürger!

Ich freue mich sehr, Sie hier im Namen unserer Stadtverwaltung begrüßen zu dürfen. Wenn man die öffentlichen Diskussionen in den Zeitungen, im Radio und im Fernsehen in den letzten Jahren verfolgt hat, so könnte man manchmal den Eindruck gewinnen, als gäbe es nur noch Probleme der Jugend. Sicherlich sind die Probleme der Jugend auffälliger, nicht zuletzt deshalb, weil sie allzu oft recht lautstark und provozierend vorgetragen worden sind. Ich glaube aber nicht, dass diese vielleicht etwas einseitigen Diskussionen – auch wenn sie zugegebenermaßen oft auch Probleme betreffen, die dringend einer Lösung bedürfen – dazu geführt haben, dass die Sorge um den älteren Menschen in den Hinter grund getreten ist. Diese Sorge wird unsere Gesellschaft wieder in verstärktem Maße beschäftigen müssen.

Der Sozialdezernent spricht zum Altennachmittag

Das Auseinander leben der Generationen, das Auseinander brechen der früheren großen Familienverbände hat zu einer vielfach anzutreffenden Vereinsamung und Hilflosigkeit gerade älterer Menschen geführt. Ziel jeder sozial verpflichteten Politik muss es daher sein, dass sich unsere älteren Mitbürgerinnen und Mitbürger nicht isoliert fühlen, sondern in der Gemeinschaft geborgen. Unsere Stadtverwaltung bemüht sich in enger Zusammenarbeit mit der Landesregierung, dem Landkreis und den Wohlfahrtsverbänden die brennendsten Probleme unserer älteren Bürger zu lösen. Von Jahr zu Jahr steigende Mittel sind bisher dafür eingesetzt worden, und wir meinen, dass wir dem angestrebten Ziel schon recht nahe gekommen sind. Wir werden daher auch den eingeschlagenen Weg konsequent weiterverfolgen. Neben einer Verbesserung der wohnlichen und privaten Atmosphäre ist aber die Förderung des Gemeinschaftssinnes eine gute Medizin gegen den eintönigen Alltag. Aus diesem Grunde freue ich mich, dass Sie so der Einladung zu diesem Altennachmittag gefolgt sind, und wünsche Ihnen einige schöne und unterhaltsame Stunden.

Liebe Vereinsmitglieder!
Verehrte Gäste!

Jahreshaupt-versammlung Der Vorstand dankt Ihnen für Ihr zahlreiches Erscheinen. Die Jahreshauptversammlung ist nun einmal kein sehr unterhaltsames Ereignis. Aber sie ist sehr wichtig, denn der Verein bedarf ja der Führung und der Verwaltung, und die wiederum – das ist unser Bestreben – sollen demokratisch sein. Ohne das Vertrauen und die Zustimmung der Mitglieder hätte unsere Arbeit im Vorstand keinen festen Boden. Deshalb noch einmal Dank für Ihr Kommen.

Vor Einstieg in die Tagesordnung muss ich leider noch eine besonders traurige Pflicht erfüllen. Im vergangenen Jahre gingen folgende Mitglieder für immer von uns: ... (Namen). Ihr Verlust ist schmerzlich. Unsere Gemeinschaft muss mit ihnen hoch geachtete Menschen entbehren, die uns sehr nahestanden. Wir werden ihnen immer ein ehrendes Andenken bewahren. Ich bitte Sie, sich zu Ehren unserer verstorbenen Mitglieder von den Plätzen zu erheben ...

Ich danke Ihnen.

Es ist festgestellt worden, dass die Versammlung beschlussfähig ist. Die Tagesordnung ist Ihnen durch die Vereinszeitung bekannt. Die Berichte der einzelnen Abteilungen sind ebenfalls dort veröffentlicht worden. Die Tagesordnung umfasst folgende Punkte: Bericht des Vorstands für das vergangene Geschäftsjahr – Entlastung des Vorstandes – Neuwahlen und Bestätigungen – Anträge – Neubauten und Änderun-

gen unserer Anlage – Wichtige Veranstaltungen des kommenden Jahres – Verschiedenes.
Werden Ergänzungen zu dieser Tagesordnung gewünscht?
... Das ist nicht der Fall. Ich komme also zum Geschäftsbe-
richt für das vergangene Jahr ...

Meine sehr verehrten Damen und Herren!

Es ist eine Selbstverständlichkeit, dass man sich bei der Wahl
eines Vereinsvorsitzenden bemüht, den Besten herauszufinden. Er muss ein Mensch sein, der mit Begeisterung für die
Sache des Vereins eintritt, der aber auch wieder kühl und
sachlich abzuwägen weiß. Er muss besser als jedes andere
Vereinsmitglied über die inneren und äußeren Probleme
informiert sein. Er muss entscheiden, führen und sprechen
können, kurzum, er muss eine Menge Fähigkeiten mitbringen. Gleichzeitig wird man jedoch auch bemüht sein, ein
besonders verdienstvolles Mitglied dadurch zu ehren, dass
man ihm den Vorsitz anbietet. Denn wer sich um eine Sache
verdient gemacht hat, der wird sicherlich auch das für einen
ersten Vorsitzenden nötige Interesse und gleichfalls die erforderlichen Fähigkeiten mitbringen.

Wahl des Vorsitzenden eines neu gegründeten Vereins

Wie unser verehrter Herr ... in seiner Einführungsansprache
zum Ausdruck brachte, ist es wichtig, dass man sich für die
Aufgabe, die sich ein Verein stellt, wirklich begeistern kann.
Nur dann werden sich alle auftretenden Schwierigkeiten
meistern lassen, und nur dann wird das zu erreichen sein,
was man ein gutes Vereinsleben nennt. Ich glaube, dass wir
alle mit diesen Worten übereinstimmen. Ich bin der Überzeugung, dass es niemandem von uns verborgen geblieben
ist, wie in dem, was uns Herr ... zu sagen hatte, und darin,
wie er es sagte, jene Begeisterung deutlich zu spüren war. In
den vorausgegangenen Wochen und Monaten hat er diese

Begeisterung immer wieder bewiesen. Trotz mancher Schwierigkeiten hat er sich von seinem Vorhaben weder abbringen lassen, noch hat er an seinem Sinn und seiner Berechtigung irgendwelche Zweifel gehabt. Aber was vielleicht noch wichtiger ist: Er hat bewiesen, dass er es versteht, mit Menschen umzugehen, sie zu überzeugen und für eine Sache zu gewinnen. Diese Eigenschaft, liebe Vereinsmitglieder, ist meines Erachtens die wichtigste Voraussetzung dafür, dass man anderen Menschen in irgendeiner Weise und auf irgendeinem Gebiet vorstehen kann. Jeder weiß, dass es trotz aller gemeinsamen Interessen dennoch zu Meinungsverschiedenheiten kommen kann. Dann ist es wichtig, dass man jemandem die Verantwortung für die Führung des Vereins übertragen hat, der auf Grund seiner Geschicklichkeit größere Zerwürfnisse vermeiden kann. Einen solchen Mann sehe ich in unserem verehrten Herrn ... (Initiator). Wir verdanken ihm nicht nur die Vorbereitungsarbeiten, wir verdanken ihm die heutige Gründung des Vereins und mit Sicherheit noch mehr, als wir im Augenblick überschauen können. Damit haben wir in ihm nicht nur einen geschickten und sachlich bestens informierten Mann, sondern gleichzeitig eine Persönlichkeit, die sich hervorragende Verdienste um unseren Verein erworben hat.

Ich schlage der Mitgliederversammlung daher vor, Herrn ... zum ersten Vorsitzenden unseres neugegründeten ... -Vereins zu wählen.

Meine lieben Vereinsmitglieder!

Dankrede des gewählten Vorsitzenden

Sie können mir sicherlich nachfühlen, dass ich über die Gründung unseres ...-Vereins am heutigen Abend froh und glücklich bin. Es ist ein angenehmes Gefühl, wenn man sich sagen darf, dass die geleistete Arbeit zum erhofften Erfolg geführt hat und nicht umsonst war. Besonders erfreulich ist es jedoch, wenn man ehrlichen Herzens der Überzeugung sein darf, dass man für eine Sache Menschen begeistern konnte, die auch in Zukunft mit aller Kraft an der Weiterführung mitarbeiten werden. Ich bin sicher, dass Sie sich alle an der Erfüllung der von uns selbst gestellten Aufgaben so beteiligen werden, wie es in Ihren Kräften steht. Diese Gewissheit wird mir die Ausübung des mir übertragenen Amtes bedeutend erleichtern.

Nachdem Sie mir durch meine Wahl zur ersten Vorsitzenden unseres neugegründeten Vereins Ihr Vertrauen ausgesprochen und gleichzeitig das von mir vorgetragene Arbeitsprogramm des neuen Vorstandes gebilligt haben, erlauben Sie mir noch einige Bemerkungen. Zunächst möchte ich jedoch nicht versäumen, Ihnen für das bewiesene Vertrauen meinen Dank auszusprechen und zu versichern, dass ich bemüht sein werde, ihm jederzeit gerecht zu werden.

Niemand von uns weiß, in welchen Bahnen unser Vereinsleben während der nächsten Jahre laufen wird. Es ist unmöglich, eine genaue Entwicklung vorauszusagen. Wir können es ganz einfach deshalb nicht, weil auch für einen Verein das Gesetz der Unberechenbarkeit gilt, das unser ganzes Leben beherrscht. Eines aber können und wollen wir: die Versicherung abgeben, dass wir von uns aus alles tun werden, um das gesteckte Ziel zu erreichen. Erwarten Sie bitte nicht, dass dies immer reibungslos vonstatten gehen wird. Es gibt im Leben jedes einzelnen von uns Situationen, in denen er oder sie kaum noch weiter weiß. Wie viel schwerer sind solche Dinge zu umgehen, wenn sie eine ganze Gruppe von Menschen betreffen. Es ist erfahrungsgemäß nicht immer eine leichte Aufgabe, alle Leute unter einen Hut zu bringen. Meistens ist es sogar völlig unmöglich. Allerdings darf man nicht der irrigen Ansicht sein, eine völlige Übereinstimmung in allen

Angelegenheiten sei der einzige Weg zu einem erfolgreichen Schaffen. Im Gegenteil: Ich bin der Meinung, dass gerade dort, wo immer Einstimmigkeit herrscht, irgendetwas nicht ganz stimmt. Entweder hat jemand keine eigene Überzeugung und sagt zu allem ja, was vorgeschlagen wird, oder aber es wird irgendein Druck ausgeübt, der keine andere Entscheidung zulässt. Im ersten Falle ist ein fruchtbares Schaffen deshalb nicht möglich, weil die Vereinsmitglieder etwaige falsche Entscheidungen oder Vorschläge genauso gutheißen wie die richtigen, im zweiten, weil es keine freiwillige Gemeinschaft mehr ist, sondern eine kleine Diktatur. Also ist Widerspruch nicht nur möglich, sondern geradezu erwünscht. So wie das Zusammenspiel von Regierung und Opposition erst eine demokratische Staatsform ermöglicht, so wird uns die Kritik unserer Mitglieder erst in die Lage versetzen, nach gründlicher Diskussion jene Entscheidung zu fällen, die, im Interesse aller, die beste ist.

Ich bin davon überzeugt, dass ich mein Amt als Vorsitzende unseres Vereins nur dann im Interesse aller wahrnehmen kann, wenn mir jeder von Ihnen mit Rat und Tat zur Seite steht. Wir haben eine gemeinsame Aufgabe, und wir müssen sie gemeinsam durchführen. Dass ich mein Bestes tun werde, dessen dürfen Sie gewiss sein.

Ehrungen

Sehr geehrte Damen und Herren, liebe Frau ... (Name)!

Ehrung einer Sportlerin – Ansprache des Vereinsvorsitzenden

Ihr Verein ist stolz auf Sie. Bei jenem Wettkampf, in dem Sie alles darangesetzt haben zu siegen, haben wir alle – glauben Sie es uns – mit Ihnen geschwitzt, waren mit Ihnen angespannt und haben uns beim Daumenhalten fast die Finger zerdrückt. Als das Ergebnis feststand, haben auch wir alle erleichtert aufgeatmet. Hoffentlich haben Sie sich während des Wettkampfes nicht zu allein gefühlt, sondern gespürt, dass gute Freunde in Gedanken bei Ihnen waren.

Nun, das Ziel ist erreicht, der Sieg ist errungen, und wir sagen: Herzlichen Glückwunsch! Wir freuen uns dabei besonders, dass Sie ganz die alte geblieben sind. Zwar sollte man meinen, dies sei selbstverständlich, weil der Sport eine Sache frischer, idealistischer Menschen ist. Aber wir haben in unserer modernen, ruhmsüchtigen Gesellschaft leider oft genug erlebt, dass jemandem ein schneller Erfolg zu Kopf gestiegen ist und er diesen dann zu hoch getragen hat. Sie tun das glücklicherweise nicht. Und diese bescheidene Haltung gibt uns Hoffnung, dass Sie es auch weiterhin zu hohen sportlichen Leistungen bringen. Menschen, die keine Bescheidenheit kennen, laufen leicht Gefahr, den Boden der Tatsachen unter den Füßen zu verlieren. Die wichtigste sportliche Tatsache aber heißt hartes, ausdauerndes Training. Sie haben es nicht aufgegeben und werden es nicht aufgeben. So wird Sie die Jugend unseres Vereins noch öfter auf dem Siegespodest sehen. Seien Sie der Jugend weiterhin ein gutes Vorbild.

Mein lieber ... (Name des Jubilars)!

du darfst dich jetzt nicht bescheiden abwenden, wenn dir eine Anerkennung zuteil wird, die du im wahrsten Sinne des Wortes verdient hast durch deine langjährige freiwillige, treue und aktive Mitgliedschaft in unserem Verein.

Wie selten ist heute von Treue die Rede in einer Zeit, in der alles im Fluss ist. Kein Wunder, im Sturm der Ereignisse mag es schwer sein, lieb gewonnene Gewohnheiten beizubehalten und seinen Lebenskreis unverändert zu erhalten. Auch im Verein folgt oft der anfänglich stürmischen Begeisterung eine gewisse Ernüchterung. Viele verlassen dann unseren

Würdigung eines Jubilars bei Verleihung einer Ehrennadel

Kreis, weil dieser eben auch Pflichten fordert, ja vielleicht persönliches Zurückstehen zugunsten der Gemeinschaft. Ebenso durchlebt der Verein Zeiten der Krise, der Lustlosigkeit, mangelnder Aktivität und schlechten Gemeinschaftsgeistes. Man wird dann leicht mutlos und hält nach anderer Betätigung Ausschau. Was wäre der Verein in solchen Zeiten ohne Menschen deiner Art, ohne Säulen, an denen andere Halt und Vorbild finden, von denen man weiß: Sie sind da, du kannst dich auf sie verlassen! Deine Treue erschöpfte sich nicht in bloßer Teilnahme, sondern fand im tätigen Mitwirken an den Geschicken des Vereins ihren Ausdruck. So bist du auch am meisten befugt, uns zu raten und uns auf etwaige Fehler aufmerksam zu machen.

Heute gilt dir unser Dank und der Wunsch: Bleibe uns, bleibe dem Verein weiter treu!

Jubiläen, Feste im Verein, Wettkämpfe

Sehr geehrte Gäste!
Liebe Turnschwestern und liebe Turnbrüder!

Stiftungsfest des Turnvereins Ein herzliches Willkommen Ihnen allen! Es ehrt uns, dass Vertreter der Stadt, befreundeter Vereine und der Presse erschienen sind. Wenn jemand Geburtstag feiert, dann kann er feststellen, wie viele Freunde er hat. Da heute kaum ein Stuhl freigeblieben ist, können wir mit Recht von einem großen Freundeskreis sprechen. Wer Geburtstag hat, empfängt seine Gäste und Freunde nicht in der Werkstatt. Deshalb haben wir für heute unsere Werkstatt, die Turnhalle und den Sportplatz, verlassen, unser Arbeitskleid – wenn ich unsere Turnkleidung so nennen darf – abgelegt und einen festlichen Rahmen für die gesellige Veranstaltung gewählt. Das vergangene Jahr ist ein gutes Jahr gewesen. Wenn unser Verein nach der Zahl der Jahre auch ein beachtliches Alter erreicht hat, er hat den Schwung der Jugend behalten. Er hat sich im Wettkampf gut geschlagen und hat im Stillen Höchstleistungen ganz besonderer Art erzielt, nämlich die Gesunderhaltung von mehreren hundert Kindern, Jugendlichen, Frauen und Männern. Wir haben uns bemüht, unser Bestes zu tun für die Gesundheit, für die Gemeinschaft und für eine gute turnerische Leistung.

Unser Bestes wollen wir Ihnen auch heute geben. Ich meine, unser alljährliches fröhliches Stiftungsfest soll eine Art Dank des Vereins an alle die sein, die für ihn gewirkt und die ihm die Treue gehalten haben. Über die Anstrengungen des Trainierens und Kämpfens wollen wir heute die Entspannung setzen. Wir wollen die andere Seite unseres Gemeinschaftslebens, die ganz und gar gesellige, betonen, bei der es nicht um Punkte geht, sondern nur um die gute Laune. So schön der Wettstreit auf der Aschenbahn und an den Turngeräten ist, es fehlte dem Vereinsleben etwas ganz Entscheidendes, wenn es nicht auch dies aufzuweisen hätte: den fröhlichen Tanz, die festliche Begegnung und das Gespräch bei einem guten Tropfen. Willkommen bei unserem Jubiläumsfest!

Verehrte Gäste!
Liebe Feuerwehrfrauen und Feuerwehrmänner!

Schwierige Aufgaben, die Menschen immer wieder für das Gemeinwohl übernehmen, schmieden sie in einer unlöslichen Kameradschaft aneinander! Menschen, die sich bei Feuer und Wasser bewährt haben, verstehen es auch, frohe Feste zu feiern. Deshalb sind wir in diesem Jahr wieder vollzählig zu unserem traditionellen Jubiläumsfest zusammengekommen. Es ist gewiss nur ein kleiner Ausgleich für die vielen Mühen und die Einsätze bei Gefahren, aber es ist ein Ausgleich, den wir sehr zu schätzen wissen. Ganz bewusst

Stiftungsfest der freiwilligen Feuerwehr

feiern wir dieses Fest nicht nur unter uns. Heute sind uns jene die liebsten Gäste, die wir sonst allein lassen müssen, wenn wir zum Einsatz gerufen werden: unsere Familien. Manche Nacht und manche Stunde müssen sie in Sorge um uns verbringen. Aber wir vergessen sie nicht; unsere Mühe gilt ja gerade auch der Sicherheit ihres Lebens. Das Persönliche nicht über den freiwillig getragenen Pflichten zu vergessen, das ist der Sinn dieses Abends. Die freiwilligen Feuerwehren haben wie unsere Gemeinschaft eine lange Geschichte. In dieser Geschichte haben die Jubiläumsfeste stets einen besonderen Platz eingenommen. Diese gute Tradition wollen wir heute fortsetzen. Dabei soll wieder der Humor zu Wort kommen. Denn wer sich häufig in Situationen befindet, in denen es hart auf hart geht, der macht sich gerne einmal Luft mit fröhlichem Scherzen. Bevor Sie sich dem Tanz und dem guten Wein widmen, noch eine kleine Mahnung: Heute Abend darf nur eines brennen, der Durst, und den löschen wir mit guten Getränken. Viel Spaß dabei!

Verehrte Gäste!
Liebe Freunde und Mitglieder!

Eröffnung des Weihnachtsbasars

Wie jedes Jahr darf ich heute unseren schon zur Tradition gewordenen Weihnachtsbasar (zum Beispiel der Arbeiterwohlfahrt, des Roten Kreuzes, des Kindergartens usw.) eröffnen. Ich begrüße Sie alle sehr herzlich als unsere Gäste. Auch in diesem Jahr zeugt unser Weihnachtsbasar vom eifrigen Wirken und stillen Engagement aller unserer Mitglieder und von ihrer Bereitschaft, sich für andere einzusetzen. Ein Rundgang durch unsere Säle wird Ihnen zeigen, wie sehr sich alle angestrengt haben, um Ihnen ein paar schöne und besinnliche Stunden in dieser Vorweihnachtszeit zu bieten. Unsere Jugendgruppe hat in vielen Stunden Bastelarbeiten hergestellt, die Sie käuflich erwerben können. Es ist für jeden etwas dabei, Nützliches für den Haushalt, Praktisches fürs Büro oder einfach nur Lustiges zum Spielen. Machen Sie alle rege von diesem Angebot Gebrauch, Sie unterstützen damit gleichzeitig einen guten Zweck. Die reich gedeckte Kaffee- und Kuchentafel steht bereit, gebacken und gespendet von unseren Mitgliedern. Auch dieser Erlös wird einem guten Zweck zugeführt, über den ich gleich noch etwas sagen werde. In unserer großen Tombola können Sie schöne Preise gewinnen. Jedes Los kostet ... DM; ich verspreche Ihnen, dass es fast keine Nieten gibt. Ich danke allen Geschäften und Firmen unserer Stadt, die durch großzügige Sach- und Geld- spenden die Durchführung dieser Tombola ermöglicht ha- ben. Aber auch allen, die bei der Vorbereitung und Durch- führung unseres diesjährigen Weihnachtsbasars so tatkräftig mitgearbeitet haben, danke ich von Herzen.

Unser diesjähriger Weihnachtsbasar wird wie folgt ablaufen: Zunächst wird der Sozialdezernent unserer Stadt, Herr ..., den ich in unserer Mitte sehr herzlich willkommen heiße, ein paar Worte an uns richten. Danach gibt es Gelegenheit zu gemütlicher Unterhaltung bei Kaffee und Kuchen. Es unterhält Sie unsere Musikgruppe mit vorweihnachtlichen Klängen. Ab 19.00 Uhr spielt die ... Kapelle zum Tanz auf. Sie tut es auch dieses Mal unentgeltlich.

Der Erlös unseres diesjährigen Weihnachtsbasars wird unse- rer Altenarbeit zugute kommen. Es ist geplant, im Frühjahr des kommenden Jahres alle über 70 Jahre alten Mitbürgerin- nen und Mitbürger unserer Stadt zu einer schönen Tages- fahrt ins Grüne einzuladen. Denken Sie bitte daran, dass Sie mit Ihrem Einkauf hier, durch Loskauf für die Tombola sowie eifriges Essen und Trinken dieses Ziel fördern. Vielen Dank für Ihr Kommen und viel Spaß und Freude in den nächsten Stunden. Der diesjährige Weihnachtsbasar ist eröffnet.

Liebe Teilnehmerinnen und Teilnehmer!

Siegerehrung beim Sportfest – Rede des Wettkampfleiters

Der Wettstreit ist beendet. Ihr habt in fairer Weise die Kräfte gemessen. Der Letzte wie der Erste in jedem Wettkampf haben sich bis zum Äußersten angestrengt. Es war eine schöne sportliche Begegnung. Es war ein großartiges Spiel aus Freude an der Leistung. Wir sind euch dankbar dafür. Und wenn auch nicht der Sieg, sondern die Teilnahme entscheidet, dann wollen wir doch die Besten ehren. Wer gesiegt hat, ob um Brustbreite beim Lauf, um eine Fußlänge beim Sprung, der ist heute der Meister. Bewusst sage ich „heute", denn sportliche Ehren müssen immer wieder neu erkämpft werden. Im Sport mag der, welcher heute geschlagen wurde, das nächste Mal schon der Sieger sein.

Ich ehre die Besten dieses Tages und rufe allen zu: Wer heute aber nicht Erster wurde, der kann es bei einem der nächsten Male werden.

Trauerrede

Lieber ... (Name des Verstorbenen)!

Totenehrung im Verein – Am Grabe eines Altmitglieds

Immer haben wir den Gedanken weit von uns gewiesen, dass du uns so plötzlich verlassen könntest. Deine Rüstigkeit war sprichwörtlich, dein aufrechter Gang, deine Frische beschämten manchen Jungen, und dein Humor war so voller Treffer, dass dein Eigentliches Alter fast vergessen wurde. Viele werden die Anzeige deines Todes mit Verwunderung gelesen haben, denn sie glaubten dich erheblich jünger an Jahren. Der Tod hat dich aus diesem Leben genommen. So plötzlich, so unerwartet gingst du von uns, dass wir uns immer wieder sagen wollen: Es kann nicht sein. Aber es ist wahr. Durch deinen Tod fehlt nun vielen Menschen der

Freund, fehlt der Ratgeber, das Vorbild, fehlt auch ein lebendiges Glied in der Geschichte unseres Vereins. Lange, lange Jahre gehörtest du ihm an. Du warst einer der Treuesten, der Verlässlichsten, einer der Hilfreichsten. Du hast dem Verein viel Zeit und manches andere mehr geopfert. Deshalb wirst du unvergessen bleiben. Du hast nie laute Worte geliebt, hieltest dich lieber zurück, warst ein Mensch der guten alten Schule und zeigtest dich doch aufgeschlossen für so manches Neue unserer Zeit. Du gingst als Optimist durch das Leben, griesgrämig warst du nie. Du hast uns oft genug bewiesen, wie man trotz aller Härten des Lebens zuversichtlich und lebensfroh bleiben kann. So werden wir dich immer im Gedächtnis behalten: als heiteren, hilfreichen, lebensklugen Menschen, der vielen ein Freund war.

Ruhe in Frieden!

Reden im öffentlichen Leben

In jeder Gemeinde, in jeder Stadt gibt es Ereignisse, die in einer öffentlichen Veranstaltung begangen werden. Sei es die Begrüßung der Schulanfänger oder die Grundsteinlegung für ein Rathaus, das Richtfest für eine Kirche oder die Einweihung eines Schwimmbades, immer werden Reden und Ansprachen zum Anlass erwartet.

Wenn es sich nicht gerade um eine kleine Gemeinde handelt, kennen Sie in der Regel Ihr Publikum nicht so genau. Bei einem großen Ort kann es passieren, dass Sie die Ehrengäste, die Sie in Ihrer Rede als Bürgermeisterin oder Elternbeiratsvorsitzender begrüßen oder beglückwünschen sollen, vorher nicht persönlich kennen.

Versuchen Sie daher unbedingt vor Ihrer Rede, sich mit ihnen bekannt zu machen.

Rund um die Schule

Verehrte Eltern!

Die Schullleiterin spricht zur Begrüßung der Eltern der Schulanfänger

Ihre Kinder sind nun Schülerinnen und Schüler dieser Schule. Als Leiterin dieser Schule ist es meine Aufgabe, darüber zu wachen, dass sie hier bei uns die richtige Grundlage und Ausbildung erhalten für ihr zukünftiges Leben. Ich habe schon so manchen ersten Schultag miterlebt und glaube daher, dass ich Ihre neue Lage gut verstehen kann.

Ab heute haben Sie Ihre Kinder nicht mehr für sich alleine. Ab heute müssen Sie sie mit Mitschülerinnen, Mitschülern, Lehrerinnen und Lehrern teilen. Das Klassenzimmer, das Ihre Jungen und Mädchen gerade mit Neugierde in Besitz nehmen, ist fortan ein fester Bestandteil ihres Schulalltags, den Sie als Eltern nur als Außenstehende miterleben. Und doch liegt es gerade jetzt bei Ihnen, Ihr Kind verständnisvoll zu leiten – gemeinsam mit den Lehrerinnen und Lehrern –, um ihm vor allem auch die Umstellungs- und Eingewöhnungszeit zu erleichtern. Der Dank für Sie ist ein Geschenk, das wohl das wertvollste für uns alle ist: Vertrauen. Ein Verhältnis Eltern – Kind, Lehrer – Schüler und nicht zuletzt zwischen Lehrer und Eltern, das auf Vertrauen aufgebaut ist, kann sich nur segensreich für alle Beteiligten, vor allem aber für Ihr Kind auswirken.

Es würde hier zu weit führen, näher darauf einzugehen, wie Vertrauen wächst, eines aber ist Grundbedingung: unbedingte Ehrlichkeit – gegenüber dem Kinde, gegenüber sich selbst.

Versprechen Sie nichts, was Sie nicht zu halten bereit sind. Aber genauso wichtig ist: Fordern Sie nichts, was Sie nicht auch durchsetzen wollen! Seien Sie verständnisvoll in Ihren Ansprüchen, aber verlangen Sie unnachgiebig, dass sie erfüllt werden. Junge Menschen brauchen Eltern, die ihnen Halt geben und die notwendigen Grenzen setzen. Sie belohnen sie dafür mit Achtung, Vertrauen und einem gesund entwickelten Selbstvertrauen.

Nun, liebe Eltern, unser Beruf fordert von uns, dass wir täglich mit neuem Eifer darangehen, Ihren Kindern eine Bildungsgrundlage zu geben, die als Voraussetzung für den späteren Lebensweg nicht gut genug sein kann. Der Schüler, die Schülerin lernen für sich selbst, und weil in diesem Alter häufig noch die Einsicht fehlt, müssen wir mit unseren Hilfsmitteln hin und wieder einen gewissen Druck ausüben. Anfangs spielen wir Schule, da macht der Unterricht auf alle Fälle Spaß. Später aber muss doch schon gearbeitet werden, das bedeutet für den einen mehr, für den anderen weniger hartes Lernen. – Glauben Sie uns: Bei allem, was wir in der Schule tun, wollen wir nur das Beste für Ihre Kinder. Sollten Sie aber einmal der Meinung sein, dass Ihr Sohn oder Ihre

Tochter ungerecht behandelt wurden – auch das kann vorkommen, denn wir sind auch nur Menschen und können irren –, dann versäumen Sie es nicht, um eine Aussprache zu bitten.

Erst wenn alle Missverständnisse ausgeräumt sind, kann ein Verhältnis entstehen, wie wir es anstreben: Zusammenarbeit zwischen Eltern und Lehrern voller Vertrauen im Interesse des Kindes.

Sehr geehrtes Lehrerkollegium!
Liebe Eltern, liebe Kinder!

Ein Elternvertreter spricht zur Einschulung

Der heutige Tag bedeutet sicherlich einen Einschnitt im Leben unserer Kinder. Zunächst werden sie das Schulleben als eine interessante Abwechslung ansehen. Sie denken noch nicht daran, dass sie hier bald angestrengt werden lernen müssen, um – wie man so schön sagt – auf das Leben mit seinen Sorgen und Mühen vorbereitet zu werden. Dieser neue Lebensabschnitt stellt eine entscheidende Wendung dar, auch wenn viele schon im Kindergarten spielerisch auf die Schule vorbereitet worden sind. Durch die Einschulung unserer Kinder ist von uns Eltern ein Teil der Verantwortung für die Erziehung und Charakterbildung auf die Lehrerschaft übergegangen. Dies legt ihnen, aber auch uns ein besonderes Maß an Verantwortung auf. Denn wir wissen nur allzu gut, dass ein so junger Mensch den guten, aber auch schlechten Einflüssen einer neuen Umgebung sehr schnell unterliegen kann. Für ihn sind ab heute die Lehrerin oder der Lehrer neue Autoritätspersonen. In ihnen sieht er Vorbild und Leitbild seines jungen Lebens. Worte und Handlungen der Lehrer sind für die Kinder in vielen Fällen wichtiger als die der Eltern. Für sie gilt von jetzt ab das Motto: „Das hat unser Lehrer gesagt." Wir Eltern sind uns bewusst, dass wir nur durch enge, vertrauensvolle Zusammenarbeit und ständige Gesprächsbereitschaft verhindern können, dass dieser Wechsel der Bezugspersonen an zwei Tageshälften zu Lasten unseres gemeinsamen Erziehungszieles geht. Wir Eltern kennen die schwierige Aufgabe, die der Lehrerschaft gestellt ist, ehr wohl.

Wir entlassen unsere Kleinen aus unserem häuslichen Einwirkungskreis in der Gewissheit, dass sie in dieser Schule in guten Händen sind. Deshalb möchte ich Ihnen, mein sehr verehrtes Lehrerkollegium, im Namen der Elternschaft zu Ihrer schwierigen Aufgabe viel Glück wünschen. Danken möchten wir Ihnen heute im Voraus für alle Mühen, die Sie sich um unsere Kinder machen werden. Den Dank der Kinder werden Sie meist erst viele Jahre später, wenn sie erwachsen geworden sind, erfahren, wenn sie im Berufsleben stehen, wenn sie kritisch beurteilen können, was ihre Ausbildung ihnen genützt hat. Wir hoffen heute, dass dann viele, wie auch viele von uns, gerne an die Schulzeit zurückdenken können.

Meine sehr geehrten Damen und Herren!
Liebe Kolleginnen und Kollegen!
Liebe Schulabgängerinnen und Schulabgänger!

An diesem Tage erinnere ich mich gerne an meine eigene Schulentlassungsfeier. Damals sang der Schülerchor: „Nehmt Abschied, Brüder" und „Heut' noch sind wir hier zu Haus'". Wir haben damals bis zum letzten Augenblick gebangt und gezittert, ob die Zeugnisse denn tatsächlich so ausfallen, wie wir es uns gewünscht haben. Wir haben gerätselt, welchen Beruf unsere Eltern denn für uns ausgesucht hätten und ob er uns auch Spaß machen würde. Wir sind gemahnt worden, in dankbarer Erinnerung an unsere Lehrer

Ansprache des Schullleiters bei der Schulentlassungsfeier

und Erzieher zu scheiden, die uns das Rüstzeug für das Leben mitgegeben hätten.

Heute sieht das alles anders aus. Eure Noten wurden vorher mit euch im Klassenverband diskutiert und festgelegt. Durch Besuche in Ausbildungsfirmen und Gespräche mit der Berufsberatung haben wir euch das Ausbildungsangebot erläutert und mit euch zukünftige Berufschancen diskutiert. Auf vielen Elternabenden und auch Sitzungen der Schülermitverwaltung haben wir die Probleme dieser Schule mit euch diskutiert und gemeinsam nach Lösungen gesucht. Wir haben versucht, berechtigter Kritik nachzugehen, Miss- stände abzuschaffen, Verbesserungen durchzuführen. Allein an diesem veränderten Verhältnis von Lehrern, Schülern und Eltern könnt ihr erkennen, welch tief greifende Veränderungen in unserer Gesellschaft in den letzten 20, 30 Jahren vor sich gegangen sind. Das hat sein Gutes, für euch, aber auch für uns. Niemand von uns braucht heute von euch Dank, Respekt oder dankbare Erinnerung zu fordern. Wir haben uns mit euch bemüht, unsere Aufgaben – eure Aufgaben – nach bestem Wissen und Gewissen zu lösen. Wenn uns das gelungen ist, wenn ihr heute von dieser Schule weggeht in dem sicheren Gefühl, gut gerüstet zu sein für die nächste Etappe eures Lebens, dann war unsere Arbeit nicht umsonst. An diesem Tage werdet ihr von einem Zwang entbunden, nämlich täglich die Schule zu besuchen. Andere Zwänge werden folgen. Wir hoffen, dass euch das hier Gelernte und gemeinsam Erarbeitete später immer in die Lage versetzen wird, mit diesen Zwängen fertig zu werden. Erinnert euch dann immer in den schwierigen Situationen daran, wie wir hier mit euch gemeinsam versucht haben, Zwänge zu vermeiden und Probleme zu lösen. Das war nach unserer Auffassung das Wichtigste, was wir euch vermitteln wollten. Wir hoffen, dass es uns gelungen ist. Freut euch eurer neuen

Freiheit. Denkt aber daran, dass ihr ständig neu um sie kämpfen müsst. Das gesamte Lehrerkollegium und ich wünschen euch von Herzen, dass ihr bald einen Ausbildungsplatz findet, der euren Vorstellungen und Neigungen entgegenkommt. Gute Startbedingungen habt ihr durch das, was ihr in den vielen Jahren gelernt habt, und durch euren erfolgreichen Schulabschluss. Versucht, in einen Beruf hineinzuwachsen, der euch auch später noch ausfüllt. Ich wünsche euch viel Glück auf eurem weiteren Lebensweg.

Liebe Jungen und Mädchen!

Jeder gute Baum trägt gute Früchte! Mit diesem Satz aus der Bergpredigt möchte ich am heutigen Entlassungstage den 140 Jungen und Mädchen unserer Schule die Richtschnur für das weitere Leben auf den Weg geben. Als ihr an der Hand eurer Eltern zum ersten Male diese Schule betreten habt, wart ihr wie junge, schwache Bäumchen, die einer kräftigen Stütze bedurften, um standfest zu werden. Jahre sind seit dieser Zeit vergangen. Und aus den schwachen Bäumchen sind, wenn wir bei diesem Vergleich bleiben wollen, junge Stämme geworden, die der Stütze nicht mehr bedürfen, so weit es sich um die Schule handelt. Alles, liebe Jungen und Mädchen, was ihr jetzt tun müsst, ist: wurzelstark und wurzelfest zu werden. Vergesst dabei nie, dass ihr den Kontakt braucht und auf eure Mitmenschen angewiesen seid. Zum Leben in der Gemeinschaft gehört als wichtiger Faktor das Dienen, und zum Dienen gehört auch Mut. Den Willen zum Dienen und den Mut zur Verantwortung wünsche ich euch von ganzem Herzen. Handelt dabei nach dem Wort: „Stets hab' ich andere froh gemacht und an mich zuletzt gedacht. Ich diente und bekam Freunde!" Fest und eindeutig muss euer Wille zur Pflichterfüllung sein. Sagt nicht: „Ich muss", son-

Rede einer Lehrerin bei der Entlassungsfeier in einer kleinen Konfessionsschule

dern sagt: „Ich darf". Am notwendigsten ist eine starke, echte Nächstenliebe und Nächstenhilfe. Wenn es auch oft schwer fällt, solche Liebe zu üben und zu schenken, so geht doch nicht an den Sorgen und Nöten anderer vorbei.

Seid euch dessen bewusst, dass ihr jetzt das erste große Ziel eures Lebens erreicht und eure erste große Prüfung abgelegt habt. Ihr nehmt nun Abschied von euren Lehrerinnen und Lehrern, und diese Stunde ist ein Rückblick und gleichzeitig ein Ausblick. Wir wünschen, dass die leitende Hand Gottes weiterhin über allen unseren Schülerinnen und Schülern, die heute entlassen werden, bleiben möge. Lasst die Wurzeln eures Handelns stets Liebe sein.

Liebe Lehrerinnen und Lehrer!
Liebe Eltern!
Liebe Mitabiturientinnen und -abiturienten!

Ein Schüler spricht zur Verabschiedung von Abiturienten

Wir verlassen heute die …-Schule, an der wir neun Jahre lang gelernt, oft gezittert, Durchschnittsnoten ausgerechnet und in den letzten drei Jahren nur noch nach dem Numerus Clausus geschielt haben. Reicht es oder reicht es nicht, war bei vielen von uns die Kernfrage. Denn wir wussten ja schon früh genug, dass nicht wie vor ein paar Jahren noch das bestandene Abitur alle Türen und Tore der Hochschulen öffnen würde. Deshalb – und das soll heute hier nicht verschwiegen werden – haben einige von uns im letzten Endspurt resigniert. Sie haben überlegt, dass selbst die härtesten Anstrengungen nicht garantieren, den begehrten Studienplatz zu erringen. Sie haben sich beizeiten nach etwas anderem umgesehen.

Eine seltsame Zeit: Durchschnittsnoten, die früher vielleicht einmal in zwei Jahren an einer Schule vergeben wurden und dem Glücklichen den Ruf eines Genys einbrachten, reichen heute nicht mehr dazu aus, ein Studium nach Wahl an einem beliebigen Ort zu beginnen. Zusatzauslesen sind erforderlich, Zusatztests, lange Wartezeiten, manchmal sollen aber auch schon Beziehungen ausreichen. Ich sage das heute, um deutlich zu machen, dass Leistungsdruck und Konkurrenzverhältnisse bereits in der schulischen Ausbildung unsere Belastbarkeit bis aufs äußerste gefordert haben. Umso mehr möchte ich im Namen aller meiner Mitschülerinnen und Mitschüler Ihnen, dem Kollegium, danken, dass Sie versucht haben, uns aus diesem Teufelskreis zu helfen. Die Art und Weise, wie Sie in den vergangenen Jahren mit uns zusammen gearbeitet haben, hat vielen von uns auch trotz mancher Enttäuschung Lösungsmöglichkeiten für später aufgezeigt. Dass nicht alle persönlichen Blütenträume reifen können, haben Sie dabei ebenso wenig zu vertreten wie wir. Als eines der wichtigsten Ergebnisse unseres Lernens nehmen wir von hier aber mit, dass sich bestehende Probleme gemeinsam am besten lösen lassen. Und ein weiteres: Gleichgültig, wo wir nach dieser Schule weiterarbeiten werden – an der Universität, bei der Bundeswehr oder an einem anderen Arbeitsplatz –, wir müssen uns verstärkt für weitere bildungspolitische Anstrengungen in unserer Gesellschaft einsetzen. Nur so kann sichergestellt werden, dass das geistige Potential in unserer Bevölkerung da eingesetzt werden kann, wo es sich am besten verzinst.

Ich meine konkret: Wenn Abiturienten die Arbeitsplätze von anderen Schulabgängern besetzen, weil sie keine Chance an der Universität haben, dann drängen die dort Verdrängten in die Berufe, die früher noch für Jugendliche ohne höhere Schulabschlüsse offen gestanden haben. Das wird soziale Folgewirkungen nach sich ziehen, die wir heute in ihrem ganzen Ausmaß gar nicht abschätzen können. Wir haben mit Ihnen zusammen in vielen Kursen und Arbeitsgruppen gesellschaftspolitische Zusammenhänge diskutiert. Auch wenn wir insgeheim in früheren Jahren immer gehofft haben, dass nicht ausgerechnet wir von tatsächlichen oder vermeintlichen Fehlentwicklungen getroffen werden, können wir heute die Situation realistischer einschätzen. Ich hoffe und wünsche mit allen meinen Mitabiturienten, dass wir künftig noch so viel Zeit und Engagement aufbringen, um über unser eigenes Interesse hinaus an der Lösung dieser gemeinsamen Probleme weiterarbeiten zu können.

Ihnen allen, die Sie sich in den vergangenen Jahren so viel Mühe und Arbeit mit uns gemacht haben, darf ich an dieser Stelle noch einmal, im Namen aller Abiturienten und -innen, unseren herzlichen Dank aussprechen.

Grundsteinlegung, Richtfest und Einweihung

Meine sehr verehrten Damen und Herren!

Der Schulrat spricht bei der Grundsteinlegung für eine Schule

Hinter dn großen und lichten Fenstern der Schule, die an dieser Stelle errichtet werden soll, wird man im Laufe der Jahre zweifellos viele Probleme und Themen sehr trocken und lehrsam behandeln müssen. Deshalb möchte ich wenigstens heute, an ihrem Grundstein stehend, einmal andere Töne anschlagen. Es ist eben recht schwierig, arithmetische Formeln und grammatische Regeln humorvoll mit Zitaten von Wilhelm Busch oder Aphorismen von Lichtenberg zu würzen, ohne missverstanden zu werden. Vor einem schlichten Grundstein und einem wohlgesinnten, erwachsenen Publikum aber darf man das riskieren. Sie wissen bereits, dass wir hier nicht versammelt sind, um den Lehrsatz des Pythagoras oder die Formeln des gelehrten Herrn Thales zu besprechen. Wir haben vielmehr ein Werk hinter uns zu bringen, das eine ganze Reihe von Jungen und Mädchen schlichtweg als Gemeinheit bezeichnen würden – wir legen den Grundstein zu einer neuen Schule!

Wir wollen unserer Jugend damit gute räumliche Voraussetzungen schaffen zu lernen und unseren Lehrern zweckmäßige Voraussetzungen zu lehren.

„Ein Kind ist ein Buch, in dem wir lesen und in das wir schreiben sollen!" sagte Peter Rosegger, der Dorfschulmeister, einmal. Mögen die Lehrer, die in der hier entstehenden Schule unseren Jungen und Mädchen das notwendige Wissen als Rüstzeug fürs Leben vermitteln, zuweilen an dieses Wort Roseggers denken. Mögen sie in den Kindern lesen, mögen sie ihre kleinen und großen Schwächen verstehen und mit Güte und Sanftmut zu beeinflussen versuchen. Mögen sie auch die Stärken des einzelnen erkennen und mit Nachdruck fördern. Und mögen sie in die kleinen Seelen und Hirne recht viel von dem hineinpflanzen, was ihnen für das ganze Leben nützt und sie zu wertvollen Mitgliedern der Gesellschaft macht.

Die an diesem Platz stehende Schule wird für viele Kinder jahrelang ein zweites Zuhause werden. Ihre Erbauer haben diesen Umstand berücksichtigt – schon die Pläne der Architekten beweisen das deutlich. Auf diese Schule mit ihren großen hellen Räumen, mit ihrer Turnhalle, ihrer Lehrküche und ihrer Aula für Schulfeiern können die hier unterrichtenden Lehrer, die Schüler und die Bürger der Stadt ... gleichermaßen stolz sein.

Sehr geehrter Herr ... (Titel des Regierungsvertreters)!
Meine sehr verehrten Damen und Herren!

Der Bürger-
meister spricht
bei der Grund-
steinlegung für
ein Rathaus

Abgeredet vor der Zeit, gibt es nachher keinen Streit!" Als ich dieses Sprichwort in der Schule lernen musste, ahnte ich noch nicht, dass es seine Gültigkeit für ein ganzes Menschenleben behalten könnte. Aber heute, eben zu dieser Stunde, beweist sich einmal wieder seine Wahrheit.

Abgeredet vor der Zeit, gibt es nachher keinen Streit. Mancherlei Hin und Her, stundenlange Planungen und Debatten, zufriedene und unzufriedene Kritiken, objektive und unobjektive Pressemeldungen, ja, auch manche erhitzte Köpfe hat es gegeben, bis die Vorbereitungen für den Bau des neuen Rathauses so weit abgeschlossen waren, dass wir alle sagen konnten: Jetzt haben wir die Pläne und die Gelder (und die tausend Wünsche) für unser neues Rathaus endlich unter Dach und Fach. Nun können wir anfangen!

Um anzufangen, sind wir also heute zusammengekommen. Die Debatten sind vorbei, die Pläne sind klar, und jedermann ist mit ihnen zufrieden, auch die finanziellen Mittel liegen bereit. Der Bau kann beginnen. Der Bau, zu dem wir heute den Grundstein legen und der, wenn er beendet ist, kein Streitobjekt mehr werden kann, weil wir alle – die Bürgerschaft der Stadt – uns vor der Zeit beraten und miteinander abgestimmt haben. Trotzdem – noch sind nicht alle Schwierigkeiten aus der Welt geschafft. Und ehe wir unser neues Rathaus in einem feierlichen Zeremoniell auch einweihen und der Öffentlichkeit übergeben können, wird die Bürgerschaft noch einige Opfer bringen und Unannehmlichkeiten hinnehmen müssen, die leider nicht zu vermeiden, aber doch durchaus zu ertragen sind. Der Lärm dieser Baustelle mitten in der Stadt wird vielleicht manchen von uns stören, und die aus verkehrstechnischen Gründen notwendigen

Umleitungen werden dem einen oder anderen gar unliebsam ins Auge fallen – aber was sein muss, muss sein. Der fertige Rathausbau in seiner schlichten, sachlichen Schönheit wird uns dann diese kleinen und großen Misshelligkeiten rasch vergessen lassen.

Von morgen ab wird nun an dieser Stelle verwirklicht werden, was sich viele von uns schon seit Jahren gewünscht und erträumt haben. Stein um Stein soll hier ein Gebäude in die Höhe wachsen, das durch einen völlig neuartigen, modernen Stil nicht nur die Bürger unserer Stadt, sondern auch unsere Gäste gewiss ansprechen und bestechen wird. Es wird ein Bauwerk werden, das nicht für einige wenige errichtet wird, sondern ein Haus, das der Allgemeinheit dient – dem Zusammenleben aller Menschen unserer Stadt. Ein Haus der Gemeinschaft, wie mein Vorsprecher so treffend und schön bemerkte.

Noch residieren die Beamten und Angestellten der verschiedenen Ämter und Verwaltungen in provisorischen Räumen. In wenigen Monaten aber werden sie ein Gebäude beziehen, das wegen seines eigenwilligen Äußeren schon jetzt im Gespräch der Öffentlichkeit ist. Als Bürgermeister unserer Stadt wünsche ich mir, dass dieses Bauwerk auch nach seiner Fertigstellung im Gespräch der Bürger bleibt – doch dann nicht nur wegen seines Äußeren, sondern vor allem wegen des Geistes, der in ihm herrscht. Möge die äußere neue Fassade dann ein Symbol dafür sein, dass man in diesem Bauwerk nicht nach den hinfälligen starren Regeln einer aufgebauschten Bürokratie seinen Dienst tut, sondern nach den Regeln eines gemeinschaftlichen Zusammenlebens, in dem jederzeit jeder für jeden da zu sein und einzutreten hat. Als Bürgermeister erwarte ich von den Bürgern unserer Stadt, dass sie von den Frauen und Männern, die im neuen Rathaus ihre Aufgaben zu erfüllen haben, nichts Unmögliches verlangen, und von den Beamten und Angestellten erhoffe ich, dass sie ihrerseits immer ihr Bestes geben – zum Wohl und zum Nutzen der Allgemeinheit.

Sehr geehrter Herr Bürgermeister, verehrte Gäste!
Liebe Gemeinde!

Richtfest einer Kirche – Ein Geistlicher spricht

Richtfest! Das hat doch offensichtlich etwas mit richten zu tun, vielleicht im Sinne von ausrichten, begradigen, ins Lot bringen. Wenn das geschehen ist, ist eigentlich die Hauptarbeit getan. Der Rohbau steht, der Raum, in dem sich später einmal Menschen aufhalten werden, nimmt allmählich auch seine endgültigen äußeren Formen an. Wir wissen, jetzt beginnt die Arbeit der inneren und äußeren Gestaltung dieses Raumes, wie es weiter gehen soll, ist kein grundlegendes Problem mehr. Wenn das Dach gedeckt ist, könnte die Kirche zur Not so bleiben, wie sie ist, und dennoch ihre Aufgabe erfüllen, die darin besteht, Menschen zu versammeln.

Dieser Bau dient, wenn er fertig gestellt sein wird, aber nicht nur den Menschen, er soll vielmehr ein Zeichen der Ehrfurcht vor demjenigen sein, dem wir alles verdanken. Er soll eine Stätte der Ruhe, des Friedens und der Andacht werden, und er soll ein Ort der Gemeinschaft zwischen Gott und uns Menschen sein. Bitte glauben Sie nicht, dass ich Ihnen jetzt eine Predigt halten werde. Ich möchte Sie lediglich daran erinnern, dass dieses Bauwerk kein Haus im üblichen Sinne ist. Die Menschen, die es betreten werden, wollen nicht darin wohnen. Sie kommen vielmehr deshalb, weil sie etwas suchen, etwas, das sie ganz besonders hier zu finden hoffen. Gewiss, die Heilige Schrift lehrt uns, dass Gott überall ist, und er braucht gewiss kein Eigens für ihn errichtetes Haus, um zu uns Menschen zu sprechen. Aber wir brauchen ein solches Haus. Wir brauchen einen Ort, an dem wir uns mit denjenigen versammeln können, die genau wie wir in aller Stille mit ihrem Schöpfer sprechen wollen.

Ich werde immer wieder gefragt, ob man denn nicht zu Hause, sonntags vormittags im Radio, einen Gottesdienst abhalten könne? Ob es denn tatsächlich erforderlich sei, deswegen in die Kirche zu gehen? Jeder deutsche Sender bringt Andachten, in denen gesungen, gebetet und gepredigt wird. Warum also in die Kirche gehen, wenn man zu Hause genau das gleiche haben kann? Diese Frage ist, wenn man sie genau betrachtet, ein Zeichen dafür, dass derjenige, der sie stellt, in Wahrheit gar keinen rechten Kontakt mehr zu Gott hat. Denn für den lebendigen Christen ist es eine Selbstverständlichkeit, dass er die Bindung an die Gemeinde sucht. Für ihn wäre es unmöglich, die Menschen förmlich zu meiden, die genau wie er ihr Leben Gott gewidmet haben. Es wäre geradezu widersinnig, ihnen aus dem Weg zu gehen, als würden sie einem Götzen dienen, vor dem man sich vorzusehen hat. Der Christ ist in die Gemeinde hineingestellt, und er ist immer ein Teil von ihr. Die Gemeinde aber versammelt sich im Gotteshaus, in der Kirche, um dort in gemeinsamer Andacht Gott auch gemeinsam nahe zu sein.

Dieses Haus, dessen Richtfest wir heute feiern, wird also einmal die Aufgabe haben, die Gemeinde Jesu Christi aufzunehmen. In ihm wird der Tisch des Herrn gedeckt, sein Wort gelehrt, werden Menschen in den Kreis seiner Anhänger aufgenommen und wird um seinen Beistand gebetet werden. Es wird eine Stätte sein, an der sich die Gläubigen versammeln, weil sie wissen, dass ihr Platz dort ist, wo der Altar unseres Herrn steht. Ich erbitte für diese Kirche den Segen Gottes, und ich bitte um Gnade und Barmherzigkeit für diejenigen, die darin ein und aus gehen werden.

Sehr geehrte Frau ... (Name der Leiterin)!
Meine sehr verehrten Damen und Herren! Liebe Eltern!

Der Bürgermeister spricht bei der Übergabe eines Kindergartens an die künftige Leiterin

In froher Stimmung sind wir heute hier zusammengekommen, um ein Ereignis zu feiern, das von zahlreichen jungen Müttern und Vätern schon sehnlichst erwartet wurde. Unser neuer Kindergarten ist endlich bezugsfertig. Lassen Sie mich bei dieser Gelegenheit zunächst einmal all jenen danken, die für Planung, Bauleitung und Ausführung verantwortlich sind. Sie haben in kurzer Zeit ein Bauwerk geschaffen, das die Sorgen, Nöte und Mängel mit und an dem alten Kindergarten schnell vergessen lassen wird. Die alten Räume im früheren Kindergarten waren einfach nicht mehr geeignet, moderne Inhalte in der Kindergartenarbeit umzusetzen. Dieser rundum gelungene Bau entspricht nun den neuesten Forderungen und Ansprüchen an eine kindgerechte Einrichtung.

In diesem neuen Haus können wir künftig drei Gruppen betreuen, die jeweils eine Gruppenstärke zwischen 15 und 20 Kindern aufweisen werden. Pro Gruppe steht uns dann eine Erzieherin zur Verfügung, zusätzlich aller Voraussicht nach eine Vorpraktikantin oder Anerkennungsschülerin. Dadurch wird im neuen Kindergarten die Leiterin von einer eigenen Gruppenleitung freigestellt werden können. Ihre Aufgaben, nämlich Planung, Verwaltung, Organisation und Weiterbildung des Personals, können so besser als vorher gelöst werden. Jeder Gruppe im neuen Haus stehen zwei Räume zur Verfügung, davon ein Studio oder Intensivraum, der bei gezielten Beschäftigungsarten die Bildung von Untergruppen ermöglicht bzw. Bei spontaner Gruppenbildung erlaubt, dass Kinder für sich alleine sein können. In den Gruppenräumen haben wir durch ein Raumteilverfahren die jeweilige Einrichtung des Raumes je nach den Spielideen der

Kinder ermöglicht. Auf diese Art und Weise können wir eine Bauecke, eine Rollenspielecke (Puppenecke) oder auch eine Leseecke mit Bilderbuchregal, Malwand, Nassspieltisch einrichten. An Gemeinschaftsräumen haben wir eine komplett ausgestattete Kinderküche eingerichtet und einen Turnraum mit Sprossenwand sowie Gymnastik- und Turngeräten. Ferner gibt es für jede Gruppe separate Garderoben- und Toilettenräume. Ein Werkraum steht zur Verfügung sowie ein Musikzimmer mit Orffschem Instrumentarium. Für Letzteres dürfen wir der Firma ... sehr herzlich danken, die unsere vorhandene Ausstattung durch eine großzügige Spende erweitert hat. Vor dem Haus ist eine große Spiel- und Rasenfläche gestaltet worden. Neben Klettergeräten und Möglichkeiten zum Hüttenbauen gibt es Sandkästen und eine Feuerstelle. Eine überdachte Spielhalle im Anschluss an den Kindergarten erlaubt das Draußenspielen auch an Regentagen; sie wird bei allzu starker Sonnenstrahlung auch Schatten spenden. Die Einrichtung von Außentoiletten soll die Benutzung der Außenflächen und der Spielhalle erleichtern.

Bereits an dieser Aufzählung werden Sie erkennen, dass dieses Haus für unsere Jüngsten für uns alle schon in der Planung und dann in der Ausführung eine sehr schöne und dankbare, wenn auch teure Aufgabe war. Ich nehme an, dass Sie sich bei dem nun anschließenden Rundgang davon überzeugen werden, dass diese Aufgabe allen Beteiligten viel Freude bereitet hat. Wir hoffen, dass das Haus auch unseren Kindern gefällt und dass es unseren Erzieherinnen jene Möglichkeiten gibt, deren Fehlen im alten Haus eine sinnvolle Kindergartenarbeit doch wesentlich erschwert hat. Mögen unsere Kinder hier lernen, sich in eine Gemeinschaft einzufügen, die kleinen und großen Nöte des anderen zu verstehen und Freundschaften zu schließen. Hiermit übergebe ich den neuen Kindergarten der Stadt ... seiner Bestimmung.

Sehr geehrter Herr Bürgermeister!
Meine sehr geehrten Damen und Herren! Liebe Eltern!

Die Leiterin spricht bei der Übernahme des neuen Kindergartens

Zunächst einmal danke ich Ihnen im Namen der Kinder und der Erzieherinnen für die großzügige und schnelle Lösung. Ich möchte auch danken dafür, dass wir bereits im Planungsstadium unsere Vorstellungen, Wünsche und Hoffnungen äußern konnten und dass vieles von dem, was wir angeregt haben, auch in die Tat umgesetzt worden ist. Ich möchte die Gelegenheit nutzen, ein paar kurze Worte zu unserer künftigen Kindergartenarbeit zu sagen. Sie richten sich nicht nur an die Eltern, die heute zum ersten Mal hier- sind, weil ihnen nun endlich der langersehnte Kindergartenplatz zur Verfügung gestellt werden kann. Sie richten sich auch an jene, die schon den alten Kindergarten kennen, aber oft mit uns gedacht haben, dass bessere räumliche Verhältnisse auch ein intensiveres Angebot erlauben.

Vorschulische Erziehung, wie wir sie verstehen und wie wir sie in diesem neuen, schönen Haus umsetzen wollen, muss eine ganzheitliche Erziehung sein, eine gezielte und bewusste Förderung kindgerechten Verhaltens. Diese Förderung geschieht in verschiedenen Lernbereichen. Sie sehen an der sorgfältig ausgewählten Einrichtung im Innern unseres Hauses, aber auch an den großzügigen Außenanlagen und der überdachten Spielhalle, dass wir dem so genannten Freispiel viel Zeit und großen Platz einräumen wollen, weil gerade hier Ihr Kind Gelegenheit hat, sich erst einmal „auszuspielen". Hier erfährt und bewältigt es seine Umwelt, hier wächst es in die soziale Wirklichkeit hinein, übt verschiedene Fähigkeiten, Ausdauer und Konzentration. Gemütswerte werden freigelegt und gestärkt, die Phantasie wird entwickelt. Die Förderung der sozialen Fähigkeiten unserer drei- bis sechsjährigen Kinder erfolgt in altersgemischten Gruppen, mit altersspezifischen Angeboten. Der sozialen Erziehung muss eine ebenso hohe Bedeutung wie der geistigen Förderung beigemessen werden. Eine bewusst einseitige Förderung geistiger Einzelfähigkeit führt letztendlich zur Verkümmerung der Gesamtpersönlichkeit. Sozialerziehung in diesem Sinne heißt Erziehung zur Gemeinschaftstüchtigkeit, zu bewusstem sozialen Verhalten. Das heißt, bereits im Kindergarten müssen alle Grundlagen geschaffen werden, die den Kindern später ein menschenwürdiges, demokratisches und soziales Leben in einer viel schichtigen Gesellschaft ermöglichen. Einer der wichtigsten Lehr- und Lernbereiche ist die Erziehung zur Selbstständigkeit. Nur durch eine selbsttätige und selbstständige Auseinander setzung mit einem Stoff, mit einer Sache, durch Beobachten oder durch Fragen werden dem Kind die Dinge vertraut. Die Freude wird geweckt und führt zu Selbstständigkeit im Denken und Handeln. Selbstvertrauen und Selbstverantwortung werden gestärkt.

In unseren Intensivräumen wird es besser als bisher möglich sein, die Sprache, die Sprechlust und die Ausdrucksfähigkeit der Kinder zu wecken und zu fördern. Darstellende Spiele, gemeinsames Erzählen und Gesprächeführen, den Kindern in kleinen Gruppen freie Äußerungsmöglichkeiten einräumen – dies alles wird durch die neuen Räumlichkeiten besser als bisher gefördert werden können. Auch die Förderung der Kreativität Ihres Kindes, die Entwicklung seines Interesses an sich und seiner Umwelt wird durch das großzügige Raum- und Materialangebot verstärkt. Ihr Kind kann besser als vorher beim Experimentieren und im bildnerischen Gestalten seine Vorstellungen und Absichten mit Hilfe verschiedener Materialien und Arbeitstechniken verwirklichen. Im neu eingerichteten Turnraum und im gut ausgestatteten Musikzimmer können künftig durch Gymnastik, Tanzspiel und Rhythmik die Grob- und Feinmotorik der Kinder weiterentwickelt werden. Zunehmende Geschicklichkeit hier trägt auch entscheidend zur Stärkung des Selbstvertrauens bei. Auch der Ausbau separater Garderoben und Toilettenräume trägt bei zur Entwicklung der Selbstständigkeit Ihrer Kinder: Das An- und Ausziehen und die Sorge für den eigenen Körper in gesundheitlicher und hygienischer Hinsicht werden in diesem neuen Kindergarten den Kleinen besser näher gebracht werden können.

Ich habe einige dieser Gesichtspunkte hier nur angerissen. Wir werden künftig Wochen-, Monats- und Jahrespläne für alle Lernbereiche erarbeiten und Ihnen, den Eltern, vortragen und erläutern. Wir wollen Sie mehr als bisher in unsere Arbeit mit einbeziehen und deshalb regelmäßig Elternabende veranstalten. Die von Ihnen gewählten Elternbeiräte haben die Möglichkeit, außerhalb der Elternabende eine ständige und gute Verbindung zwischen Elternhaus und Kindergarten sicherzustellen. Ich lade Sie nun zu einem Rundgang und zu einer Besichtigung aller Einrichtungen ein. Wir hoffen alle sehr, dass Sie auch später recht häufig unseren – Ihren – Kindergarten besuchen werden.

Feste der Gemeinde, Ausstellungseröffnungen

Sehr geehrter Herr Landrat!
Liebe Mitbürgerinnen und Mitbürger!

Eine Gemeinde wird fünfhundert Jahre alt Wir feiern heute das 500-jährige Bestehen unseres Städtchens. Das heißt, wahrscheinlich reicht unsere Geschichte ja noch viel weiter zurück. Aber trotz aller Vermutungen und mehr oder minder verdeckten Hinweisen gibt es Halt keine gesicherten urkundlichen Eintragungen. Deshalb gilt die Eintragung des Weilers Rohrbach in die Schenkungsurkunde des Klosters Fischbach als Geburtsstunde unserer Gemeinde. Vielleicht gelingt es eines Tages dem Chronisten Zufall nach-

zuweisen, dass wir heute gewissermaßen mit unserem Alter
kokettiert, dass wir – wer weiß – vielleicht ein paar Jahrzehn-
te oder gar Jahrhunderte unseres Alters einfach unterschla-
gen haben.

Aber bis dahin zählen wir wie gewohnt weiter. Allein,
500 Jahre in einem kurzen Vortrag nachzuzeichnen ist ganz
und gar unmöglich. Wer Interesse hat, darüber nachzulesen,
kann es in unserer Festchronik tun, die Herr ... in dankens-
werter Weise zusammengetragen hat. Es ist ganz gewiss eine
lohnende und überdies spannende Lektüre.

Gewiss geht es uns heute sehr viel besser als den Menschen
der vergangenen Jahrhunderte. Sind wir aber deshalb glück-
licher, zufriedener, freier, unabhängiger? Gibt es heute für
den einzelnen weniger Probleme und Belastungen als früher,
oder sind es nur andere Probleme, die aber nicht weniger
gespürt oder als geringer empfunden werden? Die Angst vor
innerer und äußerer Bedrohung und Gefahr ist geblieben,
oder die Sorgen um den Arbeitsplatz, um das Schicksal ge-
liebter und vertrauter Menschen. Heute sind es nicht mehr
die fremden Heere vor der Stadt oder die ausbeuterischen
kleinen und großen Herrscher und Fürsten, die Seuchen und
Naturkatastrophen, die den Menschen ängstigen. Dafür geht
es heute um eine saubere Umwelt, genießbares Wasser, Le-
bensmittel und eine Luft, die sich noch atmen lässt. Es geht
um sterbende Flüsse, Seen, Wälder, um Tiere und Pflanzen,
die keinen natürlichen Lebensraum mehr finden. Unsere
Vorfahren konnten viele der drohenden Gefahren noch
sehen, hören, riechen und fühlen. Die uns heute bedrohen-
den Gefahren sind oft unsichtbar, lautlos und ohne Geruch.
Aber ihre Auswirkungen kommen genauso unmittelbar,
unwiderruflich, grausam und manchmal unausweichlich.
Viele der früheren Gefahren haben die Menschen damals
gemeistert, weil sie zusammenstanden und gemeinsam da-

gegen ankämpften. Viele der heutigen Gefahren sind erst dadurch entstanden, dass Wohlstand und Fortschritt die Menschen in die Isolation getrieben haben. Viele müssen erst wieder lernen, miteinander zu reden und sich gegenseitig zu helfen.

Vielleicht kann ein solches Jubiläum ein wenig dazu beitragen, den Geist der Gemeinsamkeit wieder wachzurufen. Eine solch lange Tradition einer kleinen Gemeinde wäre nicht möglich gewesen, wenn ihre Bürger nicht Gemeinsinn vor Eigennutz gestellt hätten, vor allem dann, wenn Gefahr für das Gemeinwohl drohte.

Wer die Augen nicht verschließen will vor den Problemen unserer Tage, sollte wissen, dass es an der Zeit ist, sich dieser alten Tugenden wieder zu erinnern. Nur dann wird es uns gelingen, wieder jene Freiräume zu schaffen, die nachfolgende Generationen selbstverantwortlich ausfüllen können. Diese Verpflichtung haben uns unsere Vorfahren in fünf Jahrhunderten vorgelebt und auferlegt. Wir wollen und dürfen uns ihr nicht entziehen.

Liebe ... (hier kann der Ortsname in der Anrede verwendet werden, zum Beispiel in der Gemeinde Sachsenhausen: „Liebe Sachsenhausener!")

Rede eines ansässigen Landwirts zur Eröffnung des Erntedankfestes

Der Anlass unseres Festes ist der Erntedank. Wir haben in diesem Jahr wirklich Dank zu sagen. Was die Felder und Gärten uns brachten, ist mehr als in den vergangenen Jahren. Der Herr Pfarrer hat heute Morgen schon in zu Herzen gehenden Worten während des Erntedankgottesdienstes unseren Dank an Gott abgestattet. Ich möchte unserem Herrn Pfarrer für seine Worte sehr herzlich danken.

Die Früchte, die heute Morgen vor dem Altar aufgebaut waren und die symbolisch unseren Dank ausdrücken sollten,

sprechen eine beredte Sprache. Nun wollen wir uns gemeinsam über die Ernte freuen. Aber wir wollen dabei auch nicht
übermütig werden. Nicht jedes Jahr bringt eine so reiche
Ernte, und wir sollten an künftige Zeiten denken.

So möchte ich alle Anwesenden bitten, unter diesem Gesichtspunkt das heutige Fest zu begehen. Wir wollen dankbar
sein, wollen uns vor Augen halten, dass auch von unserem
persönlichen Arbeitseinsatz und einer vernünftigen Feldbe-
stellung viel abhängt.

Und nun, um die Rede nicht allzu ernst ausklingen zu lassen:
Sie alle sehen hier neben dem improvisierten Rednerpult
einen dicken Sack, in welchem sich allerlei Früchte, die von
den Äckern unseres Landes stammen, befinden. Wir wollen
nachher, während der Pause, diesen Sack versteigern. Der
Erlös soll den alten Menschen unseres Dorfes zugute kommen.

Jetzt wollen wir zum gemütlichen Teil übergehen. Unser
bewährtes Orchester unter der Leitung von ... wird uns dabei
gewiss alle Möglichkeiten dafür bieten, dass wir uns gut
unterhalten.

Meine lieben Gäste!

In Griechenland gibt es heute noch unter den Landbewoh- **Rede auf dem**
nern den Brauch, den letzten Schluck Wein im Glase nicht **Weinfest**
zu trinken, sondern auf die Erde zu schütten. Man drückt
damit zweierlei aus: Einmal gilt es als Dank an die Erde, die
dem Menschen den Wein geschenkt hat, und zum anderen
ist es die Bitte an sie, auch im kommenden Jahr die Früchte
der Reben gedeihen zu lassen.

Wenn dieser Brauch auch bei uns nicht bekannt ist, so hat
uns dieses Jahr Dionysos dennoch nicht im Stich gelassen.
Der Gott des Weines und der weinseligen Freude ist, das

glaube ich in Ihrer aller Namen sagen zu dürfen, für uns einer der sympathischsten unter den Göttern des Olymp. Welchem Gott hätte man je so viele Lieder gesungen? Wen hätte man jemals so oft gezeichnet, gemalt und in Stein gehauen? Seit mehr als 2000 Jahren vertrauen Weinbauern und Weintrinker in der ganzen Welt auf die Kunst des Gottes Dionysos. Sie schätzen ihn, dessen verschmitztes Lachen zu allen Zeiten etwas von der Freude verriet, die er zu geben vermag.

Freude, das bedeutet nicht Rausch und nicht bewusstloses Wanken und Schwanken durch eine sich drehende Welt. Freude heißt Abstand gewinnen von den Sorgen und Problemen des Alltags. Es heißt Loslösen von den Dingen, die uns den Tag über bedrängen, weiterhetzen und unruhig machen. „Der Wein erfreut des Menschen Herz", dieser Satz aus dem 104. Psalm sagt uns ganz klar, was wir unter jener Freude zu verstehen haben, die uns der Wein vermitteln kann. Er wird sie uns aber nur dann schenken, wenn wir verstehen, ihn zu genießen. Wer ihn trinkt wie Wasser und Bier, dem wird er niemals seinen ganzen Zauber offenbaren. Es ist so, als ob sich Dionysos von diesen Menschen abwenden und sein köstliches Geschenk in ein Teufelsgetränk umwandeln würde, das den Frevlern einen dicken Kopf und Katzenjammer beschert.

Wer im Weine lediglich ein wohlschmeckendes Getränk sieht, mit dem er seinen Durst löschen kann, der verdient es nicht anders, als dafür bestraft zu werden. Und diese Strafe kann, wie gesagt, eine sehr harte und sehr eindrucksvolle sein.

Hier in unserer engeren Heimat, meine Damen und Herren, wird der Mensch eigentlich mit dem Saft der Reben großgezogen. Der Wein gehört zu uns wie zum Münchner das Bier und zum Norddeutschen der Schnaps. Ich glaube jedoch, wir haben von allen das beste Los gezogen. Das Bier wächst nirgends. Es wird in Fabriken hergestellt, ohne dass derjenige, der es einmal trinken wird, am Entstehungsprozess beteiligt wäre. Es fehlt ihm also im Grunde die ganz persönliche Beziehung zu seinem Lieblingsgetränk. Nicht anders ist es mit dem Schnaps. Wir aber leben inmitten unserer Weinberge, von unserer frühesten Jugend an bis in unsere alten Tage. Jahr für Jahr erleben wir, wie an den Hängen die Trauben reifen und voll werden, wie wir selbst und unsere Nachbarn hinaufsteigen, um sie zu lesen, und wie sie heruntergebracht und gekeltert werden. Wir sind dabei, wenn man voll Erwartung die erste Probe nimmt. Unser Leben ist ein Leben mit dem Wein, für den Wein und von dem Wein. Er ist unser ständiger Begleiter und, wie viele Ärzte sagen, auch in vielen Fällen unser Beschützer. Der freundliche Gott mit dem Rebenkranz im Haar hat uns dazu ausersehen, sein Geschenk an die Menschheit zu verwalten, zu pflegen und weiter zu reichen an all diejenigen, denen es gefällt. Dieser Tag, der dem Wein und den durch ihn hervorgerufenen Freuden geweiht ist, ist gleichzeitig der Ehrentag des Weingottes. Lassen Sie uns ihm dafür dankbar sein, dass er auch in diesem Jahr unsere Reben wieder reif, voll und süß hat werden lassen.

Darum lassen Sie uns den Weingott nicht enttäuschen: Begehen wir diesen Tag, wie unsere Vorfahren ihn schon seit Jahrhunderten begingen, froh und dankbar, weil sie etwas hatten, das ihr Herz erfreute: den herrlichen Wein.

Liebe Festgäste!

Wieder einmal ist der Tag gekommen, an dem wir unsere Kirmes feiern. Und wieder einmal obliegt es mir als Ihrer Bürgermeisterin, dieses alljährliche Gemeindefest zu eröffnen. Sie dürfen mir glauben, dass es das ganze Jahr über kaum

Eröffnung der Kirmes durch die Bürgermeisterin

einen Anlass gibt, zu dem ich so gerne zu Ihnen spreche wie aus diesem. Es ist jedes Mal ein schöner Augenblick, wenn man den Menschen auffordern darf, sich zu freuen. Leider bleibt es Ihrer Gemeindeverwaltung und damit auch mir nicht erspart, Ihnen öfter weniger angenehme Mitteilungen machen zu müssen. Darum freut es mich ganz besonders, hin und wieder die Gelegenheit zu bekommen, Ihnen etwas Positives sagen zu können. Solch eine Gelegenheit bietet unsere Kirmes.

Nicht ohne Grund erfreut sie sich in unserer Gegend großer Beliebtheit. Es scheint, als ob die Fröhlichkeit bei uns noch viel höhere Wellen schlagen würde als anderswo. Es freut mich ganz besonders, dass sich auch in diesem Jahr der …-Verein und der …-Club wieder bereit erklärt haben, uns dieses Volksfest mit einigen besonderen Darbietungen zu verschönern. Ich finde, es ist ein sicheres Zeichen für den guten Geist innerhalb einer Gemeinde, wenn die einzelnen Vereine ihren Teil zum Gelingen eines solchen Festes beitragen. Dafür gebührt ihnen Dank und Anerkennung. Ich darf Sie daher alle bitten, den betreffenden Veranstaltungen aufmerksam zu folgen und nicht mit Beifall zu sparen.

Doch wollen wir über all diesen Dingen nicht jenen Anlass vergessen, dem wir dieses alljährliche Fest eigentlich verdanken. Unsere altehrwürdige …-kirche (Name des Schutzheiligen) wurde heute vor … Jahren eingeweiht. Ihre Geschichte ist Ihnen sicherlich hinreichend bekannt, so dass ich nicht näher darauf einzugehen brauche. Der Tag der Kirchweih ist das alljährliche Erinnerungsfest an jene Einweihung. Allerdings hat er im Laufe der Jahre eine Wandlung erfahren und ist zu einem Volksfest geworden.

Wir haben uns bemüht, alles zu einem guten Gelingen unseres Volksfestes beizutragen. Alle Schätze aus Küche und Keller stehen zu Ihrer Verfügung. Machen Sie regen Gebrauch davon. Das Orchester unseres Musikvereins wird zum Tanz aufspielen, wie gewohnt unter der bewährten Stabführung seines Dirigenten ... (Vorname, Name). Wie in jedem Jahr wird auch heute ein Hammel „ausgetanzt". Wir sind schon gespannt, wer diesmal der Gewinner des ... (Name des Ortes) Hammeltanzes wird. Wir hoffen auf rege Beteiligung. Dieses Volksfest wollen wir heute beginnen. Die Voraussetzungen sind günstig, sowohl die notwendigen flüssigen als auch alle anderen. Der allgemeinen Fröhlichkeit steht also nichts mehr im Wege als eine winzige Kleinigkeit, die ich jedoch schnell beheben möchte: Ich eröffne hiermit unsere diesjährige Kirmes und wünsche ihr einen harmonischen Verlauf. Ihnen allen wünsche ich von Herzen recht viel Freude und gute Laune!

Liebe Festgäste!

Wieder einmal ist der Tag gekommen, an dem wir unsere Kirmes feiern. Und wieder einmal obliegt es mir als Ihrem Bürgermeister, dieses alljährliche Gemeindefest zu eröffnen. Sie dürfen mir glauben, dass es das ganze Jahr über kaum einen Anlass gibt, zu dem ich so gerne zu Ihnen spreche, wie diesen. Es ist jedes Mal ein schöner Augenblick, wenn man den Menschen auffordern darf, sich zu freuen. Leider bleibt es Ihrer Gemeindeverwaltung und damit auch mir nicht erspart, Ihnen öfter weniger angenehme Mitteilungen machen zu müssen. Darum freut es mich ganz besonders, hin und wieder die Gelegenheit zu bekommen, Ihnen etwas Erfreuliches sagen zu können. Solch eine Gelegenheit bietet unsere Kirmes.

Nicht ohne Grund erfreut sie sich in unserer Gegend großer Beliebtheit. Es scheint, als ob die Fröhlichkeit bei uns noch viel höhere Wellen schlagen würde als anderswo. Und es

Der Bürgermeister spricht zur Eröffnung der Kirmes

scheint auch, dass es Petrus gerade mit uns ganz besonders gut meint. Anscheinend ist auch im Himmel die Fröhlichkeit der Menschen eine gern gesehene Sache, denn anders kann ich mir dieses wunderbare Wetter kaum erklären. Jedenfalls haben wir allen Grund, dafür dankbar zu sein.

Es freut mich ganz besonders, dass sich auch in diesem Jahr der ...-Verein und der ...-Club wieder bereit erklärt haben, uns dieses Volksfest mit einigen besonderen Darbietungen zu verschönen. Ich finde, es ist ein sicheres Zeichen für den guten Geist innerhalb einer Gemeinde, wenn die einzelnen Vereine ihren Teil zum Gelingen eines solchen Festes beitragen. Sie erarbeiten sich an ihren Übungs- und Trainingsabenden auf ihrem Gebiet ein beachtliches Können, das selbstverständlich die ganze Gemeinde interessiert. Schließlich sind es Menschen aus unserer Mitte, die an der sportlichen und kulturellen Gestaltung des Gemeindelebens tatkräftig mitarbeiten. Dafür gebührt ihnen Dank und Anerkennung. Ich bitte Sie daher alle, den betreffenden Veranstaltungen aufmerksam zu folgen und nicht mit Ihrem Beifall zu sparen.

Doch wollen wir über all diesen Dingen nicht jenen Anlass vergessen, dem wir dieses alljährliche Fest verdanken.

Unsere altehrwürdige ...-Kirche (Name des Schutzheiligen) wurde heute vor ... Jahren eingeweiht. Ihre Geschichte ist Ihnen sicherlich hinreichend bekannt, so dass ich nicht näher darauf einzugehen brauche. Der Tag der Kirchweih ist das alljährliche Erinnerungsfest an jene Einweihung. Allerdings hat er im Laufe der Jahre eine Wandlung erfahren und ist zu einem Volksfest geworden.

Wir haben uns bemüht, alles zu einem guten Gelingen unseres Volksfestes beizutragen. Alle Schätze aus Küche und Keller stehen zu Ihrer Verfügung. Machen Sie regen Gebrauch davon. Das Orchester unseres bekannten Musikvereins wird zum Tanze aufspielen, wie gewohnt unter der bewährten Stabführung seines Dirigenten, Herrn … Wie in jedem Jahr wird auch heute ein Hammel „ausgetanzt". Wir sind schon gespannt, wer diesmal der Gewinner des …er (Name des Ortes) Hammeltanzes wird. Wir hoffen auf rege Beteiligung. Dieses Volksfest wollen wir heute beginnen. Die Voraussetzungen sind günstig, sowohl die notwendigen flüssigen als auch alle anderen. Der allgemeinen Fröhlichkeit steht also nichts mehr im Wege als eine winzige Kleinigkeit, die ich jedoch schnell beheben möchte: Ich eröffne hiermit unsere diesjährige Kirmes und wünsche ihr einen guten Verlauf. Ihnen wünsche ich von Herzen recht viel Freude und gute Laune!

Meine sehr verehrten Damen und Herren!

Eröffnung einer Kunstausstellung – Ein Vertreter der Stadt spricht

Diese Ausstellung hat einen doppelten Sinn: Wir haben es uns zur Aufgabe gemacht, jungen heimischen, zum Teil noch unbekannten Künstlern Gelegenheit zu geben, ihre Werke der breiten Öffentlichkeit vorzuführen. Gleichzeitig sollen die Besucher mit den Künstlern diskutieren und auch die Möglichkeit des Ankaufs der ausgestellten Werke nutzen können.

Die Mäzene vergangener Jahrhunderte sind in unserer Zeit selten geworden. Diejenigen, die in der Lage wären, größere Mittel für den Ankauf eines Kunstwerkes auszugeben, legen oft, aus falsch verstandener Repräsentation und Eitelkeit, Wert darauf, ihre Räume mit den Bildern und Plastiken auswärtiger Künstler zu schmücken oder sich in dem Glanz bekannter Namen zu sonnen. Wie aber steht es mit den Werken junger, unbekannter Künstler? Dass nicht jedes Werk eines zeitgenössischen Künstlers des hohen Ruhms der Unsterblichkeit teilhaftig werden kann, ist selbstverständlich, dennoch ist es ungerecht, den Werken noch unbekannter Künstler keine Beachtung schenken zu wollen. Es wäre sicherlich schon viel gewonnen, wenn sich der Betrachter von Kunstwerken lebender Künstler nicht nur von seinem legitimen Recht der Kritik leiten ließe, sondern sich beim Betrachten dieser Arbeiten bewusst würde, dass der Schöpfer dieser Werke häufig ein Zeitgenosse ist, der nicht nur des guten Zuspruchs, sondern auch der finanziellen Unterstützung bedarf. Dies sollte von allen Besuchern unserer Ausstellung nicht unbeachtet bleiben. Es herrscht in weiten Kreisen noch immer die Meinung vor, dass es an dem Künstler sei, sich zu Dank verpflichtet zu fühlen, wenn er durch eine kunstverständige Jury mit der Ausstellung seiner Werke gewürdigt wird. Dass auch er, wie alle anderen Mitglieder unserer Gesellschaft, einen Teil seiner Zeit damit verbringen muss, die zu seiner Existenz notwendige Beschaffung materieller Güter sicherzustellen, ist keineswegs allgemein bekannt. Man hält es oft für ausreichend, den Künstler allein mit der Ehre zu honorieren. Der wahre Kunstfreund wird sich immer wünschen, in einer Ausstellung wie dieser das Fest des primären Genießens erleben zu können. Aber sollen nun die Werke, die hier ihre eigentliche Geburtsstunde erleben, verurteilt sein, weiter dahinzudämmern? Der Erfolg, der einem jungen, noch unbekannten Künstler nicht nur durch die Betrachtung seiner Werke und der Zuneigung zu ihnen zuteil wird, sondern sich auch in materiellen Werten ausdrücken muss, kann die Grundlage sein für dessen spätere Reife und vollendete Meisterschaft.

Daher appelliere ich nicht nur an die Kunstfreunde unserer Stadt, sondern an alle Besucher unserer Ausstellung, unseren heimischen Künstlern nicht nur Beachtung, Kritik oder Wohlwollen zu schenken, sondern bei der Betrachtung dieser Werke auch der naheliegenden Überlegung Raum zu geben, ob nicht das eine oder andere Kunstwerk geeignet erscheint, zur Verschönerung der Wohnung und zur Erbauung daheim beizutragen.

Ich eröffne somit die heutige Ausstellung in der Hoffnung, dass die ausgestellten Werke nicht nur Beachtung finden, sondern dass sie auch zum weiteren wesentlichen Erfolg für unsere Kunstschaffenden führen mögen.

Liebe Feriengäste!

Herzlich willkommen in unserem Landgasthof „Bären" in Bäretswil. Unser Team, Sandro Hoch aus der Küche, Sabina Klein aus dem Service, meine Frau und ich, freut sich, dass Sie zu uns gekommen sind.

Der Hotelier begrüßt die Feriengäste im Hotel

Sie verbringen hier im Voralpengebiet Ihre Ferien. Bestimmt möchten Sie wissen, wo Sie denn gelandet sind. Ob das auch nicht zu weit weg von der Disco sei oder ob es gerade mindestens so weit sei, dass man nicht permanent den „Lärm" hört? Die einen möchten vielleicht auch wissen, ob es schöne Wanderwege bei uns im Bärental gibt, und andere, ob es denn außer Wandern auch noch andere Freizeitmöglichkeiten gibt?

Nun, das Bärental bietet für jeden Geschmack etwas. Bäretswil selbst, ein alter Weiler, lädt zu einem kurzen und lohnenswerten Spaziergang ein. Aus der Keltenzeit, in der der Ort nachweislich erstmals besiedelt wurde, ist heute zwar nichts mehr zu finden. Wer jedoch auf den Bärenfels steigt, wird noch eine Ruine einer mittelalterlichen Burg finden – zudem wird er mit einem prächtigen Ausblick für den steilen Aufstieg belohnt.

Der Ort selbst mit seinen zahlreichen schmucken älteren Holzhäusern, seinen engen Gassen und Straßencafés dient als Kulisse für gemütliche Rundgänge und kleine Einkaufsbummel.

Bäretswil bildet, dank seiner zentralen Lage, den Ausgangs-
punkt für zahlreiche Wanderungen. Kurze Wanderrouten,
die relativ flach verlaufen, wie diejenige zur Quelle des
Bärenflusses, findet man ebenso wie steilere und längere
Wanderwege, von denen die Tagestour über den Bärentritt
und die drei Bären vielleicht am eindrucksvollsten und landschaftlich reizvollsten ist.

Von den winterlichen Skitouren und Pulverschneeabfahrten
wollen wir bei diesem herrlichen Sommerwetter gar nicht
erst schwärmen.

Und wer würde in dieser Oase vermuten, dass die nächste
Stadt nur 20 Minuten mit dem Auto entfernt ist? Bärentown
ist auch mit dem Postbus ab Dorfplatz in 30 Minuten erreichbar und bietet unzählige Einkaufsmöglichkeiten, ein Freibad
und ein Heimatmuseum. In jedem Fall ist Bärentown eine
Reise wert.

Ich habe Ihnen, verehrte Gäste, noch einen Prospekt, in dem
alles Wissenswerte beschrieben ist, mitgebracht. Zudem
kann ich Ihnen diesen Ferienpass überreichen, damit erhalten Sie bei allen Bergbahnen, zahlreichen Museen und Ausstellungen sowie einzelnen Restaurants einen Rabatt bis zu
25 Prozent.

Ich wünsche Ihnen einen schönen Aufenthalt bei uns im
Hotel Bären.

Sehr geehrte Frau Landrätin, Herr Bürgermeister,
meine sehr geehrten Damen, meine Herren!

1000-Jahr-Feier | Die Gemeinde ... kann in diesen Wochen auf eine 1000-jäh-
einer Gemeinde | rige Geschichte zurückblicken. In dieser langen Zeit spiegelt
– Rede eines | sich nicht nur die Geschichte eines kleinen Gemeinwesens
Regierungs- | wider, sondern die Geschichte eines ganzen Volkes. Der
vertreters | ständige Wechsel von weltlicher und kirchlicher Herrschaft,

Kriege und Katastrophen haben in dieser Gemeinde dem Bürger alles abverlangt. Eine Anpassung an die jeweilige Herrschaft, Flucht oder Auswanderung, persönliche Opfer an Eigentum oder Gesundheit, die persönliche Belastung des Einzelnen durch Ereignisse, an deren Entstehung ihm unbekannte höhere Gewalten wirkten, waren für den früheren Bürger dieser Gemeinde oft mehr, als er zu tragen bereit oder in der Lage war. Wenn, wie in ..., eine gut geführte und reich illustrierte Chronik vorhanden ist, fällt es nicht schwer, die Entwicklungen durch Jahrhunderte nachzuzeichnen und zu beweisen, wie schwierig, aber zugleich unaufhaltsam der Kampf um die Befreiung des Bürgers von leiblicher und dinglicher Abhängigkeit und um den Aufbau eines demokratischen Gemeinwesens gewesen ist.

Wenn wir heute auf diese 1000 Jahre zurückblicken, so sollten wir uns nicht nur beeindruckt zeigen von einer solch langen Tradition. Dieser Rückblick sollte gleichzeitig Ansporn für alle Bürger und ihre gewählten Vertreter sein, auch in der Zukunft durch enge und vertrauensvolle Zusammenarbeit im Rahmen der kommunalen Selbstverwaltung weiter zu wirken zum Wohle aller. Ich glaube, dass dies ein besonderes Erfordernis unserer Zeit ist, nämlich, dass wir uns zusammenschließen müssen, wenn wir vorwärts kommen wollen. Die Geschichte gerade dieser Gemeinde beweist, dass Zusammenwirken und Zusammenstehen ihrer Bürger früher in Notlagen ohne persönliche Vorbehalte praktiziert worden ist. Insofern hat sich im Vergleich früherer mit den heutigen Tagen das Bild etwas gewandelt. Heute müssen alle an der Weiterentwicklung mitarbeiten, auch wenn es nicht um die Beseitigung akuter Notstände geht, einfach aus der Überlegung heraus, dass in einer fortschreitend hoch industrialisierten und technisierten Arbeitswelt Probleme der Gemeinschaft nur durch erhebliche finanzielle Aufwendungen gelöst werden können. Das ist der eine Gesichtspunkt, und da es an den Geldbeutel geht, ein besonders kräftiger Impuls für die Gemeinschaftsarbeit.

Auf der anderen Seite brauchen wir eine intakte kommunale Selbstverwaltung unter Einschluss der aktiven Mitarbeit aller Bürger, damit wir gegenüber der sich immer mehr abzeichnenden Machtkonzentration der Regierung ein demokratisches Gegengewicht auf unterer Ebene besitzen.

Sie wissen alle, dass der Staat sich heute noch vielfach darauf beschränken kann, durch Gesetze relativ abstrakte Rahmenbedingungen für die ihm übertragene Daseinsfür- und -vorsorge zu treffen. Die konkreten Entscheidungen im Detail, so stark sie auch durch die übergeordneten Gebietskörperschaften, wie z. B. Landkreise, Regierungspräsidien oder Bund vorgegeben sein mögen, fallen in den Bereich der Kommunen. In keinem anderen Fall mischt sich die öffentliche Hand so spürbar ein in das wirtschaftliche, soziale und private Leben der Bürger wie in einer Gemeinde.

Arbeit in einer Gemeinde ist harte, praxisbezogene Arbeit, die allerdings – und das ergänzt das soeben Gesagte – im Rahmen einer geschlossenen gesellschaftspolitischen Konzeption stehen sollte. Ein Zweites kommt hinzu, die Neuorientierung kommunaler Tagesarbeit. Die Aufgaben wachsen qualitativ und quantitativ beträchtlich. Das bedeutet, dass die öffentliche Hand und natürlich hier auch die Gemeinden sich überlegen müssen, wie die Verwaltungskraft so gestärkt werden kann, dass sie den wachsenden Anforderungen gerecht wird. Kurzum, es ist die Frage, die in der politischen Diskussion recht allgemein mit der Bezeichnung Verwaltungsreform umschrieben wird und die auch je nach dem Standort des jeweiligen Diskussionspartners zu völlig entgegengesetzten Ergebnissen führt. Gleichgültig, welches Konzept man auch immer verwirklichen wollte, Endziel muss sein, die Grundeinheit unseres Staates – die Gemeinde – am Leben zu erhalten und sie nicht in die Zwangsjacke einer alles umfassenden Staatsführung zu pressen. Wer an einer Weiterentwicklung unserer Gesellschaft sowie an der Festigung unserer Demokratie interessiert ist, darf das Selbstbestimmungsrecht der Gemeinden nicht antasten. Nur so ist gewährleistet, dass der Bürger sein Interesse an der Mitbestimmung und Mitwirkung in allen die Öffentlichkeit betreffenden Fragen nicht verliert. Die Gemeinde ... hat in den 1000 Jahren ihres Bestehens dieses vorgelebt. Bürgersinn und Bürgerinitiative haben den Kampf mit den Problemen in der Vergangenheit erfolgreich geführt. Aus diesem Grunde, meine Damen und Herren, hat die Landesregierung Ihnen und Ihrer Gemeinde die ...-Plakette verliehen. Zu dieser Auszeichnung darf ich Ihnen im Namen der Landesregierung recht herzliche Glückwünsche aussprechen. Möge diese Auszeichnung Sie stets daran erinnern, dass nur der persönliche Einsatz des Bürgers den Fortschritt sichert. Bei diesem gemeinsamen Bemühen darf ich Ihnen allen Erfolg wünschen.

Sehr geehrter Kreisdirektor, Herr Bürgermeister, meine sehr geehrten Damen und Herren!

Eröffnung eines Pflege- und Altersheimes

Wir freuen uns, dass wir mit der Eröffnung unseres neuen Pflege- und Altersheimes wiederum ein gutes Stück auf dem Wege der sozialen Betreuung unserer alten Menschen vorwärts gekommen sind. In enger und vertrauensvoller Zusammenarbeit mit dem Sozialministerium und den Verbänden der Freien Wohlfahrtspflege können wir diese neue und zeitgemäße Einrichtung ihrer Bestimmung übergeben. Bei aller Freude über das Erreichte lassen Sie mich kurz einige Bemerkungen machen über die Rolle unserer älteren Mitbürger in dieser Gesellschaft. Sie alle wissen, dass der Anteil alter Menschen an der Gesamtbevölkerung ständig wächst. Die Entwicklung der medizinischen und hygienischen Forschung hat dem Menschen von heute im Durchschnitt eine Lebenserwartung von 25 Lebensjahren mehr gesichert, als es noch um 1900 der Fall war. Wir müssen uns aber heute kritisch fragen, ob wir alle diesen enormen Fortschritt nicht dadurch sinnlos werden lassen, dass wir die alten Menschen immer mehr als gesellschaftlichen Ballast ansehen und auch entsprechend behandeln. Es soll nicht verschwiegen werden, dass viel für die älteren Menschen getan wird, von sicheren Renten angefangen, über Altenberatungsstellen, Altentagesstätten, stationäre oder ambulante Mahlzeitendienste und Altenheimeinrichtungen aller Art. Vieles davon wird von staatlichen Stellen erledigt, vieles bleibt karitativen oder anderen gemeinnützigen Vereinen und Verbänden überlassen. Aber damit kann sich unsere Gesellschaft nicht freikaufen.

Die Sorge für unsere alten Menschen ist nämlich kein sozialer oder karitativer Gnadenakt, sondern ein in einem langen Erwerbsleben selbst erarbeitetes Recht auf menschenwürdige Behandlung auch im hohen Alter. Ein Volk, das seine Alten vergisst, verdient auch seine Zukunft nicht. Viele unserer älteren Mitbürger leben oft ohne Angehörige, fern von ihrer Familie und fern von ihrer Heimat. Nicht nur die alten Kontakte sind weg. Auch viele neue Kontakte werden teilweise einfach wegrationalisiert. Hinzu kommt, dass trotz steigenden allgemeinen Wohlstandes die materielle Situation unserer Alten schlecht ist. Bei vielen liegt das Einkommen unter dem Existenzminimum. Zu der gesellschaftlichen Isolierung kommt dann noch die materielle Not, die ebenfalls aus rein finanziellen Gründen mögliche und notwendige Kontakte verhindert. Viele unserer alten Mitbürgerinnen und Mitbürger sind dadurch nicht selten so tief in ihrer Persönlichkeit, in ihrem Lebensmut und in ihrem Stolz getroffen, dass sie nicht einmal mehr von jenen gesetzlichen Rechten und sozialen Vergünstigungen Gebrauch machen, die ihnen zustehen.

Aus allen diesen Gründen war es nötig, in unserer Gemeinde zusätzlich zu den vorhandenen Einrichtungen ein neues Pflege- und Altersheim zu erstellen. Wir haben bei der Planung und der Ausführung Wert darauf gelegt, dass es nicht als Isolierstation oder Verschiebebahnhof von jenen empfunden werden kann, die angeblich in einer dem wirtschaftlichen Erfolg verschriebenen Gesellschaft keinen Platz mehr haben sollen. Deshalb wurde dieses neue Haus auch nicht am Stadtrand gebaut. Es ist ganz bewusst geplant worden im Bereich unserer Fußgängerzone, um so den künftigen Bewohnern dieses Heimes alle Kommunikationspunkte unserer Gemeinde räumlich in die Nähe zu rücken. Nicht nur die künftige Gemeinschaft im Heim, sondern auch der ständige Außenkontakt soll eine volle Integration sicherstellen.

Das Gebäude ist so geplant und gebaut worden, dass die künftigen Bewohner nicht einen krassen Übergang von ihrer früheren Umgebung in ihre neue Heimat zu fürchten haben. Deshalb haben wir vorgesehen, dass auf Wunsch bei der Ausstattung der einzelnen Zimmer lieb gewordene Möbel und Gegenstände aus der alten Wohnung mitgebracht werden können. Das Haus ist in seiner Struktur so angelegt, dass man sich in Ruhe in seine eigenen vier Wände zurückziehen kann, in den Gemeinschaftsräumen aber immer dann Kontakt findet, wenn man ihn sucht oder braucht. Wir haben mit diesem Bau, von dem wir hoffen, dass er bald erweitert werden kann, unseren älteren Mitbürgern ein attraktives Angebot unterbreitet, wie sie wirksam mit Gleichgesinnten – aber auch mit uns – gegen die drohende Vereinsamung und

Isolierung ankämpfen können. Die Zahl der Anmeldungen beweist, dass dieses Angebot akzeptiert wird. Unser Haus soll seinen künftigen Bewohnern das Gefühl geben, mitten in unserer Gemeinde – und dies meine ich wörtlich – zu leben. Mit meinen besten Wünschen und meinem Dank an alle, die an der Planung und Ausführung dieses Heimes mitgewirkt haben, überreiche ich Ihnen, Herr … und Ihrer Gattin, die Sie die Leitung dieses Hauses übernehmen werden, den Schlüssel zu unserem schönen Alters- und Pflegeheim. Möge er symbolisch gleichzeitig auch der Schlüssel zum Herzen der künftigen Bewohner sein.

Trauerreden

Trauerrede bei einem größeren Unglück

Fassungslos stehen wir der Katastrophe gegenüber, die über uns hereingebrochen ist. Unsere Herzen sind aufs tiefste erschüttert durch dieses furchtbare Ereignis, dessen beklagenswerte Opfer wir heute zur letzten Ruhe begleiten wollen. Wir beklagen den Verlust so vieler Menschen, die wir noch vor kurzem gesund und voller Kraft unter uns sahen und die nun (als Opfer der Pflichterfüllung – auf dem Wege zur Arbeit – in den Urlaub) den Tod fanden.

Gestützt auf die Forschungen der Wissenschaft und auf die Lehren der Erfahrung haben wir nach besten Kräften versucht, Einrichtungen zu schaffen, die einen Schutz gegen derartige Katastrophen gewähren. Allem menschlichen Bemühen zum Trotz ist diese Katastrophe passiert, und unsere Ohnmacht drückt uns zu Boden.

Von ganzem Herzen nehmen wir Anteil an dem tiefen Schmerz der Hinterbliebenen, denen das Liebste genommen wurde. Wir stehen erschüttert am Grabe so vieler Hoffnungen, die sich an diese teuren Toten knüpften. Wie viel menschliches Glück, wie viele Pläne und Erwartungen sind wieder einmal unerwartet zerstört worden. In das Dunkel unserer Trauer fällt aber auch ein freundlicher Lichtstrahl. Wir bewundern dankbar die Hilfsbereitschaft der Feuerwehr- leute (Katastrophenschutz o.ä.), die alle bereit waren, um das Leben ihrer Nächsten zu kämpfen und ihr eigenes Leben dafür einzusetzen. Viele Menschenleben haben sie auch retten können. Wenn es nicht gelang, allen Hilfe zu bringen, so lag es nicht an ihnen – es war höhere Gewalt.

Vor diesen Särgen wollen wir geloben: das Andenken dieser Toten stets in Ehren zu halten und es ihnen gleichzutun an treuer Pflichterfüllung.

Wir geben das Versprechen ab, dass wir den Hinterbliebenen nach besten Kräften helfen wollen, wenigstens die materiel- len Sorgen, in die das Unglück sie gebracht hat, zu lindern.

Schließlich soll dieses Unglück uns Ansporn sein, darüber nachzudenken, wie man immer mehr und immer bessere Schutzmaßnahmen ergreifen kann.

Unsere Liebe, unsere Dankbarkeit und unsere Hochachtung währen über das Grab hinaus.

Verehrte Trauergemeinde, liebe Schülerinnen und Schüler! Liebe Eltern, sehr geehrtes Kollegium!

Sie alle fühlen, wie schwer es mir fällt, hier zu stehen und für ein so tragisches Geschehen Worte zu finden. Unser aller Anteilnahme gilt den leidgeprüften Eltern, die ihr einziges Kind, einen Sohn im Alter von vierzehn Jahren, hergeben mussten. Es ist müßig, darüber zu grübeln, worin der Sinn eines solchen frühen Todes liegt, wie man es verstehen soll, dass ein Kind, das sich aus innerer Begeisterung vielleicht unbewusst um Gesundheit und Stärkung des Körpers be- müht, dabei den Tod findet.

Wir nehmen heute Abschied: ihr, die Schulkameraden, die ihr mit ihm jahrelang gemeinsam zur Schule gegangen seid,

Es spricht der Elternbeirat beim Begräbnis eines verun- glückten Schülers

die Eltern und wir anderen Eltern, deren Kinder mit uns um dies offene Grab stehen. Wir können diesen Tod nicht begreifen, wir können nur ahnen, dass in all dem, was im menschlichen Leben geschieht, ein höherer Sinn waltet, der uns nicht zugänglich ist. Herrn Pfarrer ... möchte ich danken, dass er so spontan unmittelbar nach dem schrecklichen Unglück den Eltern zur Seite stand. Auch danke ich Herrn Direktor ... für die bewegenden Worte, die er gefunden hat. Uns allen, die wir hier versammelt sind, möge der Tod dieses jungen Menschen Mahnung und Verpflichtung sein, alles zu tun, um künftige Unfälle nach Möglichkeit vermeiden zu helfen.

Lieber ..., dein sonniges Gemüt, die unvergesslichen Spielstunden, die du mit deinen Freunden verbracht hast, werden deinen Freunden und uns immer in Erinnerung bleiben.

Hochverehrte Hinterbliebene!
Liebe Trauergemeinde!

Beerdigung eines Schulleiters – Traueransprache des Bürgermeisters

Wieder einmal hat der Tod einen Mann aus unserer Mitte gerissen, dessen Tatkraft, Können und Wissen ihm überall zu Ansehen und Wertschätzung verholfen haben. Damit ist unsere Gemeinde (Stadt, Städtchen) um eine bedeutende Persönlichkeit ärmer geworden. Herr ... (Titel und Name des Verstorbenen) war ... Jahre Leiter des hiesigen Gymnasiums (der Mittelschule, der Grundschule) und verstand es, ihm übertragene Aufgaben während dieser Zeit in anerkennenswerter Weise zu erfüllen. Es war gewiss nicht immer leicht, einer großen Gemeinschaft vorzustehen und ihre Geschicke zu lenken und mitzubestimmen. Es war vor allem deshalb nicht einfach, weil sich diese Gemeinschaft aus zwei grundverschiedenen Personengruppen zusammensetzt: aus Lernenden und aus Lehrenden, aus Kindern und aus Erwachsenen. Für einen Schullleiter gibt es manche Schwierigkeiten zu meistern, von denen man sich normalerweise gar keine rechten Vorstellungen machen kann. Sowohl die Behörden als auch die Eltern- und Schülerschaft legen ihm nicht selten Steine in den Weg. Dies ist gewiss keine böse Absicht, es ist ganz einfach mangelndes Verständnis und mangelndes Einfühlungsvermögen, aber nichtsdestoweniger bedeutet es eine erhebliche zusätzliche Belastung für den Schullleiter.

Dieser Mann hat es trotz aller Schwierigkeiten verstanden, seinen Weg zu gehen, und der Erfolg und das Ansehen, das diese Schule zumindest in den Fachkreisen genießt, haben ihm recht gegeben. Er konnte die ihm auferlegte Verantwortung jedoch nur tragen, weil ihn mit seinem Beruf als Pädagoge eine tiefe Liebe verband. Bildung war sein Ziel, nicht Wissen. Für ihn bedeutete Wissen lediglich eine notwendige Voraussetzung für Bildung, keineswegs aber einen Selbstzweck, wie das auch heute noch die Auffassung vieler Leute, nicht zuletzt auch mancher Pädagogen, zu sein scheint. Die hohen Anforderungen, die er an sich, sein Kollegium und seine Schülerschaft stellte, brachten ihm den Ruf ein, ein strenger Pädagoge zu sein. Seine herzliche Menschlichkeit jedoch festigten in all denjenigen, die ihn kannten, die Überzeugung, dass sie einem außerordentlich klugen und reifen Menschen gegenüberstanden, dessen Verantwortungsbewusstsein es ihm nicht gestattete, seine persönlichen Empfindungen über die Sache zu stellen, der er diente.

Dieser Mann hat nun für immer von seiner Schule und von uns Abschied genommen. Er hat es so unauffällig getan, wie er zu seinen Lebzeiten gewirkt hat. Auffällig aber ist die Lücke, die er hinterlassen hat. Sie zu füllen wird die Aufgabe seines Nachfolgers sein. Darüber zu wachen, dass dies im Sinne seiner Arbeit geschieht, wird uns eine ernste Verpflichtung sein.

Vorbereitete Redegliederungen

Geburtstagsfeier eines Freundes

Rednerin:	eingeladene Kollegin
Publikum:	Festgesellschaft am Geburtstag
Redeziel:	gratulieren, ehren
Stichwörter:	■ herzlicher Glückwunsch im Namen aller Gäste

- ■ gemeinsame Erlebnisse
  - – Sommerreise vor 5 Jahren (erste Begegnung)
  - – Autoreparatur vorgestern (letzte Begegnung)
  - – dazwischen?
- ■ wir freuen uns immer auf das Wiedersehen
- ■ hoffentlich vor dem nächsten runden Geburtstag wieder ein Fest!
- ■ auf dein Wohl, Jean-Pierre

Rede zum eigenen 50. Geburtstag

Redner:	Jubilar
Publikum:	Festgesellschaft am Geburtstag
Redeziel:	Stimmung heben, Denkimpulse geben
Stichwörter:	■ herzliche Begrüßung

- ■ Freude über Ihre Teilnahme am Fest
- ■ was bedeuten 50 Jahre?
- ■ besinnlich: Lebensmitte wohl überschritten
  - – Vergangenheit klar, aber nicht mehr veränderbar

– Zukunft unklar, aber veränderbar
■ Dank für Begleitung im Leben
■ insbesondere Dank an meine Frau
■ lasst uns heute fröhlich feiern

Festessen eröffnen

Redner: Festveranstalter
Publikum: Gäste
Redeziel: eröffnen, Hebung der Stimmung
Stichwörter: ■ herzlich willkommen
                 ■ wie kam es zum Fest?
                 ■ wer ist da? Gäste
                 ■ Ablauf, Programm
                 ■ Helfer im Hintergrund – danken
                 ■ ein wunderschönes Fest

Hochzeit

Redner: Vater der Braut
Publikum: Hochzeitsgäste
Redeziel: feiern, Stimmung heben
Stichwörter: ■ Bezug zum Anlass
                 ■ Verlust der Tochter
                   Gewinn eines Schwiegersohnes
                   (lachendes und weinendes Auge)
                 ■ Sinn der Ehe, was passiert da?
                 ■ viel Glück
                 ■ lasst uns anstoßen auf das Paar

Familienfest

Redner: ein Mitorganisator
Publikum: Familienangehörige
Redeziel: begrüßen, Ausdruck der Freude
Stichwörter: ■ freudige Begrüßung

- nach 5 Jahren wieder ein Familientreffen
- fast alle sind gekommen (nicht selbstverständlich)
- nur … konnte nicht kommen (im Krankenhaus; Brief verlesen)
- Ablauf
- Dank den Mitorganisatoren

Nachruf

Redner:	Firmenvertreter
Publikum:	Trauergemeinde
Redeziel:	Trauer um einen tödlich verunglückten Mitarbeiter

Stichwörter:
- fassungslos
- was bedeutet dies für uns alle?
- Werdegang des Mitarbeiters
- seine menschlichen Qualitäten
- sein Einsatz und seine Loyalität
- Tragik des Unfalls
- der große Verlust – großer Schmerz
- wenigstens materiell können wir der Familie beistehen
- wir trauern
- wir werden ihn in ehrender Erinnerung behalten

Richtfest auf der Baustelle

Redner:	Bauherr
Publikum:	Handwerker, Planer, Architekt, Familie
Redeziel:	Danksagung
Stichwörter:	■ Begrüßung

- Wie kam ich auf die Idee, hier und so zu bauen?
- Planungsphase
- Beginn auf der Baustelle
- Schwierigkeiten des Bauherren
- der Schweiß hat sich gelohnt – schöner Rohbau
- herzlichen Dank für Ihre Arbeit
- Dank auch der Familie für Verständnis (– bauen war nicht nur Hobby, sondern fast Vollzeitstelle)
- fröhliches Fest wünschen

Grillparty in der Wohnsiedlung

Redner:	Organisator
Publikum:	Nachbarinnen und Nachbarn
Redeziel:	feiern, gute Nachbarschaft vertiefen
Stichwörter:	- Begrüßung

- 2. Fest – bereits Tradition?
- Tradition soll unsere gute Nachbarschaft haben
- Traditionen muss man pflegen
- Sinn der Grillparty
- Episoden aus dem vergangenen Jahr
- Dank an das Festkomitee
- auf eine weiterhin gute Nachbarschaft

Eröffnung der Vereinsversammlung

Redner:	Präsident
Publikum:	Vereinsmitglieder
Redeziel:	einstimmen und eröffnen
Stichwörter:	- Begrüßung

- Freude: 15 Neumitglieder heute da, über 80 bisherige Mitglieder
- Grund, warum wir uns genau hier treffen
- Tagesordnung – Abänderungsanträge?
- Dank für die rege Teilnahme
- gute Heimkehr

Austritt aus dem Vereinsvorstand

Rednerin:	Vorstandsmitglied
Publikum:	Vereinsmitglieder bei der Versammlung
Redeziel:	Dank und Verabschiedung
Stichwörter:	- Begrüßung

- Begrüßung
- Dank für das erwiesene Vertrauen
- heute starke berufliche Belastung – Rücktritt
- Rückschau auf schwere und schöne Zeiten
- gute Erinnerungen überwiegen
- Freude, dass eine Nachfolgerin gefunden wurde
- Verabschiedung

Mitgliederwerbung

Redner:	Vorstandsmitglied
Publikum:	Teilnehmerinnen und Teilnehmer einer Vereinsveranstaltung
Redeziel:	gewinnen für eine Mitgliedschaft
Stichwörter:	- Begrüßung

- Begrüßung
- Ihr Besuch zeigt Interesse

- wer informiert sein will, muss dabei sein
- wer mitgestalten will, muss dabei sein
- wer mitentscheiden will, muss dabei sein
- eine Mitgliedschaft ist nötig
- Ihr Nutzen der Mitgliedschaft
- melden Sie sich an
- bisherige Mitglieder: Guter Entscheid
- werben Sie Neumitglieder: Zusammen sind wir stark

Preis übergeben an eine Kommission

Redner:	Vertreter des Vereinsvorstandes
Publikum:	Vereinsmitglieder
Redeziel:	ehren, danken, Preis übergeben
Stichwörter:	- Auftrag an die Kommission
	- Ergebnis der Arbeiten
	- Würdigung der Resultate
	- bereits erste Wirkungen/Erfolge
	- begründen, warum der Vorstand einen Preis verleiht
	- Preis überreichen

Eine Veranstaltung eröffnen

Redner:	Veranstaltungsleiter
Publikum:	Teilnehmerinnen und Teilnehmer der Veranstaltung
Redeziel:	einstimmen auf den Abend
Stichwörter:	- Begrüßung
	- Nutzen des Abends

- Ablauf und Organisatorisches
- wer referiert?
- lasst uns beginnen
- viel Spaß

Eröffnung einer lokalen Ausstellung

Redner:	Präsident des Organisationskomitees
Publikum:	Ausstellerfirmen, Pressevertreter
Redeziel:	begrüßen, informieren, eröffnen
Stichwörter:	■ Begrüßung

- Begrüßung
- Bedeutung der Herbstausstellung
- wer ist vertreten?
- Highlights
- Rahmenprogramm
- Zunahme gegenüber dem Vorjahr (plus 12 Prozent!)
- Tendenz erfreulich
- Aussteller: richtig, dass Sie präsent sind
- Wunsch: viel Erfolg und zahlreiche Besucher
- ich eröffne hiermit die fünfte Herbstmesse

Begrüßung einer neuen Mitarbeiterin

Redner:	Direktvorgesetzter
Publikum:	Mitarbeiterinnen und Mitarbeiter der Abteilung
Redeziel:	begrüßen, gegenseitig kennen lernen
Stichwörter:	■ herzlich willkommen, Frau …

- herzlich willkommen, Frau …
- Freude und „wir warten auf Sie"
- Aufgabe und Funktion von …

- wer sind Ihre neuen Kolleginnen und Kollegen
- Frau ...: Ihnen ist sicher ein wenig flau zumute?
- wir unterstützen Sie
- viel Erfolg und Glück
- packen wir die Aufgaben an

Die neue Chefin stellt sich vor

Rednerin:	Abteilungsleiterin
Publikum:	Mitarbeiterinnen und Mitarbeiter
Redeziel:	positive Grundstimmung schaffen, bekannt machen
Stichwörter:	- Begrüßung

- Freude, bei Ihnen aufgenommen zu werden
- wer bin ich (privat)?
- mein beruflicher Werdegang
- unsere gemeinsamen Aufgaben
- welches Umfeld stelle ich mir vor (Team)?
- was können Sie tun?
- was trage ich bei?
- Freude auf gemeinsame Erfolge

Quartalsergebnis präsentieren

Redner:	Abteilungsleiter
Publikum:	Geschäftsleitung
Redeziel:	informieren
Stichwörter:	- heutige Situation darstellen

- personell

- finanziell
- Produkte
- herausragende Verbesserungen
- Problempunkte
- Gesamtwürdigung
- Ausblick

Rede zur Jahresabschlussfeier

Redner: Geschäftsinhaber
Publikum: Mitarbeiterinnen und Mitarbeiter
Redeziel: danken für den Einsatz, motivieren
Stichwörter: - wie war das laufende Jahr?
                     - Finanzresultate
                     - Qualitätsverbesserung der Produkte
                     - Neuorganisation Verkauf
                     - Administration: neues EDV-System
                     - Daher: Jahresergebnis ist die Leistung aller!
                     - Dank dafür
                     - nächstes Jahr schwieriger (Konkurrenzsituation)
                     - wir haben gute Mitarbeiterinnen und Mitarbeiter sowie gute Produkte
                     - stellen wir uns den neuen Herausforderungen
                     - stoßen wir auf das neue Geschäftsjahr an

Einweihung eines neuen Produktionsgebäudes

Redner: Geschäftsführer
Publikum: Mitarbeiterinnen und Mitarbeiter der Firma, geladene Gäste

Redeziel: danken, motivieren
Stichwörter: ■ Begrüßung insbesondere der Gäste
                   ■ Ausgangssituation vor 5 Jahren
                   ■ Unternehmensentwicklung
                   ■ Gründe für den Neubau
                   ■ die Idee und anschließende Euphorie
                   ■ die Umsetzung
                   ■ einige Zahlen
                   ■ Nutzen: Arbeitsplätze, Infrastruktur
                   ■ Zukunftsaussichten
                   ■ danken
                   ■ Schlüsselübergabe

Der 1000. Diplomand

Rednerin: Schulungsleiterin eines Seminarver-
                   anstalters
Publikum: Kursteilnehmer, Pressevertreter, eige-
                   ne Mitarbeiterinnen und Mitarbeiter
Redeziel: informieren, feiern, werben
Stichwörter: ■ Grund der Zusammenkunft
                   ■ Feier verdient: harte Ausbildung
                   ■ heute 1000. Absolvent
                   ■ zeigt Anerkennung im Markt
                   ■ wie kam es zur Ausbildung?
                   ■ anfängliche Widerstände und
                     Schwierigkeiten (Episoden)
                   ■ und heute?
                   ■ wo sind ehemalige Diplomandin-
                     nen und Diplomanden tätig?
                   ■ Stolz auf das Erreichte
                   ■ Herausforderung an die Zukunft
                   ■ Einladung zum Aperitif und an-
                     schließenden Essen

Erfolgreicher Lehrabschluss

Redner:	Lehrmeister
Publikum:	Personen mit bestandener Lehre, übrige Mitarbeiterinnen und Mitarbeiter
Redeziel:	informieren, feiern
Stichwörter:	■ Grund der Zusammenkunft
	■ bereits bei der ersten Vorstellung gesehen: ein tüchtiger und fähiger Mitarbeiter
	■ Werdegang, Stationen schildern
	■ Zukunftsaussichten
	■ Freude über hervorragendes Prüfungsresultat
	■ Freude, dass er bei uns bleiben will/kann
	■ nächste Arbeitsstationen für ihn
	■ Anstoßen auf sein Wohl

Jubiläum einer lokalen Firma

Redner:	geladener Lokalpolitiker
Publikum:	eingeladene Gäste zum Jubiläum
Redeziel:	gratulieren, Wohlwollen schaffen
Stichwörter:	■ Gratulation im Namen der Gemeinde
	■ warum bin ich da?
	■ Art der Zusammenarbeit/Berührungspunkte
	■ Bedeutung für die Region
	■ Weltprodukte
	■ lokale Arbeitsplätze (speziell auch Ausbildung)
	■ Steuereinnahmen
	■ im Betrieb ist Erfolg spürbar

- umsichtige Leitung durch die Führung
- kleines Präsent übergeben

Gründung eines Hortes für Kleinkinder

Redner:	eine der Initiatorinnen für einen Kleinkinderhort
Publikum:	interessierte Mütter
Redeziel:	informieren, zur Anmeldung des eigenen Kindes in den Hort motivieren
Stichwörter:	

- Probleme der berufstätigen Mutter
- bisher keine Tageshorte für Kleinkinder
- Neu: Hort „Kinderburg"
- Initiatorinnen vorstellen
- Organisation
- die Vorteile für Sie als Mutter
- Ihre Beteiligung (Mithilfe, Geld)
- Handlungsaufforderung

Weitere Themen für das Selbsttraining

Wer noch immer zweifelt, dass gerade in der heutigen Zeit rhetorische Fertigkeiten eine viel größere Bedeutung erlangen, denke nur an folgende Situationen:

Gute Gründe, das Reden zu beherrschen

- Die heutigen komplexen Sachfragen in Betrieben und Staat können nur in enger Zusammenarbeit verschiedener Fachleute gelöst werden.
- Wir verfügen über immer mehr freie Zeit, Kommunikationszeit in der Ehe, Partnerschaft, Familie, Verein, Sportclub und anderen mehr.
- Die Produkte passen sich immer mehr unserer Konsum- und Überflussgesellschaft an. Die Kommunikation (Werbung, PR, Verkauf) nimmt daher an Bedeutung zu.
- Die hierarchische Autorität tritt im Geschäft, Staat, dem Verein, ja selbst im Militär immer mehr in den Hintergrund. Je länger und je öfter müssen Untergebene durch Gespräche überzeugt und motiviert werden.
- Bei Sitzungen und Besprechungen, Schulungen, Verhandlungen mit Kunden und Lieferanten und geselligen Reden wird kommuniziert.
- Die Wissenschaft und Forschung muss ihre neuesten Erkenntnisse in eine dem Bürger verständliche Sprache umsetzen können (Beispiele sind die Kernenergie, Gentechnologie).

Die nachfolgende Liste nennt einige Situationen, die rhetorisches Können verlangen. Die Themen eignen sich auch für ein Selbsttraining. Stellen Sie sich eine Aufgabe, indem Sie in einem Kurzvortrag das Thema vorstellen und prägnant dafür oder dagegen Stellung beziehen.

Firmenjubiläum
Ihre Firma feiert ein Betriebsjubiläum. Sie halten eine festliche Ansprache vor der Belegschaft.

Jubiläum des Fußballclubs
Der FC Schienbein besteht seit 15 Jahren. Sie nehmen an der Feier teil. Unerwartet fehlt der Präsident, und Sie sollen als Vizepräsident die Anwesenden begrüßen.

Feier im Schwimmbad
Das neue Wettkampfbecken im Schwimmbad der Gemeinde ist fertig gestellt worden. Sie halten eine kurze feierliche Ansprache vor den versammelten Badegästen.

Wahlrechtsalter 16
Halten Sie bitte eine kurze Meinungsrede für oder gegen die Herabsetzung des Stimm- und Wahlrechtes auf 16 Jahre.

Nutzung der Wasserkraft – Naturschutz
Zahlreiche Leute sind gegen eine weitere Nutzung der Wasserkraft. Sie haben Angst, schützenswerte Landschaften würden zerstört. Erklären Sie uns, warum Sie für oder gegen den Bau weiterer Wasserkraftwerke sind.

Verschiebung der Polizeistunde um eine Stunde
Soll in (einzelnen) Restaurants Ihrer Gemeinde die Polizeistunde während der Sommermonate generell um eine Stunde verlegt werden?

Kürzung der landwirtschaftlichen Subventionen
Sollen die landwirtschaftlichen Subventionen gestrafft und gekürzt werden?

Fristlose Kündigung des Fußballtrainers
Nach zahlreichen internen Ungereimtheiten beschließt der Vorstand, dem Trainer fristlos zu kündigen. Anlässlich der GV, die abschließend urteilen muss, vertreten Sie die Meinung des Vorstandes. Argumentieren Sie.

Straffreiheit für weiche Drogen
Sollen Konsumenten weicher Drogen (vorher definieren) straffrei bleibcn?

Vorgeschlagen als Präsident des Ortsvereins
Sie wurden überraschend an der Generalversammlung des Ortsvereins als Präsident vorgeschlagen. Der offizielle Kandidat ist äußerst umstritten, daher werden Sie spontan vorgeschlagen. Nehmen Sie Stellung zu diesem Vorschlag im zustimmenden oder ablehnenden Sinn..

Die Eröffnung einer Brücke
Über den Bach in Ihrem Ort wird ein Steg für die Fußgänger eröffnet. Sie sollten vor dem Durchschneiden des Bandes einige Worte an die anwesenden Festbesucher und Journalisten richten.

Dank für die Betriebstreue
Anlässlich eines Firmenfestes kommen fünf Mitarbeiter auf die Bühne, die je über 30 Jahre im Betrieb gearbeitet haben. Danken Sie ihnen im Namen der Geschäftsleitung für die Betriebstreue.

Turnhallenerweiterung
Die örtliche Turnhalle ist erweitert worden. Als Behördenmitglied fällt die Ansprache in Ihr Ressort. Die Besucher erwarten von Ihnen eine kurze Ansprache.

Ausstellung

In Ihrer Ortschaft ist eine Ausstellung zum Thema X eröffnet worden. Heißen Sie die Teilnehmer im Namen des Veranstalters willkommen, und geben Sie eine kurze Einführung in die Ausstellung.

Beförderung

In Ihrem Kleinbetrieb wird ein Mitarbeiter zum Prokuristen befördert. Im Rahmen eines kleinen Aperitifs sprechen Sie einige Worte.

Klassentreffen

Sie haben nach Jahren ein Klassentreffen organisiert. Vor dem Abendessen sprechen Sie als Organisator der Veranstaltung zu Ihren ehemaligen Mitschülerinnen und Mitschülern.

Verbesserungsvorschlag

Anlässlich einer Betriebsratssitzung tragen Sie einen konkreten Verbesserungsvorschlag vor.

Selbstständigkeit

Ein Arbeitskollege macht sich selbstständig. Anlässlich des Abschiedsaperitifs würdigen Sie den bisherigen Einsatz für die Firma.

Grundsteinlegung

Für das neue Schulhaus erfolgt heute der erste Spatenstich. Vor Pressevertretern und Besuchern sprechen Sie als Bürgermeister einige Worte über die Bedeutung dieses Anlasses für Ihre Gemeinde.

Silvester

Bald ist es Mitternacht. Als Gastgeber des Silvesterballes sagen Sie etwas.

Abschlussprüfung

Ihr Sohn hat eine Prüfung bestanden und zur Feier einige Freunde zum Essen eingeladen. Sie bedanken sich.

Betriebsausflug

Sie sind Chef einer kleinen Firma und begrüßen die Mitarbeiter vor dem Reisebus zum Betriebsausflug ins Blaue.

Turnverein-Grillfest

Ihr Turnverein feiert das jährliche Grillfest. Als TV-Präsident begrüßen Sie die Anwesenden.

Internationale Konferenz

Sie begrüßen die Konferenzteilnehmer Ihrer Organisation.

Pressekonferenz

Ihre Firma hat eine maßgebliche Erweiterung vollzogen. Sie begrüßen die anwesenden Presseleute zu einem Betriebsrundgang.

Ist der heutige Strafvollzug reformbedürftig?

Welches ist der Auftrag der Strafvollzugsbehörde? Nimmt sie ihn genügend wahr? Wenn nein, wie könnte dies verbessert werden?

Sind politische Parteien nötig?

Welches ist der Sinn und die Existenzberechtigung der Parteien? Wo findet bzw. sollte die Willensbildung stattfinden?

Entvölkerung der Berggebiete
Noch immer hält die Entvölkerung der Berggebiete an. Welches könnten die Ursachen sein, und welche Bekämpfungsmöglichkeiten würden sich gegebenenfalls bieten?

0,0 Promille
Das Blaue Kreuz hat Sie als Gastreferenten eingeladen, um über das Problem der Promillegrenze zu sprechen. Äußern Sie kurz Ihre grundsätzlichen Überlegungen.

Vorbilder
Sie werden von einem Lehrling in einer Diskussion plötzlich gefragt, was eigentlich Vorbilder seien. Welche Funktion hätten sie zu übernehmen? Was sehen Sie positiv, was negativ?

Kirchenaustritt
„Warum trittst du (nicht) aus der Kirche aus?", werden Sie von Ihrem Patenkind, das kurz vor der Konfirmation steht, gefragt. Nehmen Sie Stellung.

Spitzensport = Spritzensport
Ist der heutige Leistungssport schädlich und ungesund? Hat er den Vorbildcharakter für die Jugend verloren?

Kirche
Soll sich die Kirche politisch engagieren? Engagiert sich die Kirche bereits politisch? Wenn ja, wo und wie?

Eigener Geburtstag
An Ihrem eigenen Geburtstag überreichen Ihnen Kollegen ein Geschenk, für das sie sich bedanken.

Versammlung der Wohnungseigentümer
Sie halten in der Versammlung ein Plädoyer für/gegen den geplanten gemeinsamen Kinderspielplatz.

Abteilungssitzung
Sie präsentieren die neuen Budgetzahlen für das kommende Geschäftsjahr auf der Abteilungssitzung.

Geburtstag der Großmutter
Ihre Mutter wird 70. Anlässlich der Feier halten Sie als Tochter/Sohn eine Laudatio.

„Wir amüsieren uns zu Tode"
Stimmt dieser Buchtitel, der den Fernsehkonsum kritisch beleuchtet? Wenn ja, inwiefern? Warum nicht?

Politik in der Schule?
Soll im Schulunterricht ein Fach „Politik" eingeführt werden. Erläutern Sie Ihre Meinung.

Könnten Museen attraktiver gestaltet werden?
Zahlreiche Museen klagen über schwindende Besucherzahlen. Was könnten Ursachen und Bekämpfungsmaßnahmen sein?

Ist der Höhepunkt des Wohlstandes überschritten?
Wer den Prognosen des Club of Rome glauben will, wird dem zustimmen. Tun Sie dies auch? Argumentieren Sie.

Groß-/Kleinschreibung
Sie sind Schulpfleger und machen einen Schulbesuch. Die Schüler schreiben während der Stunde ein Diktat. Anschließend kommt es zu einem Gespräch zwischen Ihnen und den

etwa 16-jährigen Schülern, und Sie werden nach Ihrer Meinung zur Groß- und Kleinschreibung gefragt.

Ist das Pensionierungsalter richtig gesetzt?
Im Moment wird die Pensionsgrenze wieder diskutiert. Anlässlich einer Parteiversammlung werden Sie gefragt, wie Sie überhaupt zu diesem ganzen Fragenkomplex stehen.

Mein Verhalten gegenüber Invaliden
Ist unsere Gesellschaft invalidenfeindlich? Behandeln Sie das Thema aus Ihrer persönlichen Sicht.

Ist die Schweiz noch eine Demokratie?
Nach dem Mittagessen mit Kollegen kommt dieses Gesprächsthema. Begründen Sie Ihre Meinung.

Alte Menschen – einsame Menschen?
Sind Alter und Einsamkeit siamesische Zwillinge? Anlässlich eines Veranstaltungszyklus des lokalen Frauenvereines werden Sie als Zuhörer in einer Diskussionsrunde plötzlich um Ihre Ansicht gefragt. Nehmen Sie konkret Stellung.

Was braucht der Mensch, um glücklich zu sein?
Erläutern Sie rezeptartig die für Sie wichtigsten Punkte.

Kopiervorlage

(Original, daher nicht beschriften)

Vorbereitungsraster

Thema/Titel: ....   Beginn: ....
Datum: ....   Ende: ....
Ort: ....   Dauer: ....
Anlass: ....

Publikum:

Meine Redeziele:

Inhaltsdisposition:

Form und Taktik:

Organisatorisches: